U0657466

孩子的时间 父母的智慧

黎蒙 杨玉芬 王政 著

作家出版社

国家社会科学基金教育学一般课题

《生态视域下校家社协同育人内在机理与实施路径研究》（BEA230078）

儿子刚两岁、女儿快五岁的一天，女儿突然笑着对我说：妈妈，我几乎不需要你陪我了。

她脸上的愉悦平静，着实吓了我一跳。这难道不是那个从小到大十分黏我、离开我一会儿都要哭鼻子、喜欢甜甜蜜蜜跟我念叨"我要永远跟你在一起"的女儿吗？

我惊奇地问她：真的吗，你不是最喜欢妈妈陪你吗？

女儿若有所思地想了想，说：我不是说我不想让你陪我了，我还是希望跟你在一起，但是我不需要你一直陪我玩了，你不上班的时候，就来幼儿园接送我，我还是很高兴的。

听到这话，我刚才纠结的心放松了下来，但我不甘心地追问了一句：那你还需要我陪你睡觉吗？

需要！女儿回答得斩钉截铁，我还没准备好自己睡觉呢。

这个回答我喜欢。

孩子长大真的就是一瞬间，正因如此，我才无比珍惜和享受跟家里两个小家伙在一起的每分每秒，即使疲惫，即使烦恼，一见到他们，疲惫和烦恼就会立刻烟消云散。跟孩子们的每一次对话，每一个细节，每一个出人意料的瞬间，都会让我回味，甚至有些激动。为人父母是无可比拟的人生体验，生活不仅带来疲惫和烦恼，还带来了愉悦和温馨。

我喜欢孩子，当我成为母亲的那一刻，这样的感觉就从朦胧变成了现实。我知道，所有的母亲都是这样，我猜想我的这种感觉还与我的童年有关，因为我的童年很幸福。小时候的我，以为全世界都像我家那样和谐温暖，直到有一天去了一位同学的家，才震惊地发现原来有的父母居然是这样爱孩子的，她的父母给她付房租，让她独自生活，她才十五岁呀。她大部分时间都是独往独来，父母几乎顾不上她。

随着年龄的增长，在完成了从为人妻到为人母的角色转变后，我开始领悟到，我的幸运既有自己努力的因素，又有来自父母的教诲和帮助。

我很为母亲骄傲，为她屡屡突破自我而骄傲。母亲大学毕业后一直在高校工作，退休后又再次挑战自我，从事全新的家庭教育工作，至今已八年有余，她在线上线下不同的平台分享她的经验和感悟，提供咨询意见，得到了广泛的好评。

一年多以前，母亲第一次跟我提到打算利用自己的积累编写一本帮助家长和孩子提高效率、更好地利用时间的专著，因为我们自己就有不少现成的案例，有些案例就是我的成长经历，她希望我认真考虑一下，不仅可以从一个被动的叙事人物变成现身说法的主动的介绍人，而且还可以加上我从教十四年所积累的新的经验和体会。

老实说，母亲的这一提议立即就打动了我，但我也有不少顾虑。我的最大顾虑就是现在工作太忙，根本不可能抽出相对完整的时间来整理和编写这方面的案例。我一直非常感谢我的妈妈爸爸，还有我的婆婆公公，他们尽全力帮我们照看孩子，让我们得以全身心投入自己的本职工作，但我毕竟是两个孩子的母亲，每天一早一晚都必须与孩子尽可能多地互动，陪伴他们入睡，周末还要陪他们玩耍，这就是家庭教育的一部分呀。母亲当然理解我的想法，她主动表示，我可以和王老师共同参与编写大纲的讨论，随后的资料整理和内容编排由她来完成，等书稿基本成型后，由我负责最后的审阅和定稿，由王老师负责联系出版和宣传工作。

令人欣喜的是，母亲用了半年左右的时间，终于一个字一个字地码出了十几万字的初稿。对于母亲的认真和执着我一点都不吃惊，因为她总是用一次又一次的自我突破证明了"她能够做到"。我知道这本书的一部分细节与我有关，但更多的细节或案例则来自母亲从事家庭教育工作以后的真实经历和积累。在她与众多的学生和家长相处的过程中，人们都亲切地称她为"杨老师"。为了叙述方便，在本书中我也称母亲为"杨老师"。

在我们三人后续的讨论和修改过程中，一个清晰的理念逐渐浮现出来，那就是我们应该给孩子和家长传递这样的理念：每个孩子的成长过程都有共同的一面，既是学习知识和文化的过程，又是培养能力的过程，前者可称之为"学"，后者可称之为"玩"。所谓"学"，我们将其定义为孩子在学校在课堂的狭义的学习过程；所谓"玩"就是孩子们在学校以外、在课堂以外所经历的所有的活动。显然，如何更好地学到各种知识，了解各种文化，同时又能学到更多的课外知识，增进自己的各种能力，这不仅是教育工作者应该考虑的问题，也是所有家长应该考虑的。我们认为，"学"和"玩"不仅不是对立和矛盾的关系，而且还是相互促进、相得益彰的关系，帮助孩子"会学""会玩"就是本书希望传递的核心理念。

当然，学和玩都要占用时间，这就涉及最简单也是最不简单的时间管理问题。说它最简单，是因为我们的每一天每一分每一秒就是时间，每个人的一天都是二十四小时，无关富裕或贫穷，年轻或衰老。说它最不简单，是因为在同样的时间里有的孩子可以学到更多的内容，经受更多的锻炼，能力提升更多，有的孩子则是相反。如果能够更好地理解学与玩的关系，能够在孩子很小的时候就帮助孩子建立时间观念，帮助孩子养成良好的生活习惯和学习习惯，那么我们的孩子在有意或无意的学和玩的过程中就会受益更多，他们在提升智力和能力方面就会走得更加平稳，走得更远。这应该是所有的教师和家长追求的一个共同目标。

具体到时间管理，我们不应该将其理解为简单地给孩子安排任务、确定每天的日程，而更应该注重培养孩子的时间观念和良好习惯，包括重诺守时、有规划、有目标、提高效率等。实际上，时间管理能力的培养更多地体现在日常生活中，比如，带孩子郊游时，有心的家长会事先跟孩子一块选择游览地点，商量并确定出行方式、出行时间、携带物品、游玩项目；郊游行程结束后，用心的家长可能陪着孩子撰写线上或线下的图文并茂的出行日记。这样就会在孩子开心游玩的同时，潜移默化地教给孩子时间规划的方法，由此增强自信心，提升能力，从而促进孩子在学校的学习，学会与他人交往，丰富对周边的自然、地理的认识。

　　现在这本书即将与读者见面，我很高兴能够与母亲还有王政老师合作完成这一工作。对我来说，完成这本书还有另外一层意义，那就是我可以由此获得更多的知识储备，以后我可以借鉴本书介绍的各种经验和做法，帮助我的一双儿女，让他们也能会玩会学、健康成长。

黎蒙

2024 年 9 月 16 日于松山湖

　　黎蒙与她母亲，还有王政老师的合作涉及当前的一个教育热点，即家校合作的问题。我们都知道，我国实行九年义务教育，学校教育是义务教育最主要的渠道。学校教育最主要的任务是立德树人，教孩子们如何做人，如何了解我们的社会并学会与人相处，此外，学校教育还担负着传播各种文化知识、传承人类文明成果和培养孩子们的学习能力的任务。尽管如此，学校教育仍是远远不够的，单从时间分配上看，孩子们在家里的学习和生活时间是明显超过学校的，尽管初中毕业班和高中阶段孩子们在学校的停留时间会相应延长，但在家里的时间仍是比较长的。这就带来了两个问题：一是学校教育如何更好地与家庭教育相衔接，以服务于上述教育目标；二是如何通过家庭教育完成更多的任务，在培养孩子的智力能力和生存能力方面收获更多。

　　作为孩子的父亲和祖父辈，我深知家庭教育的重要性，也完全能够理解作者将课堂学习（校内学习）与课外活动划分为"学"与"玩"的用意，这样的划分也许可以商榷，但作者将"玩"上升到能力培养的层面，已经超越了"玩"的普通含义，无疑是有意义的。从立德树人、学会与人相处的角度来看，"玩"的作用更大，涉及的能力养成更为关键。因此，这样的"玩"不是玩物丧志，不是恣意胡闹，不是无聊虚耗，而是围绕总目标的系统性活动的总和，强调孩子的感受和兴趣。家长如果能够从这样的高度来看待孩子们的课外活动，并力所能及地提供配合和帮助，孩子们必会从中受益良多，各种能力因而得到培养和锻炼，同时孩子们的课堂学习效果和理解能力也会相应提升。

黎蒙是清华附中 2006 届优秀高中毕业生，她在中学时期就表现出很强的求知欲、出色的组织能力和优异的综合成绩，由于她是我女儿的同班同学，又是学霸，那个时候我作为清华大学数学系的教授，对她就有一定了解。毕业后她同时被耶鲁大学和哈佛大学录取，最后选择了耶鲁大学。可以说，她就是良好的家庭教育与学校教育相结合的受益者。

2016 年黎蒙以人才引进的方式入职清华附中，后来作为清澜山学校的创校团队骨干成员，一直担任清澜山学校的教学主任、高中部校长等重要职务。我作为清澜山学校的创始人之一和理事长，对黎蒙的工作能力等各方面都非常了解。黎蒙的母亲杨玉芬老师特别善于学习，从科研工作转身从事家庭教育，在女儿的成长过程中一边探索和尝试，一边借鉴他人的成功经验，不断反思、凝练和总结，因而就有了后来的一系列的成果，包括即将呈现给读者的这本书。三位作者通力合作，决定把家庭教育的若干经验和做法分享给众多的家长，我非常赞赏他们的这一做法，希望这本书的出版能够为提高家校合作的深度和广度、更好地培养人才发挥更大的作用。

王殿军

国家督学、清华大学附属中学原校长、

清华大学教授、清澜山学校理事长

2024 年 10 月

序二

　　当黎蒙邀请我为她《孩子的时间父母的智慧》这本书作序时，我不得不说，这本书主题鲜明，也非常被需要，简直就是及时雨，因为总有学生和家长被这个问题困扰。笼统地说"时间管理"可能不容易引起共鸣，即便众多的家长特别看重孩子的学习成绩，也不太容易理解这个概念。然而，从"提高效率"这个概念入手，人们就容易理解和接受了，因为所有的学生和家长都会愿意在有限的学习时间里追求更好的学习效果。这本书就是介绍"时间管理"和"提高效率"这方面的经验的。三位作者主要以案例的形式将孩子的时间划分为"学"和"玩"的时间，通过用心的引领和配合，帮助孩子养成各种良好的习惯，从而变得"会玩"和"会学"，这样不仅可以显著提高学习效率，而且能够在潜移默化之中帮助孩子提高各种能力。

　　显然，在这一过程中孩子的父母要扮演极为关键的角色。作为校长，我的家长观是：家长好好学习，孩子天天向上，做孩子成长中的恒温器。这对父母的要求不可谓不高，但又不是高不可及，只要当父母的能够有起码的认知，有足够的耐心和细心，能够持之以恒、坚守初心，那么孩子们就会从良好的家庭教育和氛围中受益。

　　除了家庭教育，孩子们还可以在学校教育中提高认知能力、人际交往能力、团结协作能力、适应社会等能力，这才是完整意义上的教育。当然，家庭教育与学校教育、社会教育应相互配合，相得益彰，互相联动，共同托举孩子，这才是家校合作的应有之义。

　　清澜山学校是华为公司投资建设、流淌着清华血液的 K-12 民办国际化学校，今年已进入办学的第八个年头，学校发展蒸蒸日上，是国际化学校中的佼佼者。从成立之日起，学校就努力增进家校之间的连接，包括定期举办家长学堂、邀请国内外知名学者专家举办讲座和培训、赋能家长，通过多种形式提升家长的育人水平。例如，我们曾邀请清华大学彭凯平教授专程前来讲解积极心理学在家庭教育中的应用，邀请《世界名校学生家庭教育手记》丛书主编王建军在家长学堂与众多家长见面并释疑解惑。本书作者之一的杨玉芬老师也曾经多次受邀为学校家长传经送宝。

　　不积跬步，无以至千里。重视教育、重视学校教育和家庭教育的良性互动和相互凝合，从而培养根植于中国文化、学术积淀深厚、具有创新精神和突出特长的国际化杰出人才，这既是我们清澜山学校的使命，也是孩子和家长们希望达成的目标。而要实现这样的目标，就离不开平时一点一滴的努力，离不开各位家长的耐心和韧性、顽强与坚守。希望这本书不仅能够为众多的学生家长提供有益的参考借鉴作用，而且还能够带来一些启示，帮助家长们将这种认知内化为自觉的行动，助力孩子们的成长。

李文平

清澜山学校校长、清华附中国际部原执行校长

2024 年 10 月于松山湖

序三

面对内卷，面对困境，如何让孩子放下沉重的心理压力，积极、阳光、快乐、健康地成长？要破解这道难题，就必须摆脱传统家教老套路，掌握科学育人新方法。

作者最近推出《孩子的时间父母的智慧》一书，以大量的经典案例和亲子教育经验，揭示了时间管理方法：只有让孩子成为时间的主人，才能自在地成长；只有自在成长的学生，才能轻松地抵达目标。

人生发展过程，是一种按照时间逻辑不断演进的生命过程。时间，对于每个人都是公平的。在某种意义上说，人生发展过程是个体生命价值的不断追求与实现的过程。时间管理，是人生发展的底层逻辑。实现目标，则是时间内涵与管理效率的体现。

许多家长总是羡慕别人家的孩子，殊不知所有成功的孩子，其成功的奥秘都隐藏在时间的流程中，细化在日复一日、年复一年的时间管理行为中。善于管理时间者，成长动力都在科学设计的时间表中延展。如果你的孩子在每一阶段的成长目标，也都成为日复一日、年复一年的人生实践指引，直接影响着行为投射指向，你的孩子也一定会成为你意想不到的出类拔萃者。相反，家庭教育忽视时间管理，所有行为投向漫无目标，要出人才乃天方夜谭。

《孩子的时间父母的智慧》告诉家长，要引导孩子自在成长，就必须尽己所能支持鼓励孩子有效管理和高效利用自己的时间。

所谓自在成长，是让孩子在一种远离烦恼羁绊、放下心理压力、通达无碍的内心境界中成长。自在心态，是开心、淡定、快乐、愉悦、放松、平和、自信等健康情绪的表现。不自在心态，是自卑、焦虑、抑郁、烦躁、厌烦、苦闷、害怕等消极情绪的反映。学习是成长的主要途径，应该快乐。读书做作业是知识学习，生活、劳动、体育、审美以及有益身心健康的游戏，是活动性的玩。会学和会玩，相辅相成。如果孩子的学和玩都不会，问题肯定出在时间管理上。

该书指出，孩子是时间管理的主体，家长与其急功近利地为孩子的学习成绩焦虑，不如正确引导孩子自主、高效地管理时间。管理原则有二：一是提前规划好每天的任务，合理分配时间；二是高效、充分利用有限的时间。规划是手段，高效是目的。高效利用时间是指在规定的时间内，聚精会神地做好该做的事，学有余力则玩，玩得开心则学。引导孩子有效管理时间，不能简单地给孩子订目标、定规则，而是更注重培养时间观念，养成重诺、守时、自律、规划以及高效利用时间的好习惯，引导要更多地体现在日常生活中。

黎蒙大学毕业后立志于基础教育，作为校长鼓励学生们要跟随内心的声音，追求真正的热爱和兴趣，提高学习效率；作为妈妈注重保护孩子兴趣的同时引领孩子建立时间观念。杨玉芬博士，在繁重的科研之余，几十年如一日坚持研究家庭教育和学习规律并付诸实践，在教孩子管理时间方法时遇事坚持四步法：思、行、通、省。女儿十八岁就轻松考入耶鲁大学，指导两个亲戚的孩子也分别考入北大、清华。先后有近百名学生，因用此法释放压力，在会学会玩中轻松进入名校。王政教授有小学、中学、大学及成人教育的经历，围绕家庭教育进行了大量的社会调研，熟悉教师诉求，了解家长刚需。该书以国家级课题为引领，以生动鲜活的案例为支撑，深刻而简单、概括又具体地阐述了孩子的自在成长之道，是一部难得的实操、管用的家庭教育读本，值得向广大家长推介。

毕诚

教育学博士、中国教育科学研究院资深研究员、

北京大学兼职教授博士研究生导师

2024 年 6 月

目 录

第一章

高效利用时间的两个"抓手"

我们常常听到这样的议论：

谁谁家的孩子学习真好，怎么没看到 TA 费劲，就有那么好的成绩？

谁谁家的孩子多才多艺，既会打乒乓球，又会拉手风琴，还在学校一直名列前茅，TA 是怎么学的。

谁谁家的孩子一到放假就出去旅行，有时一个人背着包就敢走南闯北，TA 父母怎么就那么放心？

谁谁家的孩子读了那么多的书，作文写得可有灵气了，而且人家视力好，不近视，TA 是怎么做到的。

谁谁家的孩子特别懂事，周末节假日能为全家做饭煲汤，乐观阳光，五好少年，TA 是怎么培养的？

……

"别人家的孩子"总是那么优秀，而再回过头来看自己的孩子呢，不是做事磨磨蹭蹭，就是整天耷拉着头，让他帮忙拿个快递，他出去转了快一个小时，竟然空手回来了。你问他快递拿了吗？他告诉你忘记了。你再问他出门一个多小时都干啥了，他还得回忆一下，说是经过小区路口的小公园，看见有几个小朋友玩小汽车，他只顾看热闹了，就把取快递的事忘记了。

如何能成为"别人家的孩子"呢？我认为，这样的孩子一是会学，二是会玩。

所谓会学，就是指孩子成绩优异，这是所有家长由衷的期盼。

所谓会玩，绝不是无节制地玩，而是指孩子学有余力，多才多艺，包括阅读和获取信息的能力、口头与书面表达能力、身体协调能力、对输赢的理解能力、与同学交往的能力、认识和了解社会的能力、独自出行和办事的能力、照顾自己的能力，选择自己爱好、参加文娱活动的能力等。

一般来说，学与玩不是对等的，会学不代表会玩，会玩也不代表会学。

同时，学与玩也不是对立的，不是非此即彼。很多家长误认为学与玩相互矛盾，要想学习好，就不能玩得太多。玩的时间多了，会影响学习，影响成绩，影响未来。不少家长有这样的机械思维，或者说是简单的线性思维。他们以为，学习犹如种地，投入的时间越多，就会收获越多。问题在于，如果耕种方式不变，土壤、肥料、种子、浇灌等一成不变，那的确就是投入多少，产出多少，二者基本是线性关系，这也就是古往今来的最简单的农业生产方式。然而，现代农业可以通过培育新的良种、调节土壤的酸碱度、增加腐殖质、采用滴灌装置等技术摆脱靠天吃饭的困境，适当使用化肥或有机肥，采用休耕轮作等种植方式，更多地使用机械完成深耕、锄草、施肥、收割、脱粒、运输、贮藏等作业，这样的现代农业与传统农业大不相同，由此获得的收成也远远高于传统农业。

因此，如果我们家长能够充分意识到孩子的学习与成长不是简单孤立的一项作业，而是各方面因素、各种能力交互影响的结果，我们就能够对孩子的学习与成长抱持更理性、更客观的心态。我们追求的目标不外乎就是孩子身心健康、自食其力，这可以看作一种底线目标。而要实现这一目标，就需要从孩子幼年做起，每天从点滴小事做起，帮助孩子养成良好的生活习惯，特别是高效做事的习惯，这样孩子就能在各种环境里应对有余、有条有理，会玩会学两不误。

为了实现这样的培养目标，我们建议家长从以下两方面入手。

一、努力让孩子拥有平稳的情绪

孩子情绪平稳，即心静，心静的孩子不担心父母说话不算话，不担心父母训斥他，不花心思猜测父母的想法，不担心父母的误解，不担心失去父母的爱。

心静则安。

情绪管理要从小抓起，情绪比学业要重要得多。

做好情绪管理，通常是指把负面消极的情绪转化为正向积极的情绪。

消极的情绪包括气愤、恐惧、惊吓、愁闷、忧虑、痛苦、悲伤、恼怒、紧张、焦躁等。

积极的情绪包括开心、淡定、快乐、愉悦、放松、平和等。

家长要善于观察孩子的情绪，一旦发现孩子有负面情绪，要及时关心孩子，耐心地倾听与询问孩子，努力协助孩子梳理事情的来龙去脉，找到情绪不佳的原因，然后再有针对性地去解决问题。

有多种方式让孩子的心静下来。

1. 重复孩子的诉求

有一次，我出差前的夜晚，女儿哭得很伤心，一边哭一边重复"我要跟妈妈一起去"，一晚上重复了一千遍。当时，爸爸试图安慰她："妈妈也想带你去，可是领导不让啊。"女儿无论如何也听不进去，一直重复她的诉求："我就要跟妈妈一起去！"

一个月以后，我又要出差了，我告诉女儿以后，她一边搂着我的脖子，一边略带哭腔地问我："妈妈，你周二能带我一起去旅游吗？"她还没厘清"旅游"和"出差"的差别。我改变了策略，先接住她的情绪，轻轻地重复着她的话，"好的，好的，妈妈带你一起去。"她平静了一点。过了一会儿，她又呜咽着问："妈妈，你周二能带我和弟弟一起去旅游吗？"真是个好姐姐，这时还惦记着弟弟。我再次轻轻地重复着她的话："好的，好的，妈妈带你和弟弟一起去。"她显然不放心，追问我："你是真的带我们一起去吗？"我想了想，尝试着说实话："我把你们放在我心里带着去。"她一下子就又哭了，抽泣着说："我要你真的带我们去。"她的手不够抹眼泪用了，还撩起睡裙的裙摆抹眼泪。我赶紧抱紧她说："妈妈带你们去，妈妈想想啊。"她紧紧地抱着我，渐渐地睡意上来了，才进入了梦乡。

重复孩子说的话，是能够接住孩子的情绪的。

2. 遵守诺言，答应孩子的事不反悔

答应孩子的事，一定要做到。答应孩子做完作业就能玩，做完作业一定让他玩，孩子就不会磨蹭，不磨蹭就能省出大把的时间，做更多的事情。

杨玉芬老师：我女儿每天下午放学必玩，七岁前拥有自己的自行车，三人每人一辆车，要么回我老家，早上出发下午回来。要么约上朋友一家在城市周边骑行。实行双休日那一年，我女儿刚上一年级，周末玩的时间更充分了，假期必然会安排省内外旅游。

四年级男孩子说爸爸妈妈说话从来不算数，刚上一年级，他做作业的速度挺快的，爸爸妈妈想让他做更多的家庭作业，又怕孩子不做，于是就用欺骗性的语言对孩子说，只要把作业做完，就可以拼乐高或者玩游戏。孩子信以为真，以为做完学校的作业就能玩，于是专心做作业，很快就把作业做完了。当他准备去玩的时候，没想到爸爸妈妈却改口说，把这张卷子做完再玩。孩子反驳道，你不是说做完学校的作业就玩吗？爸爸说，做完这张卷子就能玩。没办法，这个小男孩开始做第一张卷子，做得也挺快的。刚做完，爸爸又拿来一张卷子，孩子当然不愿意做，爸爸又说，做完这张卷子就能玩。这个小男孩开始做第二张卷子，同样做得挺快的。爸爸认为孩子能完成他布置的作业，第二天如法炮制，孩子还能完成。不知不觉，孩子做作业花的时间越来越长，速度越来越慢。孩子得到的是什么呢？爸爸责怪孩子磨蹭，指责、批评、抱怨不绝于耳，有时甚至会打孩子。孩子越来越拖延，成绩越来越差，从一年级的前十名到四年级的最后一名，他说，反正父母不能不让他吃饭，也不能不让他睡觉，干吗做那么快，做完学校作业还有没完没了的家庭作业。

孩子的问题，是爸爸导致的，但爸爸既不承认自己的做法有错，又要责怪孩子。

有一位妈妈学过杨玉芬老师的时间管理课，她曾如此分享：

不怕大家笑话，我以前也是时间管理小白，现在边学杨老师的课边实践。我的职业是全职家庭主妇，对时间不珍惜没概念，现在开始做每件事之前计时，知道自己做事的大致时长，尝试制订每天的具体计划。今天早上，仅仅是因为用计时器规范二宝的起床洗漱和吃早饭时间，就让他比平时上学足足早了四十分钟，中途没有鸡娃，没有催促，真的是自己要先以身作则，才知道如何管理孩子。这个过程充满正能量，充满希望，因为知道自己能变好，也能这样带着孩子变好。杨老师在第八课计划表"不要缺项"部分提到的一个男孩子，一年级做作业特别快，后来因为家长说谎总是增加家庭作业，到四年级成为全班最差的孩子。我听了特别心碎，因为我在老大小的时候，为了让孩子多做作业，也犯过同样的错误，后来孩子拖延，还打过孩子。我此时琢磨着，今天回家，要好好向孩子道歉。

3. 欣赏孩子，让孩子有勇气抬头走路

有一年8月，杨玉芬老师在河南做分享报告，一对脸上写满焦虑的父母带着垂头丧气的孩子来到约定的地点。这位爸爸是中学老师，焦虑的事情特别多、特别长远，不仅担心开学后儿子学习不在状态，成绩上不去，而且担心一年后考不上大学，大学毕业后找不到好工作，找不到好工作就没有未来……还担忧自己的身体会因过度焦虑而垮掉，他说不争气的儿子会影响他的寿命！他的语气中带着强烈的责备和抱怨，眼睛里流露出不满和愤怒，说话时，身体前倾，手指着儿子，有一种咄咄逼人的气势。

孩子妈妈也很焦虑，而且是双重焦虑，为爸爸对儿子大打出手而号啕

大哭，受丈夫情绪的影响，自己也打过儿子；也因为儿子成绩不好又不上进而抱怨，心碎于曾经人见人爱的儿子，长大却颓废了，经常摔东西，有时甚至离家出走。她对活着的意义都产生了怀疑，曾一度放弃过儿子，甚至想与儿子断绝关系！

已是准高三的儿子似乎更焦虑，一直低垂着头，不敢抬头看他的爸爸和妈妈，在我的大胆鼓励下，他才轻声说："我很想努力，也很想学好，但只要听到甚至想到爸爸妈妈的责备和谩骂，看到他们不信任的眼光，真的就不想学了，不想学也就不学了。想到高三期间同学之间的激烈竞争，想到几个月以后要面临的高考，自己就更害怕，更担忧，焦虑情绪更大。"这个孩子说他特别渴望得到爸爸、妈妈的信任和鼓励。而爸爸不依不饶地指着儿子大喊："你的成绩那么差，又不努力，有哪些方面值得我们信任和鼓励！"孩子半抬着的头又垂下去了。妈妈在一旁伤心落泪，一家三口，焦虑情绪相互传递、感染。

深入交流了两个多小时以后，在杨老师的引导下，通过对过往事件的认真分析，这对父母承认他们的焦虑源于孩子小时候过于优秀，以及由此带来的高期望、高要求。只要看到孩子成绩下降，看到孩子不像他们期待的那样优秀，就断定孩子的一生都完了，批评与指责代替了欣赏与鼓励。

有些家长教育意识比较强，凡事追求完美，对孩子的要求几近苛刻。

杨玉芬老师曾接到过一位爸爸的电话，他的语气特别焦虑，焦虑中带着极度的强势。他儿子是"211"大学的大四学生，已经确保能够拿到两个学士学位，但这位爸爸对孩子仍然不满意，说到孩子在家玩游戏的时候，非常生气，在他眼里，孩子一无是处："不努力，考试成绩不出众，衣服洗不干净，地拖不干净，没完没了地玩手机……"他还强调，"我早已改变了，我都不打他了，我儿子为什么没有改变？"有一天晚上，他儿子因为无法容忍爸爸的唠叨和责备，跟爸爸大吵一架，儿子边说边哭，问他爸爸："你什么时候承认过我，小时候除了打骂就是要求和管控，初中时认为我考不上高中，而我考上了当地最好的一中；高中时，你认为我考不上大学，而我考上一所'211'大学；我要读双学位，你认为不可能，还说我一定挂科，而我没有挂科，全部科目都通过了，你又认为我的成绩不优秀。我要做到什么样，才能让你满意？我活得太累了。"然后儿子委屈地哭了大半夜。

人无完人。每个孩子都愿意在家长和老师的欣赏鼓励下，持续努力，即便遇到困难，只要有父母的帮助，就没有过不去的坎儿。但有些家长不允许孩子犯错，不接受孩子的不完美，因为不接受，就会批评孩子、指责孩子，以至于有些孩子会故意做错。

有一个小男孩神秘地告诉辅导老师："有一次考试，明明有的题会做，我故意做错。"

"你为什么要故意做错？"老师惊愕地看着孩子。

"妈妈经常骂我是笨蛋，我就要笨给她看。"孩子说完，委屈地哭了，"不要告诉我妈妈，要给我保密。"

这位老师心疼地拥抱着孩子。

如果不是经常被贬低，孩子是不会破罐子破摔的。戴尔·卡耐基在《人性的弱点》一书中写道：人类天性中一个最根本的需求就是证明自己。每个孩子都有证明自己的内驱力。

孩子的行为表现与家长的要求之间难免有差距，这种差距通常是家长与孩子之间的年龄造成的。请家长们想一想，您在孩子这个年龄的表现有孩子现在的水平高吗？有相当一部分家长会拿自己当下年龄的认知水平与几岁孩子的认知水平进行比较。三十多岁的家长看三四岁的孩子，四十多岁的家长看七八岁的孩子，满眼都是缺点。这一点，做父母的远不如孩子宽容。

一个八岁的孩子这样评价妈妈：

这是我的妈妈，她今年8岁了。我之所以说她8岁了，是因为，生下我之前，她只是一个女孩子，生下我之后，她才是一个妈妈。我今年8岁了，所以，我的妈妈也8岁了。我8岁的妈妈，有时也不够好，做事有点追求完美，偶尔还爱发脾气，难过时会哭鼻子，生爸爸和我的气时，竟然惩罚自己不吃饭。但是，我很爱她。因为，8岁的妈妈和8岁的我一样，都不够好，但都很努力。

（摘自《人民日报》2018-12-15 文章标题：荐读"我妈妈才8岁，原谅她的不够好……"这封信看哭无数人。）

几岁孩子的行为不符合几十岁父母的标准非常正常，我们不应该用三十多岁、四十多岁、五十多岁的眼光看待孩子，应该站在孩子的年龄看待他们的行为与表现。同样，我们也不应该用未来的标准来看待和衡量自己的孩子，而是要立足当下，用当下的标准来要求和评价自己的孩子。

为什么这么说？

哈佛大学的霍华德·加德纳教授的多元智能理论认为，音乐韵律、身体运动、逻辑数理、言语、视觉空间、交往、自知自省、自然观察八大智能会以不同方式、不同程度进行组合，每个孩子各有自己的优势、风格和发展特点，孩子的问题不是聪明与否的问题，而是究竟在哪些方面聪明和怎样聪明的问题，就像鲜花，花期长短不一，绽放的时间有早有晚，所以才有一年四季的芬芳与美丽。

根据多元智能理论，如果孩子没有学习兴趣，可能是因为孩子有优势或更突出的地方还没有被发现，需要给他施展才华的机会和空间。

杨玉芬老师：有一个小男孩，学习成绩不算好，父母对他很不满意，后来，我发现他的空间构思能力特别强，他能凭想象画正在飞行的飞机给正在前进的坦克加油，坦克上还站着荷枪实弹的士兵。这个孩子画这幅图的时候特别专注，绘制的速度也很快，飞机和坦克的空间关系也很合理，完全不是父母描述的那么不可救药。我把孩子的画送给他父母，他们也觉得不可思议，他们说怎么就没有发现孩子这方面的能力呢？我建议他们要有意识地培养孩子这方面的潜能，要相信孩子未来在视觉空间智能、游戏开发或科幻创作等方面会有突出的表现。孩子的潜能或专长需要独具慧眼的父母花时间与精力去发现，要用心、细心地观察，持久地观察。孩子对于自己感兴趣的事，才会有持续投入的热情，即便速度很慢，即便遇到挫折，都不会轻易放弃的。

父母说孩子上课不专心，我问孩子："上课的时候，坐不住会做什么？"他说："画画。"他在语文课本上画的坦克、汽车，像模像样的。他高兴地打开书页，只让我看，不许我拍照。因为他怕爸爸知道了会训他。我说："只要你诚实地告诉爸爸，爸爸不会训斥诚实的孩子的。"他就是不让我拍，怕我发给他爸爸，他发自内心地怕爸爸。

每个人都有潜能，比如我妈妈不会弹琴，但她有"听"琴的潜能以及对音乐的领悟力，我小时候弹琴的时候，弹到哪里，哪儿对、哪儿错，她都听得明明白白。乐曲的情绪、性格，或悲伤，或忧愁，或快乐，或愉悦，我妈妈都能听出来。

接受现实，欣赏彼此。

成长是终身的事情。

4. 与孩子进行有效沟通

（1）时间、时机和环境沟通三要素

为了保证沟通深入，一次到位除明确主题，还有三个不可缺少的要素：时间、时机和环境。

充足的时间。与孩子沟通前，不仅要想明白谈什么，还要确保自己的时间是足够的，自己的工作也已经安排妥当，不要中途以任何理由中断谈话。孩子最怕家长谈到一半就不谈了，不知道家长的葫芦里卖的什么药，不知道家长的真实态度。父母是孩子成长之路上最重要最亲密的人，孩子最需要沟通的人就是父母，但很多父母并不能花很多时间陪着孩子，孩子的很多行为又是在父母没有时间沟通的情况下产生的，父母容易因为不能及时沟通而错过最佳的纠错机会。

恰当的时机。恰当的时机指孩子有情绪、犯错、说谎或其他不合要求的时候，英文中叫"the teachable moment"，即教育时机。如果这个时候，家长没有时间，或者没有想明白怎么谈，最好另找时间专门聊。如果某一天家长有时间了，也不要随便打扰孩子，与孩子聊天不是随时随地的，如果孩子正在专心致志地看动画片、玩玩具、做作业，家长突然凑过来要聊天，一定不会有效果的。恰当的时机需要家长去创造，并全神贯注，全情投入。

我读过一篇文章:《哈佛大学研究表明：拉开孩子差距的不是智商，而是三个小习惯》，其中有这样一个案例：

二年级小男孩有一天要参加期末考试，发了试卷，他才发现自己没带铅笔盒。

他比较胆小，不敢跟监考老师说，情急之下，居然大哭起来，最后试也没能好好考⋯⋯

回家后妈妈先安慰他，然后跟他说："考试结果不重要，但是你这个

丢三落四的坏习惯，终于吃亏了吧！"

小男孩边哭边认真地点头："妈妈，这个坏习惯我一定改！"

第二个案例，是杨老师的一个学员，也很有代表性。

小女孩数学考砸了，信心崩塌，情绪低落到冰点，为此大哭了一场。妈妈非常好地把握住了这个千载难逢的"教育时机"。

"妈妈，我告诉你两个消息，数学卷子一张考96分，不值得夸奖；一张考67分，我觉得学得还可以的内容，为什么只考了这个分数？现在已经六年级了，数学成绩时好时坏，不见起色，在校外的补习班越来越听不懂，班主任说我将来考不上重点高中，只能读职高，我喜欢当海洋馆的饲养员，喜欢小动物，可我怕你说我没出息。"忧心忡忡的小女孩越说越伤心，心理防线一下子决堤，伤心地哭了起来。

妈妈既不惊讶也没有责怪，看到女儿哭得那么伤心，能感觉到孩子的压抑情绪，她抚摸着女儿的肩膀宽慰着："宝贝，怎么会呢？妈妈一直很认可你呀，分数只能验证知识有漏点或不牢固，明天把卷子拿回来，认真分析思考，给知识打上补丁就行了，你这么努力，没问题的，不能因为一次失误而否定自己！至于你以后想当饲养员，只要你喜欢，干什么都行。但是，现在咱们最紧要的还不是考虑以后做什么，而是调整情绪，完成剩余的考试，你说对吗？"

女儿用力点点头："期末还有语文、英语考试，我不知道是否能考好。"女儿情绪逐渐平稳，继续诉说自己的担忧。

妈妈拍着女儿的后背，宽慰道："妈妈相信你！分数不能代表全部，只要你努力就行！即便没有考到好的分数，妈妈也依然爱你！这样你就不会太紧张了。"这位妈妈一边张开双臂拥抱女儿，一边问，"下一步如何努力，你想知道吗？"

女儿依偎在妈妈怀里，乖乖地随妈妈来到门背后，一起回顾这学期开学时制订的年度目标，其中有学习理科的方法论六步骤，预习—听课—复习—做作业—讨论—总结。

妈妈进一步强调："只有行动才能改变一切。我们有目标、有计划，你愿意继续行动吗？"

"愿意，但目前我只做了其中的三步骤，没有坚持预习、讨论与总结。"此时女儿已经比较安静了。

"哦，那效果怎么样？"妈妈趁热打铁地说。

"就是效果不大好！"女儿仍然有点郁闷。

"哦，那你哭得这么伤心能解决问题不？"

"不能。"

"现在怎么办？"

"坚持每天讲错题，不懂的找老师或同学问清楚，并做总结！"

"好样的！妈妈陪你！"妈妈不失时机地夸奖女儿。

妈妈心平气和地化解了前两天还在为女儿"不行动、不总结"产生的苦恼和焦虑。妈妈反思了自己不作为的地方：女儿参加数学补习班，学习难度提高后，信心明显受挫，她忙于工作，没有完全觉察到，对女儿的助力和督导不到位，增加了孩子的压力。妈妈当即表态不管以后工作多忙，孩子的事情大于天，以后绝对不会忽视孩子的情绪变化！

这两个案例，都非常巧妙地把握了沟通的时机。

孩子的头脑里经常会冒出意想不到的"好问题"。

杨玉芬老师：我女儿四岁多的一个春天的下午，我们来到校园北边的麦田踏青，她看到一口废弃的井，问我："妈妈，我都琢磨半天了，不知道为什么要有井。"只可惜，我在日记里并没有写我与女儿的对话，也许我当时并没有抓住这么好的教育时机，应该只是催促她快快回家吧。

适宜的环境。适宜的环境指选择单独的、安静的、不被打扰的房间，或者出去散步，在一种很放松、和谐的状态下，平等真诚地与孩子交流。无论哪种环境，家长都要放下手机。

从小进行良好的沟通能增强父母和孩子的感情，营造亲密祥和的亲子关系。

沟通时间、时机和环境是确保一次沟通到位的基本要素，一次沟通到位看起来费时间，却效率最高。

沟通的时间、时机和环境也需要提前思考、提前策划、提前设计。

（2）内容、情绪、肢体语言对沟通的影响

俗话说，良言一句三冬暖，恶语伤人六月寒。和孩子沟通时，除了主题、时间、时机和环境以外，家长的语气、语调、表情、眼神、肢体动作等也会影响沟通结果。家长的态度是坚定还是怀疑，透过眼神就能传递出来。

经常有家长说，我从来不批评孩子，从来不打骂孩子，不批评不打骂就以为自己很信任孩子。是不是信任孩子，不仅看我们的语言，还有我们投射给孩子的眼光。失望的眼光甚至比刻薄的言语还扎心。

在一次家长分享会上，一位妈妈听到这里流泪了，她说她就是这样子，表面上相信孩子，内心并不相信孩子，孩子的感受也证明了这一观点。

有些家长很纳闷："我期待孩子追求卓越，但为什么现实截然相反？"这些家长自认为传递给孩子的是正面、积极的期待，但潜意识或信念层面给孩子传递的却是负面的、消极的信号。

美国语言学家艾伯特·梅瑞宾提出了著名的沟通公式：

沟通的总效果 =7%的语言（内容）+38%的声音（语气语调）+55%的表情（态度眼神）

也有人做过统计，沟通效果 =70%的情绪 +30%的内容。

相同的内容，用不同的语气，在不同的情绪下说出来，效果大相径庭。

平和与烦恼是有区别的。心态平和时是这样的：宝贝，我知道你是诚实的孩子，诚实的孩子不喜欢说谎话，对吗？孩子能够感受到一种不可抗拒的力量，会想努力改掉说谎的毛病。烦恼时的语气是这样的：你知道吗？说谎话就不是诚实的孩子！孩子认为自己不是爸爸妈妈心目中诚实的孩子，反而更加害怕，更不敢说真话。

相信与否定是有区别的。相信的语气是这样的：宝贝，我们非常爱你，知道诚实的孩子是不会故意撒谎的！孩子感觉到自己是被信任的，说谎是有原因的。否定的语气是这样的：这么小就撒谎，长大也学不好，我们不喜欢你了！这只会让孩子更痛苦，只好继续用谎言欺骗父母。

学校定期举行"校长早餐会"，家长可以到学校现场咨询各位校长，一次一位初中家长来咨询我：

家长：黎校长，我的孩子刚上初中，他现在各方面学习都中等，我感觉越来越使不上劲，跟他说他也不听我的。

我：您平常跟他聊天主要都是聊学习吗？

家长：学习肯定会聊，我也带他玩。但我老公说我带孩子玩得太多了，应该把时间多花在学习上。

我：哦，那您跟先生要沟通和统一一下意见。您和孩子的亲子关系怎么样？

家长：还好吧。不过他现在上初中了，我觉得我自己使不上劲，就让他住校了，周中都在学校。

我：哦。那您每个周末跟他聊学习的时候都聊什么？是鼓励的多还是批评的多？

家长：我常常鼓励他的呀，但是他老说我夸他的时候不真心。

我：您都鼓励他什么呀？

家长：我就说儿子特别好呀。但问题是，他的作业总是有错，考分也提不上去。

我：您从心底里觉得他不够好，嘴上夸他是起不到作用的。

家长：我没有说他不好呀，我只是说他可以做得更好。

这时，旁边一位家长忍不住对那位家长说：你这个确实不是鼓励，孩子是很聪明的，他们一眼就能看穿！

我：是的，我们的语言传递的信息，远不如我们的语气、眼神和情绪传递的信息那样丰富、完整。您说他做得不够好，说他可以做得更好，就是说他不好呀。如果您要让他对学习有信心、有兴趣，就要发自内心地夸奖他，比如这周的语文作业比上周的语文作业写得更认真，今天比昨天看英文书的时候更专注。您要告诉他，现在你上初中了，跟以前不一样了，妈妈为你能独立生活和学习感到由衷地骄傲！让他相信今天的妈妈跟以前的妈妈确实不一样了，真正赏识他了！

家长：嗯嗯，您这些话说得好，我也回家去说。

我希望这位家长意识到她之前的"表扬"是有期待的"表扬"，并非发自内心的表扬和信任。如果我们要帮助孩子建立自信，建立希望，父母必须发自内心地相信孩子，真诚地夸奖孩子，哪怕孩子的"优点"不多，也要全然接受孩子，多看到孩子的优点，多给予孩子真诚和具体的鼓励。只有这样，孩子才会真正感受到来自父母的信任和力量，孩子身上的优点才会越来越多。

不仅孩子需要夸，好老公也是夸出来的。

我先生当上爸爸以后非常激动，但是也不免有爸爸的"惰性"。有一次，我让他给孩子换尿不湿，老公有点不情愿，随口一句"我都换了8次了"，让我哭笑不得。

过了一段时间，我反思，在培养老公带娃能力这件事上，我可能没有夸够。所以，我调整自己，放松心态，老公带娃的时候，我就一个劲儿地夸，说爸爸带娃就是不一样，爸爸带娃娃更大胆，爸爸带娃让妈妈能腾出时间工作和学习。由于我的工作很忙，后来，接送孩子上下学的工作几乎全部交给了爸爸。再后来，阿姨和老人的帮忙越来越少，我们不上班的时候就全部自己带娃了。

有一次放学时间，我碰巧看到爸爸牵着女儿的手回家的背影，爸爸紧紧地握着女儿的小手，两个人一人背一个包，慢慢地走在路边，很温馨的一幕。原来爸爸带娃也是很温柔细心的！

无条件的爱和有条件的爱是有区别的。无条件地爱孩子是这样的：孩子，妈妈爱你，但不喜欢你说谎话这件事，知道吗？孩子感受到虽然他说谎了，但妈妈仍然爱他。有条件的爱是这样的：孩子，妈妈不喜欢说谎话的孩子！孩子感受到因为他说谎话，妈妈就不再喜欢他了。其实，无条件的爱就是让孩子感受到妈妈爱你，知道你是谁，不希望你完美无缺，只希望你有所改进，而且相信你愿意为小小的改变而努力。

由此可见，沟通不只是说说这么简单，表情眼神、声音大小、语气语调，都会影响沟通效果。沟通过程最能体现情绪、信念和爱的力量。

（3）有明确的主题，一次谈深谈透

每次与孩子交流，只谈一个话题，西瓜芝麻不要混为一谈。

说谎是孩子不当行为中比较严重的，即使开始说谎是无意的，长期有说谎的行为也有可能伤害到自己，或者对他人带来痛苦。很多家长都会遇到孩子说谎的情况，不同的家长对孩子说谎的反应不一样，态度也不一样。发脾气、打骂的居多。打骂以后，孩子照样说谎。为什么呢？孩子说谎大多是因为害怕父母的严厉批评，不敢说真话，选择说谎只是为了逃避惩罚，以求蒙混过关的侥幸。孩子说谎时的眼神，说谎后的表情、行为都是不一样的，只要家长细心，就能发现孩子的异常表现。

杨玉芬老师：几年前，曾有一位爸爸，清华大学强军计划博士研究生，如约来到我的办公室。寒暄后，他说的第一句话是："我要改变我的女儿，她上三年级，最近出了很大的事，又说谎了，给我解决办法吧，我要改变我女儿。"他满脸愁容，无法释怀，接着又说道："女儿太不让我省心了。我要做实验，要写论文，准备毕业，哪有时间管孩子？"

"嗯，家里没有人帮你照看孩子吗？"我关切地问。

"我妈在家里，她溺爱孩子，孩子要什么给什么。孩子的毛病都是我妈惯出来的。"他仍然气呼呼的。

"孩子这次说谎与奶奶有什么关系呢？"

"孩子在学校拿同学新买的转笔刀，被她同学发现了，同学向老师告状，老师给我家打电话，是我妈接的，我妈袒护孩子，还说那个转笔刀是她给孩子买的。有奶奶护着，我女儿更加理直气壮，不承认是拿同学的。"他越说越生气。

"嗯，那是奶奶不应该。请问你妻子对这件事是什么态度？"

"我妻子的脾气特别差，狠狠地把女儿打了一顿，还与我妈大吵了一架。"说到这里，这位博士眼泪汪汪，继续诉说着孩子奶奶的不是，孩子妈妈的不足，直到他的情绪平静下来，我一直耐心地聆听着。

"我特别理解你的心情。请问你是如何处理女儿说谎这件事的？"

"打她啊，严厉地训斥她。"此时，他语气平缓，但口气很强硬。

"你打她好多次了吧？请问每次打完女儿，有用吗？"

"好像没有用，说谎的次数越来越多了，可不打怎么办呢？"他有些不解地问。

"你有没有想过，孩子为什么一而再、再而三地撒谎？她说谎背后的真正原因是什么？你自己有哪些需要反思和调整的地方呢？"我接连问了几个问题。

他承认自己的脾气也不好，但同时又极力强调："我改不了，已经习惯了。"

"嗯，你习惯了，你可以不改。但是你不改，孩子一定不会改，她会继续说谎，说谎的次数越来越多，说谎的水平越来越高，这是你想要的结果吗？"我非常严肃地问他。

"这不是我想要的结果。"他认真地看着我，思考了一会儿。

"嗯，你要的是诚实的女儿，一定不是满口谎言的女儿。你知道女儿说谎是因为怕你吗？"

"这个，我有体会，看到她每次挨打而害怕发抖的样子，我很心疼。我想过这个问题，她不想说谎，又因为害怕而选择说谎。不能全怪孩子。"他积极地回应道。

"嗯，太好了，你已经意识到了孩子说谎的根源。接下来，你一定知道该怎么做了吧？"

"看来，我要开始改变了，为了女儿能健康成长，我也要强迫自己改掉坏脾气。"他陷入沉思，像是对我说，又像是自言自语。

"我相信你没问题，你是博士生，还是军人，一定能说到做到。"

就是这样一位固执地认为都是别人错的父亲，两小时后，了解到自己固有的思维模式并愿意为女儿的成长改变时，竟然笑着离开了。

还有一个与孩子说谎有关的案例。

"孩子上五年级，内心是非常善良的，但有时爱说谎话，比如想玩游戏却以做作业为借口要 iPad，有时会把已背熟的单词说成是生词，有时放学后与同学玩却说是做作业了。担心孩子重复做欺骗我们的事情，一旦养成习惯就是很严重的道德问题了。面对这种情况，我该如何引导？"一位家长通过微信写出他的担心。

"理解你的心情。请问你们是怎么处理孩子说谎的？"

"特别生气，因为在我们的价值观里，说谎是品德问题、教养问题。先是严厉地批评，后来实在没忍住，还动手打了孩子。打，就是希望他记住必须做一个诚实的人，不能欺骗自己，更不能欺骗他人。"

"我觉得你们的反应是正常的，打他，是让他意识到爸爸妈妈是不接受说谎行为的。但打孩子是一定不会有好效果的，还有可能适得其反。"

"是的，打过之后，我自己感觉并不轻松，孩子看我的眼光也怯生生的。反思过往，孩子有这种行为，无论怎样都应该是我们的责任，接下来要改正的是我们自己。"

"嗯，你能有这种认知，非常了不起。我相信孩子也已经意识到说谎是不对的，也有改变的愿望。建议你先找孩子的优点，比如孩子花在学习上的精力不多，成绩还不错，夸奖孩子有巨大的潜力等，然后心平气和地找孩子进行郑重其事的沟通，了解孩子说谎背后的真正原因，以及他被打以后的真实感受，鼓励孩子大胆提出他的需求，不是简单的家长的要求，这个点要把握好。真实地告诉孩子，人无完人，人人都会犯错，犯错是成长过程中不可避免的现象，无论他今后遇到什么困难，爸爸妈妈始终是他最坚强的后盾，而且相信孩子是诚实的，不是故意要欺骗父母。这样做的目的就是要让孩子感觉到不会因为他的行为影响爸爸妈妈对他的爱。有时一次交流不惜用四小时、五小时、六小时，直到孩子找到努力的方向为止。"

这位家长接受我的建议，并高度重视这件事，与孩子交流前做了充分的心理准备，写了交流提纲，整个过程始终心平气和，与孩子保持同频。

过了一段时间，这位家长告诉我，他的孩子心悦诚服地写了反省书，明确了下一步要做的几件事。

我佩服这位家长极强的执行力，同时提醒他以后不得随意在孩子面前提及以前说谎的事情，这也是信任。因为孩子比较敏感，很容易感受到父母的一个眼神、一句话、一个手势传递出来的信念与心理活动。

又过了一段时间，这位家长反馈："孩子虽然在生活方面能很好地照顾自己，心态比以前更加自信和阳光，也有独立的想法，但偶尔还会犯错，比如借着做作业上网玩游戏。有时为了保全面子，明明没有做完作业会说全部完成了。"

我再次让这位家长坚定信念："每个人在改变过程中都有反复，属于非常正常的现象。只要我们能持续地、心平气和地与孩子真诚沟通，让孩子感受到即使他又做了错事，说了错话，父母永远是爱他的，而且相信他只要努力就能改变。当孩子意识到无须用撒谎来隐瞒的时候，孩子很快就会改变的。"

"我们将继续努力给孩子营造温馨的家庭氛围，发自内心地信任他，正面鼓励他，尊重他的选择。"

经过三年多的努力，这对父母与孩子的关系明显改善，孩子各方面都有很大的进步，内心自信，提高了自我认知水平，主动学习，学习成绩提升。这就是平和的力量、信念的力量以及无条件爱的力量。

西方有句谚语：只有从不尝试新事物的人，才能永远不犯错。(A person who never made a mistake never tried anything new.)

分析孩子掩饰自己和撒谎的原因只有一个，那就是逃避惩罚。如果孩子是真正被尊重、被关爱，对父母有充分的信赖，有十足的安全感，就不用担心考不好挨骂、挨打、被损、被贬，不用担心做错事受到严厉的处罚；只要父母信念坚定，孩子内心踏实，既不需要说谎，也不会隐瞒，没有害怕就没有谎言。说谎只是表象，造成孩子说谎的真相是家长的情绪、信念和态度。安全感是幸福的源泉，是成长的动力源；孩子童年的幸福能伴随一生，不幸的童年则需要一生来疗愈。

我们要扪心自问，是发自内心爱真实的孩子，还是爱孩子的分数？爱孩子的表现？爱孩子拿回来的奖杯与证书？

孩子们天真无邪，他的表情、眼神、神态透露着真相，根本用不着怀疑，也不需要猜测。孩子说谎时是害怕的，内心是挣扎的。

面对说谎的孩子，我们完全可以真诚地表达自己，你这样做让爸爸妈妈很伤心、很难过，但我们知道你不是故意的，你是一个诚实的孩子，一定发生了什么事，不敢说出来。不要怕，爸爸妈妈爱你，一定会帮助你，咱们一起去面对。

有时快就是慢，欲速则不达；有时慢就是快，一次沟通到位，不仅节省了时间，还提高了陪伴质量。在我长大的过程中，能记得清的与父母的深入交流不下 20 次，每次的内容都不同，但每次都是我人生的转折点。

（4）沟通不是零和博弈

沟通要避免陷入谁对谁错的误区，不是赢了孩子，是赢得孩子。

第一，孩子就是孩子，不要苛求。

贬低式教育，是喂给孩子的毒药。毁掉一个孩子最快的方式，就是贬低他。很多情况下，对孩子而言，父母有多对，就有多错。

很多家长会遇到这种情况，明明孩子已经答应的事，为什么总做不到呢？

一位妈妈说她每次吃饭前，都要强调，吃饭的时候不要说话，接近六岁的孩子也答应了，吃饭的时候还是说个不停。

一位妈妈说两岁多的宝宝每天晚上上床前都要漱口，她告诉孩子漱口水只能吐在盆里，不能吐在地垫上，宝宝答应得好好的，但时不时总会笑眯眯地把水吐在地垫上，妈妈挺生气。

一位爸爸说他经常因为儿子不听话而生气，明明答应了自己去画画，却时不时地要打扰他。小孩子大多喜欢在睡前听故事，明明约定好了讲完一个故事就睡觉。结果听完一个故事，还要再听一个故事，越听越兴奋。

很多情况下，孩子答应的事做不到，并不是有意调皮或故意与家长对着干，只是他还没有能力控制自己的行为。脑科学研究发现人类大脑中控制"说"和"做"的是不同的区域。"能说"和"能做到"之间有非常远的距离。比如控制语言的中枢神经系统，胎儿出生前就开始发育了，怀孕二十周左右，胎儿就能听到外界的声音。有的孩子不到一岁就会说话，而控制行为的"前额叶"则发育缓慢，最终发育成熟要等到二十多岁甚至三十岁。只有前额叶发育完成，人类才能比较好地控制自己的行为。因此，家长需要理解孩子，并在安全范围内，尽量给孩子探索的机会。

第二，家长不要总认为自己是对的。

如果家长过于坚持自己的立场，总认为自己最厉害，比孩子水平高，不用心倾听，不了解孩子，也不想了解孩子，就不知道孩子真正的需求。如果只管给孩子讲道理，试图说服孩子，改变孩子的想法，这就会让孩子感到自己不重要，孩子的自我价值感和自我效能感都会降低。

第三，不要急于否定和打击孩子。

如果没有沟通，家长很快就给孩子下结论，做出负面评价，会让孩子感觉自己是错的，可谁又能证明家长说的就是对的？孩子在这种情况下顶嘴，多半是孩子不服气。

李蔚红《会发光的孩子》一书中曾写过这样一段话，是七岁男孩发出的疑问：

为什么大人能骂人，小孩子就不能？

为什么大人能打人，小孩子就不能？

为什么大人能批评小孩子，小孩子就不能批评大人？

为什么大人撒谎行，小孩子就不行？

为什么大人不小心做错了事就行，小孩子就不行？

为什么大人说话不算数行，小孩子就不行？

有时候，爸爸说一些粗话，我说他，他却说他没有说，可是我说脏话的时候，大家都批评我，我还找不到反驳的理由。

有时候，爸爸妈妈说话不算数，我说他们，他们却满嘴的理由，但是我说话不算数的时候，他们就强词夺理。

还有的时候，爸爸妈妈不小心做错了事，我原谅了他们，可是我不小心做错了事，却会受到批评。

你说这都是为什么？你说这公平吗？

孩子犯错纯属正常，哪有一直不犯错就能长大的孩子？

下面是杨老师与一位四年级孩子的交流过程，长期被父母否认的孩子，意识中已经注入了过多的灰色，需要更多的温暖、更长久的阳光、更耐心的等待。

杨玉芬老师：一天 15:30，楚楚如约来到我家。一到我家就躺在床上，气呼呼的，几分钟后他说饿了。

吃完馒头片，他的情绪稍微有些好转。

为了缓解他的情绪，我是这样夸他的：你上次凭想象画的飞机给坦克车加油那张画很不错嘛。

楚楚：那算什么啊。他一边说一边拿出在学校画的"机甲"。

我看到那张图，结构很复杂，有编号 A854，还有修理号 1777A。我让楚楚给我讲解绘制的整个过程和他的整体思路。

他非常清楚地讲解着：我先画了一个完整的机甲，感觉完整的没意思，就故意让这个机甲有多处残缺，还断了右腿，然后又想了很多办法，画了很多机械手，给机甲装上右腿，疗愈受伤的部位……

我认真地听着，也虚心地请教，感受着他的自信，体验着他的成就感。

我继续夸奖：按照你现在的绘画水平，将来你能成为一名优秀的设计师。

楚楚：我不做设计师，要做制造师。

我：为什么不做设计师？

楚楚：因为我的数学不好。

我反问：是吗？是谁这么说的？

楚楚：谁都说过。

我：爸爸、妈妈都是怎么说的？

楚楚：天机不可泄露！

我：我知道你的数学还考过100分呢，你学数学没问题啊。

楚楚：题目太简单了。

我：简单也不是所有的同学都能考100分的啊。

楚楚的眼光明亮了几秒钟，马上又恢复了常态。

我继续夸奖：制造师比设计师的水平还高呢，能做制造师就能做设计师。

楚楚：那我不行。

我：你为什么又说自己不行了呢？

楚楚：我的语文没学好。

我：说说你的语文哪里没学好？

楚楚：单词没学好，考试时10个有5个不会。

我：噢，不会的那5个，只要重复写3遍就会了。

楚楚：我不信。

我：不信，现在就试试？

楚楚没拒绝，从语文课本上找到 5 个单词：踏碎、浓厚、陶醉、蛮横、胸前。我俩提前做了约定：5 个单词各写 3 遍，写完就可以玩了。

刚开始，楚楚的积极性和兴致都很高，看得快，写得也快，但每个字只写了 2 遍，就不写了（写得并不是很认真，有点乱，也不好看，这是事实）。

为了让他能体会"他行"的感觉，帮他算了一笔账。

我：按照你的实际情况，1 个单词，先看，后写，写 2 遍，实际上你只用了 1 分钟，真的很快。

楚楚迟疑地看着我，什么也没说。

我：你一天愿意用多长时间专门练习写生字？

楚楚：每天用 10 分钟吧。

我：好的，每天 10 分钟，1 分钟 1 个单词，就能多认识 10 个单词，20 个生字。那你一个月愿意用多少天练习生字？

楚楚：30 天吧。

我：每个月 30 天，1 分钟 1 个单词，你就能多认识 300 个单词，600 多个字。真不错。

楚楚继续看着我，什么也没说。

我：那你一年内愿意用多少天练习写生字？

楚楚：100 天吧。

我：好，每年 100 天，1 分钟 1 个单词，你就能多认识 1000 个单词，2000 多个生字，了不起。这样的话，你两年就能多认识 2000 个单词，4000 多个字。据了解，小学阶段一共要求认识 2400 多个生字，你两年不仅能学会，而且远远超过规定，感觉怎么样？应该相信自己"行"了吧？

楚楚看着我，停顿了一会儿：我还是不行。我爸爸昨天还说我不行呢。

……

后来，我和爸爸聊到孩子的表现，爸爸说昨天因为孩子写字难看、不会写字，先是训斥，后来孩子不听话，打了他。

……

据了解，爸爸比较强势，孩子必须听爸爸的。"要求孩子必须做这个，必须做那个"，总认为自己是对的，对妈妈和孩子的抱怨多，说话不注重场合，嘴巴爆粗。妈妈比较溺爱，没有底线。而且夫妻俩的意见不统一，容易让孩子钻空子。

孩子哭着说："他从来没有改变过，几乎一点都没有改变，从来不尊重人，我凭什么尊重他？"无论孩子怎么说，我都相信孩子说的"不被尊重的感受"是真实的。比如孩子必须按照爸爸的要求穿衣服，孩子不愿意，爸爸就会命令孩子。冷暖自知，但爸爸不允许孩子尝试做自己。

这个孩子曾有一段时间被所有老师批评，整天没精打采的，爸爸并没有意识到孩子的内心是孤独的，是缺少安全感的，孩子只有表现不好的时候，才会被关注到，这种关注就是批评。在家里家外都得不到尊重。

长期被父母否定的孩子，心情不可能愉快舒畅，也难以建立自信，没有好心情，缺失自信心，何谈专心，不专心何谈高效？无法高效做事，时间管理无异于纸上谈兵。

看到杨老师与孩子的这段对话后，有两位家长是这样回复的。

一位家长：谢谢杨老师教科书级的聊天分享，这太需要智慧了，我们得好好修炼。

另一位家长：看完这段对话真是看到了孩子内心的那种受挫感，长期这样，眼里很难再有光了。遗憾的是很多父母浑然不觉自己就是那个始作俑者。

第四，父母的语言不是用来伤害孩子的。

曾经看过这么一个案例，孩子哭着告诉作者：妈妈给我留了一个字条和100元钱，摔门而去。她说这周不会管我了，让我去住校，等周末让爸爸接我。孩子说妈妈将他的微信、电话都屏蔽了。什么原因呢？就是妈妈不断地给孩子报各种补习班，孩子不喜欢学，也不愿意学，孩子经常和妈妈吵架，关系越来越僵。妈妈就说惩罚性的话，再也不要他了，而且摔门而去。联系不上妈妈，孩子不停地给爸爸发信息，爸爸也不理他。孩子绝望和无助地说："他们真的都不要我了。"

经常有家长问：孩子的安全感是怎么缺失的呢？其实，上面这种方式可能就是"最有效的"方法吧。安全感不足的孩子难以拥有阳光的心态。外表的伤害看得见，语言造成的心理伤害是看不见的。有一句话说缺爱的孩子容易变坏，变坏的孩子一定缺少父母之爱。爱有多深恨有多深。据了解，三岁之前所有的创伤性体验和发展性缺陷，一旦进入成人亲密关系，几乎必然会被激活。

语言表面是沟通，实质是家长的认知与语言运用能力。沟通是最廉价却也最高贵的能力。

决定孩子成长的环境主要是语言环境，而非物理环境。房子等于家吗？想让房子成为家，需要友好相处、心心相印的一家人，否则房子不等于真正意义上的家。环境是自己创造的，语言是自己说出来的，改变语言环境就要管好自己的嘴巴。

语言环境包括两种情况：

第一种：词汇量——尤其在三岁前，父母对孩子说的词汇的数量。丹娜·苏斯金的《父母的语言》一书的研究表明，家长与孩子的对话越多，孩子感受到父母的语言越丰富，词汇量增长越快，语言能力越好，孩子三岁后测试的智商会越高。父母的语言决定孩子的未来。

第二种：词汇质量——父母说的内容更重要。要多让孩子听到"你摆积木的时候很认真，你搭的房子很结实"等积极、具有鼓励性的话，提高语言的质量。尽量不要使用"你又做错了，你不成事，你差劲，你不行"等负面评价的词汇。无论父母实际上多么爱自己的孩子，这类消极否定性的语言在孩子的童年造成的阴影是挥之不去的。消极性的语言很难让孩子体会到父母的爱。

父母怎么和孩子说话，说什么话，与父母受教育的程度和社会经济地位的关联性不大，而与父母的育儿意识紧紧相关。越重视孩子教育的家长，越会使用鼓励性的语言。某个文盲家长的一儿一女分别是硕士和博士，她习惯用鼓励性的言语夸奖孩子；某个名校研究生家长的女儿差点儿跳楼，正因为她习惯用否定、批评的言语贬低孩子。

（5）几种有效的沟通方式

多信任，少攀比。被信任的孩子，眼里有光，心中有梦，脚下有路。

不少父母总奢望自己的孩子无所不能，成绩优异，爱好广泛，知书达理，伶牙俐齿，家里家外样样出色。标准有了，攀比就不可避免了，攀比是家长的虚荣心在作怪。每个人内心深处都住着一个完美的"别人家的孩子"，都试图按照这个标准培养孩子，让孩子长成父母心目中的样子，希望天下所有的优点都集中在自己的孩子身上。

杨玉芬老师：一个九岁的小女孩有一个当老师的妈妈，她经常被妈妈责备：

公众场合没有规矩，太丢人；

学习成绩不好，太笨了，脑子被驴踢了；

不会做饭，真没用，长大了就是一个废物；

没有特别的爱好，班里所有同学都比她女儿强。

比来比去，以至于这个女孩子失去了自信，经常瞧不起自己。后来她跟我见面，就有了以下对话：

"杨老师，为什么我什么都不行？唱歌不如阿娟，跳舞不如晓燕，学习不如秀秀。"

"你佩服这些同学，对吧？"

"我特别佩服她们。"

"嗯，我相信你也有被人佩服的地方啊。"

"啊，我有吗？"女孩非常惊讶地看着我。

"当然有啦。"我非常肯定地对她点点头，"你最喜欢什么体育项目啊？"

"我喜欢游泳，自由游、蛙游、仰泳、踩水，这些泳姿我都会。"女孩兴奋地介绍。

"哇，你们班的同学都会游泳吗？"我故作吃惊地问。

"不是的，小然不会游泳，娇娇不会游泳。"此时，女孩非常得意，眼睛发光。

"噢，不错啊，不会游泳的同学佩服你吧？"

"她们非常佩服我。"女孩目光坚定地看着我。

"我也很佩服你啊，我也算不会游泳的人。"

"你真的不会游泳？"女孩有点儿不相信地看着我。

"对啊，我有弱项，你也有强项啊。"

"我还会打乒乓球呢。"女孩更加自信了。

"真的啊，我为你点赞。以后，你就教同学打乒乓球，教他们游泳。别的同学教你唱歌、跳舞，行不行？"

"行。"女孩特别开心。

"你们相互为对方竖大拇指，相互欣赏好不好？"

"好。"女孩欢快地答应着。

在攀比中长大的孩子真不少。

"你看看邻居家的小明多聪明，你怎么这么笨，这么简单的题也做错了！"

"小刚得五朵小红花，你只得到两朵小红花。你是我们单位同事的孩子里表现最差的，让我脸往哪里放？"

"我同事的小孩都上了深中，只有我们家的没考上。"

杨玉芬老师：记得我女儿小学五年级的时候，有位任课老师的孩子与她同班，这位老师说："如果我女儿像你女儿一样优秀该多好。"这样的要求无形中给她女儿造成极大的压力，她女儿说："我妈整天把我与同学进行比较，数学不如张三，英文不如李四，语文不如王五……特别烦人。"

无论是与别人家的孩子相比，还是和自家的兄弟姐妹相比，这样的攀比只会带来伤害，被比的孩子可能一生碌碌无为。

当孩子不自信的时候，要及时引导孩子不仅要看到同学的强项，更要看到自身的优势，让孩子感受到"我能行"。

当孩子不自信的时候，我们做家长的应该努力挖掘孩子的优势。如何挖掘优势呢？观察孩子有没有特别喜欢做的事，不用催，孩子也有热情去做，做事的时候特别专心，做完以后有愉悦感而不是倦怠感，能坚持做，还不觉得累，对结果满意。通过这样的过程，孩子感觉到"我能行"，因为我能行，孩子终将成长为一个敢于面对困难、克服困难的孩子。

我佩服的王建军老师挂在嘴边的口头禅是：你能行，肯定行。

比较也有技巧，优点与缺点大多是在比较中产生的。如果通过比较发现孩子身上潜藏着巨大的潜能，并相信孩子只要努力就能发挥潜力，这种比较有利于孩子的成长。如果通过比较发现孩子身上的缺点，并以此贬低孩子，不相信孩子，这种比较就会摧毁孩子对家长的信赖，有损于孩子的进步，不被信任的孩子无地自容，很容易失去进步的动力。

多尊重，少干涉。尊重就是放手让孩子选择，允许孩子有自己做主的机会，相信孩子有为自己负责任的能力。

如何面对孩子没有做完的假期作业？这是很多家长都有可能遇到的情况。

小学一年级的男孩，寒假有好几门作业（注：虽然2021年4月8日教育部曾发文，要求学校要确保小学一二年级不布置书面家庭作业，然而，据家长反馈，仍然有一些学校给一年级的孩子布置作业）。因为孩子识字不多，妈妈与他商量，由妈妈负责把所有的假期作业念一遍，一边念，一边问，直到孩子听懂为止。然后，做作业的事就是孩子自己的事了。

开学前一周，妈妈又与孩子商量，由妈妈集中检查一遍作业。遇到没有做的题目，妈妈问："这道题，为什么没做？"儿子说："这是建议做的题。"妈妈果然看到"建议做"三个字。

继续检查，又发现没做的题，妈妈又问："这道题，为什么没做？"儿子说："这是选择做的题。"妈妈果然看到"选择做"三个字。

继续遇到没做的题，妈妈继续问："这道题，为什么没做？"儿子说："这是最好做的题。"妈妈果然看到"最好做"三个字。

直到把所有的假期作业检查完毕，妈妈不仅没有批评孩子，反而发现孩子把所有该做的题目全做完了，正确率也不低。检查的结果，妈妈很满意，妈妈知道刚放假她读题的时候，孩子全听懂了，表明孩子的专注力强。老师的要求都做到了，表明孩子的自律性强。妈妈认为作业是孩子自己的事，孩子在自己的地盘，当然有权利为自己做主，不干涉是对孩子权利的最大尊重。

并不是所有的孩子都这么幸运，有这样通情达理的妈妈。有相当一部分家长并不允许孩子为自己做主。针对学校作业，我曾问过很多家长：

"如果您的孩子有'建议做、选择做、最好做'而没做的题，会怎么处理呢？"

"我会批评孩子太懒了。"

"我会逼着孩子把所有的题目做完。"

"我不仅会要求孩子把这些题目做完，还要额外增加作业。"

答案各不相同，实际上，就是不允许孩子为自己做主。

下面这个案例非常有意义，供大家参考。

杨玉芬老师：某天的一大早，一位妈妈发来微信："杨老师，早上起来，看到孩子的几支新笔，问他哪里来的，孩子说是抄作业的同学回报的。他写作业快，经常有小朋友抄他的作业。抄作业都需要交换。针对这种情况，该怎么引导孩子呢？"

"嗯，如果是我的孩子遇到类似的情况，我会首先夸奖孩子做作业快、效率高，有能力为同学提供帮助，有经商头脑。接下来再问孩子让同学抄作业是不是可取？有没有比抄作业更好的帮助方法？有没有比笔更大的收获？"这是我思考后回复的。

"您这样分析很具体，先肯定孩子，再引导孩子思考其他的解决方法。以前有过类似情况，我曾训斥他的做法不对，孩子会带着情绪掉我。现在碰见问题，在没想出好方法之前，我选择先闭嘴。在双方心情都好的时候，我再和孩子交流。"

"你这样处理很合理。平静下来，尽量不要讲道理，可以多提问，让孩子自己思考，很多时候，孩子的回答会出乎我们的预料。"

"谢谢您，我知道该怎么办了。"家长的心情明显轻松了。

家长能这样与孩子沟通，孩子感受到的就是尊重，受到尊重的孩子思维更活跃，思考更全面。

多看做对的，少看做错的。 澳大利亚心理学教授莉·沃特斯在《优势教养》一书中提出，有四种消极机制会让我们看不到孩子身上的优势。选择性关注往往把注意力放在孩子做不到的事情上，而忽略很多做得到的事情；负面偏见导致我们更有可能注意并记住消极信息；自我防御机制使得我们更容易忽视自己的缺点，而看到别人的缺点；非黑即白、非此即彼等二元对立思维使得父母做出的评价不全面，并倾向于用负面标签做出负面评价，影响孩子发挥优势。

这四种认知思维模式会让我们陷入悲观的心境中。消极悲观的家长特别容易发现孩子做不到、做不好、做错的地方。

杨玉芬老师：有一次，我的分享报告刚结束，就有一位妈妈急切地来到我面前。

"杨老师，我儿子上三年级，做作业非常粗心，经常做错题，该怎么办？"

我先安抚这个妈妈，等她平静下来以后，让她举一个具体的例子。

"我儿子每次的错题都不少。"

"不少是多少？能更具体地描述一下吗？"我非常认真地反问。

"前两天，20道数学题，我儿子做错了3道。"

"哦，错3道，对17道，请问是17大还是3大啊？"

这位妈妈没有说话。我又抛出一个问题："你平时喜欢盯儿子做错的题，还是盯他做对的题？"

"盯做错的题。"这位妈妈不假思索地回答。她话音刚落，竟然笑了："其实我儿子做作业的时候还是挺认真的，很多时候确实是因为不会才做错的，不是粗心。也许是上课没听懂或者基础不牢，以后我多帮助孩子分析分析。"

"是啊，错题的原因很多，也许是不会做，也许是上课没听懂或者基础不牢，也许基本概念不清楚，也许是熟练度不够，也许是举一反三的能力不强，只有认真分析，才能找到做错题的原因。再说了，孩子做作业，有错题很正常，没有错题才不正常，关键是我们对待错题的态度，盯做错的题下负面的结论，只会挫伤孩子的学习积极性。不应该说孩子'你怎么这么笨啊，这么简单的题都不会做'，而要真诚地告诉孩子：'你已经很努力了，这一次错了没关系，多做几遍，就不会错了。'你认可的次数越多，孩子的错题越少。"

这位妈妈不仅赞同我的观点，而且反思意识比较强，及时调整了思路。两年多来，在她的鼓励下，孩子的成绩已从中下水平提高到中上水平了。

类似的情况真不少。

杨玉芬老师：有一天，九岁孩子的爸爸主动找我聊天，我感觉爸爸的焦点仍然在孩子的行为表现上、缺点上，对孩子的肯定太少了。

我反复强调孩子生活在老师、同学、家人创造的负能量场中，"心理营养"严重匮乏，可以说孩子的心里是缺爱的，虽然物质生活很丰富。如果父母不给孩子足够的关爱，九岁的孩子从哪里获取成长的正能量？

我很欣赏这位爸爸，非常明智，一直表态不会放弃孩子，也一直在努力中，我建议他在信念层面先转变，语言和行为改变的速度一定会很快的。

孩子考试出错，写作业出错，太正常了，要不然，要老师做什么？要不然，为什么把学习者称为学生？学生就是把生疏的知识通过不断努力和坚持，学会并掌握的求知者。家长说这样理解孩子，理解孩子的学习过程，心态就平和了。

　　杨玉芬老师：有这样一位妈妈，对自己要求高，不知不觉对孩子的要求也提高了。她问我："孩子书写不会布局，我认为不好看，孩子认为好看怎么办？我有时就把老师推荐的作业本拿给孩子看。"

　　"你经常发脾气吗？"

　　"嗯，经常发脾气。"家长毫不隐瞒。

　　"孩子书写不会布局，写得不好看，这是你的判断标准。把同学写得好的作业本拿给孩子看，孩子是什么态度？"

　　"他也认为别人写得挺好看，但不认为自己写得难看。"

　　"如果作业很多，他是不是一张纸没写满，就换一张纸？"

　　"不会的。"

　　"布局不好可能是行距比较窄吧？请告诉他，老师有可能因为不喜欢，判卷的时候少给分，太冤了。建议孩子在作业本上打格，在格子里写。"我还补充一句，"你一定要脾气好，慢慢来，不能急，五年级的孩子，不是一天两天养成的习惯。"

　　"好的。还有他的好朋友学习不好，喜欢玩游戏怎么办？"

　　"孩子喜欢找他的朋友玩，可能与你发脾气有关，因为他的朋友不会对他发脾气。他朋友的成绩不好，是什么水平？是没有你孩子的成绩好还是你孩子本身的成绩就不好？"

　　"他朋友的成绩不如我孩子的成绩好。"

　　"嗯，这可能与你批评过多有关吧，经常挨批评的孩子会有自卑感，不敢找成绩比他好的同学玩，因为他担心学习好的同学不跟他玩。你可以问他，他从同伴那里学到了什么？他能让同伴学到什么？"

　　"他们是各有所长的。我孩子学习好，他朋友体育好。"

　　"是的。我们经常犯的错误就是片面地了解到某一点，然后下结论，贴标签。先从自己的脾气开始改吧。"

这个案例表明，家长不仅爱挑错，还喜欢发脾气，轻而易举就疏远了孩子，把孩子推向同伴的身边。

家长应该学会多找孩子的优点，努力发现孩子做到的地方，这样一来孩子体会到更多的关爱，会更有信心面对做错的题、做错的事，以及生活中遇到的其他困难。

多鼓励，少惩罚。虽然适当的惩罚是教育必不可少的手段，但惩罚的效果远远不如鼓励更能激励孩子成长。

杨玉芬老师：有一名四年级的女孩，学习成绩一直不错，无论是期末考试还是期中考试，都排在年级前几名，暑假前的期末考试，相对她过去的成绩，这一次下降了，没有得到表扬，没有评上"三好"学生。这个要强的女孩心里非常难过，爸爸不懂孩子的感受也没有安慰孩子，反而狠狠地批评和指责孩子，而且以孩子"不准去北京参加暑期英语夏令营"为由惩罚孩子，以至于这个小女孩很沮丧，无脸参加年级结业典礼，也不去学校拿成绩单。

这位妈妈发来求助信，问我该怎么办。我请这位妈妈告诉孩子的爸爸不能给孩子这么重的惩罚，应该鼓励孩子勇敢地面对考试成绩，面对当前的困难，帮助孩子分析成绩下降的原因。

通过分析，才知道孩子考试成绩下降的原因就是担心考不好才影响临场发挥的，而这个担心恰恰是平时爸爸过多的批评导致的。孩子妈妈与孩子爸爸进行了长时间的沟通，终于说服爸爸取消对孩子的惩罚。在妈妈的鼓励下，孩子不仅大大方方地去学校参加结业典礼，暑期还如愿来到北京参加了英语演讲比赛，因为心态放松，比赛过程中超水平发挥，她虽然是年龄最小的选手，却过关斩将，最终获得季军。妈妈和孩子都觉得不可思议。

这个案例说明什么？爸爸的批评与处罚挫伤了孩子的自信心，以至于连结业证书和成绩单也不想领了；妈妈的鼓励激发了孩子奋发向上的动力，荣获英语演讲比赛第三名。这就是鼓励与处罚的差异。

说到奖励，正确的奖励方式包括：表扬要及时、一致和连续，精神奖励和物质奖励相结合，计划外的奖励会带来额外的惊喜。表扬要具体，然而，表扬太多却会降低效果。

说到惩罚，有一些相关事项，主要包括：惩罚要建立在能力之上，惩罚要提前说好，惩罚不是首选，年龄小的孩子惩罚的时间不宜过长，惩罚方式不能有损身心健康，可以酌情取消惩罚，不能升级惩罚，好习惯因错误的惩罚而消失。

杨玉芬老师：有一个家长曾问过孩子写毛笔字，应该怎么鼓励。

我：我女儿六岁半学写毛笔字，每天用米字格的纸写 28 个字，米字格是我用复写纸画出来的，练习半年后，上一年级，临摹，不是描红。比如写"安"，先观察字帖上"安"的结构，然后在米字格中，把"安"写出来。刚开始学写字，通常不会好看，没有好看的字，总有不错的笔画，横竖撇捺点折，大胆鼓励。孩子的字会越写越好，写字时的心情更好、更专心，有成就感、价值感，兴趣也越来越浓。如果自己教不了，可以让孩子参观书法班。初学阶段，无论孩子的字写得多难看，都可以大胆地鼓励：哇，会写毛笔字了；哇，会悬腕了；哇，这一横写得真直啊。实际上，鼓励并不难，难的是家长不敢鼓励，或者找不到值得鼓励的地方，习惯性地以自己心目中的高标准衡量孩子当下的实际水平。不知道你是否认可？

家长：听了您的分享，让孩子用毛笔练字，写字又快又好，真是太神奇了，孩子三天就学会写 30 多个字了，孩子练字的时候很高兴，晚上拍视频发到群里，请您看看。本来之前也想过让孩子上小学前学学写字，但本子一拿出来写不了 3 个都不想写了。用毛笔练字，孩子感觉是在玩，不是在学写字，学得倒挺快。我也慢慢感悟到，逼着孩子，盯着孩子去做一件事情，孩子在不情愿的状态下，往往做不好，换一种方式，让孩子心情愉快地做，结果还会令我出乎意料。用了杨老师的方法，用毛笔练字，孩子很高兴，这三天就晚上写一会儿，就学会了 30 多个字，令我很惊讶。

我：被夸奖，就是开心。能体会你孩子为什么喜欢写字了吧？经常被夸奖，爽。建议你和孩子商量，能否在每天的某个时间段练字？孩子希望每天练多长时间？有你的鼓励，孩子的时间观念比较容易就建立起来了。

家长：好嘞，谢谢杨老师提醒，晚上回家就和孩子商量这个事情，现在孩子把毛笔练字的事情，当成是玩儿，乐此不疲。

我：与孩子商量，要找时机，不要着急，慢慢来。

家长：经杨老师指导，不仅学写字的问题解决了，培养孩子时间观念的目标也提上日程了。

鼓励是动力，惩罚是阻力。

有一位名校爸爸曾这样分享：请在没有录取结果之前就告诉孩子，我们对你 12 年作为学生所付出的努力非常满意，大学录取有很多不确定因素，不会影响我们对你的爱和自豪，我们不需要那些不认识你的招生官告诉我们你是谁。他女儿当时眼睛都红了，在孩子压力最大的时候，我们唯一能做的就是解压、给信任、给爱。

承认孩子的真实情况，接受孩子之间普遍存在的差异，允许孩子以自己的速度成长，多以欣赏的眼光看待孩子，相信每个孩子都有发展的潜力，对孩子的未来充满信心。

多倾听，少责备。孩子情绪不好的时候，及时观察到并倾听孩子的诉求。

　　有一天，不到六岁的大宝从幼儿园回到家，动静闹得特别大，使劲关门，摔鞋子，踢椅子，故意捣乱，当时妈妈正在家里给不到一岁的老二喂奶，大宝的行为表现出乎妈妈的预料，扰乱了妈妈的心情，干扰了老二吃奶。刚开始妈妈没有意识到发生了什么，就生气地吼大宝："回到家，不跟妈妈说话，也不过来看小弟弟，捣什么乱呀，看你把弟弟吓得都不敢吃奶了。"大宝更加生气地摔东西，并大声地吼叫。很快，妈妈就冷静下来了，让奶奶把弟弟抱到卧室去，自己长出一口气走向大宝，蹲下来，抚摸着大宝的头，看着大宝的眼睛问："宝贝，今天怎么生气了？跟妈妈说说。"经过沟通，才知道大宝在幼儿园与小朋友闹矛盾了，更深层次地了解到大宝这样做的根本目的不是捣乱，只是想得到妈妈的关注。

　　自从家里多了二宝，妈妈对大宝的关心少多了，感觉妈妈不爱他了。大宝的哭诉让妈妈大吃一惊。妈妈拥抱哭泣的大宝，对他说：对不起宝贝，妈妈错怪你了，不是妈妈不爱你，是妈妈以为你长大了，应该懂事了。

　　实际上大宝还不到六岁，也是一个孩子，父母就把弟弟送给他，让他承担一个哥哥的责任，并不公平。

　　那天起，妈妈坚持每天送大宝去幼儿园，每天放学后再把大宝接回来，一路走一路聊。从此以后，再也没有忽视过大宝的感受，而是以实际行动让孩子明白，妈妈仍然一如既往地爱着他。

　　用好耳朵，才能及时听到孩子内心的声音。孩子说的时候，认真听。家长愿意多听，孩子就愿意多说。有的家长反馈，孩子总有说不完的话，总是打扰孩子。小时候不让孩子说，长大后，别怪孩子不说。

　　杨玉芬老师：我3月底在一所国际学校分享期间，与十几个初中生交流，其中一个女孩子声音颤抖着向我哭诉她的不幸和悲伤，我真诚地看着她，轻轻地抚摸她的头发，静静听她说，差不多一小时，把苦水倒完，她终于安静下来了。她说从来没有一个人这么长时间听她说话，说完轻松多了。她还说她听过我的课，知道我初中有过4分的经历，给她极大的信心。一周后，女孩给我发来微信："杨老师！我这次数学进步了26分，英语进步了14分，进步好大呢，我都不敢相信，哈哈哈。"该校董事长说："这个小姑娘进步这么大，真正想不到，一切都在心，走心了取得进步也是必然的结果。"

5. 孩子的行为表现背后藏着真相

（1）孩子的行为案例

【案例1】：孩子为什么不愿意参加考试？

杨玉芬老师：KET/PET 是北京及很多南方城市进入重点中小学的必备英文考查项目，很多重点学校只接收通过 KET 或 PET 考试的学生。即便不把这个证书作为必备入学条件的学校，也会优先录取持有 KET 或 PET 证书的学生。北京的考生太多，家长想让孩子在北京考试，报不上名怎么办？又不能不考，只能到其他城市参加考试，家长想方设法为孩子报名。因为报名考试不是孩子的意愿，是家长强加的，孩子不那么情愿。很多家长费了九牛二虎之力报了名，看到孩子不愿意去，心里早就火了。这个家长也不例外，她非常生气，也非常焦虑，担心孩子不考试就没有机会进重点中学，没有发展前途了。

"怎么证明孩子不进重点中学就没有前途了呢？"

"我就是这种感觉吧。"

"请想一想初高中的同学，无论当年没考上大学的，考上大学的，考上名牌大学的，出国深造的，毕业20年、25年、30年聚会时，生活状态都差不多吧。"

"嗯，高中同学毕业 15 年聚会，就是这种感觉，有的同学虽然当年的起点不高，现在反而做得不错，有一个同学高中毕业，在家乡做 IT 行业，有自己的公司，赚了不少钱，有房有车，还经常带全家人一起旅游。"这位家长还说了其他几位同学的情况。

"是的，虽然起点不同，但达到当下这种生活状态的过程都是差不多的，不断地遇到困难，不断地解决困难，一步一步地成长。"

"确实是这样的，每个人的成长之路都不可能一帆风顺，也不是千篇一律的。"

"回到孩子 PET 考试，孩子不愿意去考试是害怕考试，还是不想去考试？这两点不一样。"

"您这么说，我觉得我儿子有可能是害怕考试，前几天，让孩子模拟了两套试卷，都做得不够好。"家长若有所思。

"是啊，他可能担心考砸了没面子，就只好说不想去考试了。"

"应该是这个原因，我再和孩子聊聊。"

这位家长回到家，平静地询问孩子不愿意参加考试的原因，孩子见妈妈不生气了，大胆说出了自己的担心，家长听完，理解并鼓励孩子："考试前有担心很正常，我相信你无论考多少分，都会努力的。去参加考试，通过试卷的难度，了解自己的水平，找到提高的办法，这次考不好，可以下次再考，何况参加考试本身也需要勇气。"

经过交流，孩子最终参加了考试，而且感觉试卷并没有想象的那么难，还很后悔自己没有在考试前花时间复习呢。

这是第一点：平静下来，让孩子详细叙述，了解事情的真相。

【案例 2】：孩子为什么咬人？

杨玉芬老师：有一位妈妈说她自己很困惑，需要请教：因为她对孩子的否定或者与孩子有不同意见，孩子对她动手，拳打脚踢还咬她，怎么办？上午孩子刚刚咬伤我胳膊，我也动手打他了，我接下来怎么解决我俩的问题呢？

杨玉芬老师：哦，请问孩子几岁了？男孩女孩？孩子从出生后，一直都是你自己带的吗？是你一个人否定他，还是全家人都否定他？是你一个人打他，还是全家人都打他？经常打还是偶尔打？他还有兄弟姐妹吗？他在什么情况下咬人？从什么时候开始咬人的？他只咬你一个人吗？是否还有其他一些行为习惯？孩子最初咬人的时候，你们是怎么与孩子沟通的？

家长：首先感谢杨老师这么晚了还回复我的问题！

孩子出生以后姥姥、爷爷、奶奶都辅助带过，还是以我为主带得多一些，爸爸常年出差，我在幼儿园上班，目前孩子在幼儿园阶段都是和我在一起。

孩子慢性子，属于慢热型，做事也比较慢。

有弟弟，二宝目前六个月，二宝出生后，爷爷来家里帮忙带二宝，对六岁的哥哥否定较多，对孩子吼叫比较多，孩子也比较反感爷爷的语言，孩子经常请我帮忙解决和爷爷之间的矛盾。

二宝出生以来，今天是我第一次打大宝，之前大宝对我拳打脚踢的时候，我都会控制他的肢体，不让他伤害到我。

今天我反思自己，二宝出生后，我对大宝的耐心相比以前少了很多，孩子对我拳打脚踢也是二宝出生以后发生的频率多一些。

孩子在愤怒，不知道怎么发泄情绪的时候，会咬人，咬人的次数有4次了，3次咬我，之前都是不舍得使劲咬，只是轻轻地咬，这次把我胳膊咬肿了！有一次咬过比他小一岁的妹妹（姑姑家的妹妹，也是轻轻地咬了一下）。

第一次咬人，我告诉孩子，你很生气，很愤怒，我感受到了，我很爱你，你可以打枕头，大声喊，大声哭来发泄情绪，但是不可以咬我，咬人是粗鲁的行为，不可以！

我跟孩子平静地谈今天发生的事情，我一说孩子就流眼泪，不让我说话，我一直表达妈妈很爱他，我们解决今天发生的事情，做个和解，我教给他发泄情绪的几种方法，他表示都能接受，看到我咬肿的胳膊还给我亲亲，孩子一直流眼泪，他也知道打我咬我不可以！

近期我们搬家了，来新家俩月了，同时也换了新的幼儿园，孩子在小区和幼儿园一直没有新朋友，正处于社会性交往阶段的他特别期待和同龄孩子一起玩，近期孩子对友谊的渴望比较多。

针对今天我动手打他的行为，我真诚地跟孩子道歉了，但是孩子一直默默地流眼泪，不让我说，他不想说这件事情，平时遇到冲突他都是不愿意面对，不愿意解决。

杨玉芬老师：谢谢，能感受到你是一位非常用心的妈妈！你的分析很有意义，我首先猜到的应该是有二宝后，情感得不到满足造成的。你是从事幼儿教育的，又分析了原因，有二宝后自己被妈妈忽视，搬新家没朋友，新幼儿园没朋友，爷爷没有耐心。孩子咬人也是求关注的一种表现形式。要有耐心和多让他体会妈妈（家人）非常爱他。建议你多与爷爷沟通。

家长：谢谢您，我动手打他，我哭了好几次，我反思自己对孩子的疏忽，早点休息，谢谢您！

杨玉芬老师：实际上孩子不是不愿意解决问题，他是不想被你否定，他想得到你的肯定，即便他的行为不合理，甚至出格，也有可能不是故意的，是好心办了错事。

最近我家大宝发生的一件事：一大早在阳台上，大宝坐在旋转木马上喝完奶，姥姥让她把奶瓶给姥姥。大宝故意把奶瓶扔在地上。姥姥说她不是故意扔的。大宝说我是故意扔的。姥姥说我相信你不是故意扔的。你在飞鱼班当组长，还是艾莎公主，才不会故意扔呢。

大宝从旋转木马上下来，捡起奶瓶，递到正好走过来的姥爷手里。我猜测也许是大宝对姥姥抱弟弟的反抗吧。

但姥姥正话反说，效果还是不错的。

家长：嗯嗯，我懂了。

杨玉芬老师：我想说的是，孩子咬你，也许就是一种亲热的表示，建议多从正向解读，多抱抱孩子。告诉孩子知道他很愤怒是因为妈妈批评了他。妈妈理解他的愤怒，但是不喜欢他的表达，妈妈被他咬得很痛，心里很不开心。

孩子心情不好，只要我们家长有底气接住孩子的情绪，孩子会得到更快的成长。

咬人，只是表象，背后的真相是对爱的渴求。

有些孩子在早上快出门的时候会说"我不想上学了""我不想上幼儿园了"，孩子不想上学只是表象，不是真相。

【案例3】：不想上学的一年级孩子

杨玉芬老师：早上起床后，穿衣洗漱，吃饭一切正常，在跟着妈妈出门的那一刻，孩子捂着肚子说，妈妈，我胃痛，不想去学校。妈妈习惯性地就是一通批：怎么回事？刚刚不是好好的吗？上次带你去医院也检查了，不是也很正常吗？你就是不学好。

我与这位妈妈交流过几次，建议妈妈关心地问问孩子，要不要喝水？要不要休息一会儿？要不要去医院？后来，妈妈真的学会关心孩子，而不是抱怨的时候，才知道孩子不想上学的原因是害怕考试。每次知道这一天有考试，早上出门前孩子就不愿意上学，因为害怕考试，结果习惯性地胃痛，现在这种症状已经好多了，虽然成绩还没有爸爸妈妈期望的那么好，家长的焦虑减轻了，孩子的焦虑也轻了很多。

不愿意上学不是一年级孩子特有的行为，各个年级都有，哈佛耶鲁，清华北大，每年也有辍学的学生。

【案例4】：不愿意去学校的高一男生

杨玉芬老师：有一位家长因孩子不愿意上学，专程跑来问我怎么办。我先安抚这位妈妈的情绪，再梳理她与儿子谈话的技巧。建议她回到家看到孩子，不提去学校的事，只需要关切孩子。

这位妈妈接受了我的建议，采取的措施就是用平静的心态接纳孩子，感受孩子的情绪，尽量挖掘孩子的优点，给出合适的建议，允许孩子有脾气。

下面是妈妈的反馈——

她进门第一句就问："儿子，你感觉好一点没有？是不是很饿呀？我们一起去吃饭吧？"

"没事儿了。"儿子轻松地答应着。

妈妈感觉孩子已经调整得差不多了，于是带儿子去吃他喜欢的牛肉汉堡，边吃边聊："昨天发生了什么事情让你这么不开心？"

"昨天我们班与另外一个班足球比赛，我们班有些同学不想踢球，只剩下5名同学对抗另外一个班的10名同学，比赛正在进行的时候，下雨了，老师让同学们快点进去，我们队有两个同学很快就走了，后来又走了两个同学，到最后我们队只有我一个没走。对方的10名同学都没走，正往我们队的球门踢球，我看到快要进球了，就独自一个人去守球门，最终没有拦住球，受到对手的嘲笑。被嘲笑以后，我跟对方球员发生了一些不愉快，我比较愤怒，骂对手了，自己的队友都不好好踢，也都不愿意踢，对方的人又比较多，结果3：4，我们队输了，我很伤心。"

"嗯，你们只有5名队员，对方有10名队员，从平均得分来看，其实你们队还是赢的。从另外一个角度说，为什么老师会让你们五对十进行比赛？只能证明你们的实力还是挺强的。虽然对方同学嘲笑你，但是你特别有责任心，在你们队其他同学都已经离场的情况下，还去坚守你们的阵地，说明你特别有集体荣誉感。你希望自己的队友有强烈的责任感，这都是你非常好的品质。所以班主任特别喜欢你。如果你认为你的想法是对的，又对别人不造成伤害，这样的行为就坚持去做，但是最好不要跟同学发生冲突。"这位妈妈还提到孩子好几个突出的优点，能明显感觉她儿子一边吃饭一边把身子侧过来，听她说话，孩子表现出来的样子非常有礼貌。这位妈妈接着说："如果下一次出现同样的情况，你会怎么处理？"

"我就不理他们了吧。"

"嗯，不要跟他们一般见识。"然后，妈妈开始进入主题，"你今天没去上学，有几门课的考试，老师说下周还是要去补考。"

"可以啊。"

"嗯，一天不去上学也没有什么。但是，如果同学在碰到问题时都不去上学的话，这样做学校的意义何在？"

对这个问题孩子没有回答，但这位妈妈已经感觉孩子的情绪没有大问题了。晚上，爸爸还特意陪孩子打了一会儿篮球。后来，她又告诉儿子："你这么正直，有正义感，有责任心，又希望自己班级是一个和谐的班级，你身上有这么多的优点，老师又那么欣赏你，你应该珍惜这一切，对不对？"

我特别欣赏这位妈妈，为她点赞道："你和儿子进行了一次非常有效的交流和沟通。儿子没回答最后一个问题，也许是有点内疚，不要去纠结。你儿子有那么多优秀的品质，而且被你'看见了'，他心里暖暖的。从此以后，孩子会表现得更优秀。"

"嗯，通过这件事，我深深地体会到，理解孩子，与孩子平等对话，太重要了。很多事情，受情绪影响太大了。情绪化解了，事情就解决得差不多了。"这位妈妈总结得很到位。

不愿意上学的孩子，通常是遇到了自己克服不了的困难，但又不愿意说出来。遇到类似的情况，请真诚地告诉孩子：你一定遇到困难了，妈妈爸爸会陪着你一起面对。这样就可以教会孩子勇敢地面对困难和克服困难，这就是心态平和的力量。

【案例5】：高一辍学的男生

杨玉芬老师：孩子父母策划让我见这个男孩子，正是他辍学期间。孩子告诉我老师通常不分青红皂白地批评，还要向父母告状，每次老师告状，父母从来都不问发生了什么事，也不听解释，当着老师的面，对他不是打就是骂，有些明明不是他的错，也要逼着他承认错误，孩子说从来都没有人尊重我，我为什么要尊重他们呢？

家长无形中成为老师的"帮凶"，没有与孩子站在一起。孩子的委屈无法倾诉，痛苦加重。孩子讨厌上学。

我与这个孩子交流过，他是一个非常有梦想的孩子，希望成为像任正非一样的大企业家。但家长把他的梦想当成天方夜谭，可怜的他不被理解。

这令人心酸的结果是父母造成的。

我遇到过不愿意上辅导班的学前孩子，也遇到过不愿意参加考试的高年级孩子。

【案例6】：不愿意上舞蹈课的三岁半小姑娘

小姑娘刚开始的几节课需要妈妈陪着。但妈妈并不是总有时间。再者，其他小朋友也要家长陪，影响了教学进度和教学秩序。课后妈妈就让女儿与其中一个女孩子多交往，两个孩子渐渐成为好朋友，只要这个好朋友在，小姑娘也能正常进教室了。又过了一段时间，小姑娘无论如何也不愿意进教室了，谁劝都没用，好朋友在也不行。全家人一贯的态度是尊重孩子的，她不愿意去，只是商量，从来也不强迫她。况且，全家人都认为小姑娘就是想让妈妈陪,她自己也说要妈妈陪。第三次课,妈妈陪也不行,这时才想到小姑娘不愿意去跳舞肯定有原因。于是妈妈在那天晚上睡觉前与女儿沟通。

妈妈:宝贝,你为什么不愿意跳舞了?你跳得很好啊,老师很喜欢你。

小姑娘:我怕老师。

妈妈:你为什么怕老师?

小姑娘:老师要打我。

妈妈:老师是怎么说的?

小姑娘重复老师的话:谁不好好跳舞,老师要打屁股的。

妈妈:嗯,老师不是说你的,老师总夸你跳得好啊。

小姑娘:我还是害怕。

妈妈:嗯,你看见老师打过小朋友吗?

女孩:没见过。

妈妈:老师不打人,就是想让小朋友好好跳舞。

女孩还是不相信。

妈妈:今天太晚了,明天咱们一起给老师打视频,让老师亲口告诉你,她是不会打小朋友的,好不好?

第二天下午,妈妈与老师通过视频聊天,老师亲口告诉小姑娘:老师喜欢你,不会打你的。

这次沟通后不久,就放暑假了,假期里小姑娘对妈妈说:我喜欢老师,要送老师礼物。

再后来,女孩偶尔还会说不想跳舞了,都不是无缘无故地耍赖,总是有理由的。

有一次班里来了一位大一点的小姐姐,学过一年多的芭蕾,比她学的时间长,老师夸这个小姐姐腿柔软,妈妈和阿姨当着她面也聊到这个小姐姐腿柔软,小女孩听了很不开心。后来,妈妈安慰、鼓励,表达她才是妈妈心中腿最柔软的孩子。

再后来，就没听到孩子不想去跳舞的事了。

这个小姑娘，就是我女儿，妈妈就是我。孩子的小心思小委屈，都需要精心地化解。

【案例7】：需要被尊重的小姑娘

一位妈妈说她四岁多的女儿新换了幼儿园，第一天回来有点不高兴，说老师强迫她重新穿裤子，她跟妈妈说了一下具体情况，很全面。不但表达了自己的感受，还还原了当时老师的语气和表情。

妈妈：怎么办呀？裤子是不是穿反了？老师说得对不对啊？

女儿：老师说得对，但不能强迫我，就非让我坐在那儿穿。

妈妈：哦哦，妈妈明白了，你是对老师的语气和说话方式不喜欢对吗？

女儿：是的，我不喜欢她，我想吕老师、毛老师了（以前的幼儿园老师）。

妈妈：妈妈跟你不好好说话，你跟妈妈生气时，还记得你跟妈妈怎么说的吗："妈妈，你笑起来的样子好看，说话温柔的时候很可爱，我喜欢你这样，对不对？"想想你跟老师怎么表达自己的感受，好不好？

第二天早上女孩子自己抱着床单被子进入学校，不用妈妈送进去，高高兴兴地跑进教室。

妈妈说女儿以前上的是私立幼儿园，孩子少，老师照顾得非常精细，说话方式温柔，总会问孩子的想法，孩子独立性强。现在这所是公立幼儿园，孩子多，老师管理方式不一样，确实转校需要孩子多适应一段时间。

妈妈相信孩子是可以快速融入进去的，事实也是如此，孩子有时回来会跟妈妈说她交到朋友的事，要当值日生的事。大人心态平和，孩子也会平和。生活就是不停地遇到问题，解决问题，适应不同的环境。

（2）了解真相的基本步骤

第一步，先安抚孩子的情绪。

处于情绪中的孩子，对家长而言，是既重要又紧急的第一优先事项，必须重视，想方设法缓和孩子的情绪。为了平复孩子的情绪，家长要保持平和的心态，孩子的情绪很快就能缓和下来。

方法很简单，拥抱孩子，重复孩子的话，轻描淡写地说不想上学啊，没事没事，先休息，先吃饭，一会儿再说。

性格开朗爱表达的孩子会主动向父母倾诉。

性格内向不善言辞的孩子，我们就猜测性地问，有的孩子问一句答一句，像挤牙膏一样。对于这种性格的孩子，家长千万不能着急。

第二步，自问式地猜测。

从四个方面猜测：孩子为什么不愿意上学。

脑子里有画面，就像过电影，自问自答式地猜测。

比如孩子自身的原因？胆小，想妈妈了，学不会，上课听不见，看不清，不识字，不会写字……

比如老师的原因？爱批评学生，嗓门大，口音重，太严肃，要求严……

比如同桌或同学的原因？欺负孩子，嘲笑孩子，不理孩子，拿孩子的东西……

比如家长的原因？高要求，学前不管，上学后管，没有鼓励，只有批评、指责、打骂，很少关注孩子的情绪，甩包袱，有些家长会对孩子说，你可到上学年龄了，你去学校我省心多了……

猜测并思考所有可能导致孩子不愿意上学的关键点。

第三步，倾听询问验证我们的猜测。

用好耳朵，认真听孩子说。家长有多爱听，孩子就有多爱说。听不明白的地方要确认"是这样吗？""我理解得对吗？"

用好眼睛，真诚地看着孩子。孩子能从家长的目光中看到信任。

杨玉芬老师：有一次我在北京分享后，一位妈妈说她很信任她女儿。我说你是否信任女儿，不需要说给我听，你女儿能从你的眼光中看到、读到。

妈妈的眼泪唰地流下来了："是的，我女儿说我不信任她，实际上我只是口头表示相信她，我真的不相信她。"

通过倾听确认，一定能了解到孩子不上学的真正原因。

第四步，与孩子一起商量解决办法。

孩子本身的原因：比如孩子不会写字，妈妈完全可以说没事的，妈妈上学的时候也不会写字，咱们一起练字好不好？比如胆小，妈妈可以说，妈妈早上去送你，下午第一个接你，你下课后，快点跑出来，就能看见妈妈了。妈妈说到做到。一定要说到做到，兑现承诺哦。

老师的原因：建议家长私下与老师沟通，说说孩子的性格特点，多找孩子的优点。与老师真诚地沟通，与老师链接，与老师携手，家长的诚心是能打动老师的，老师最希望与家长配合。老师希望孩子表现好的心情不亚于家长。老师有任务，有考评，要升级，都与孩子的成绩挂钩。

同桌或同学的原因：建议家长约见他们的家长，互相了解各自的育儿理念。然后确定孩子与同桌同学的相处模式。如果理念差别太大，可以劝孩子远离他们，委屈自己是交不到朋友的。

家长自身的原因：改变自己。如果原来动不动就训斥孩子，改为多夸奖鼓励孩子。孩子胆小怕事，爱说谎，被同学欺负，大多与父母的批评打骂有关。父母打骂越多，孩子越害怕，因为害怕，内心没有力量，行为必然走样。

所以，解决孩子不上学的问题，要有针对性。

除此以外，还要学会放下，小学阶段遇到问题不代表初中、高中以及未来就一定有问题，亡羊补牢未为晚也。

当然，小学没问题，也不代表初中、高中与未来就没问题。人生不如意十之八九，孩子现在遇到的是不上学，以后还有可能遇到不参加考试、不参加比赛、成绩下降、说谎、打架、考不上理想的学校等。

家长也要学会未雨绸缪，防微杜渐，如果我家孩子遇到这类问题该怎么办？

这样梳理下来，了解真相并不难。

一旦找到根源，问题就能迎刃而解。

我读过一篇三岁小朋友的口述作文：

从前有一个人养了一只羊，一天他发现他的羊不见了，原来是羊圈不结实，一个巨人把他的羊偷走了，切成羊肉片，涮羊肉吃了。这个人只好再去市场上买羊。有人问他：你怎么不在淘宝上买羊呢？他说淘宝上不卖羊，只有农场里才会有羊。他一下买回来一百只羊，养到了羊圈里，他把他的羊圈修得很牢固，从此以后，他的羊再也没有丢过，这个故事叫亡羊补牢。

孩子的灵性深深触动了我。

看到"亡羊补牢"这个词，首先想到了另一个成语"未雨绸缪"。

虽然，亡羊补牢，为时不晚。

然而，未雨绸缪，有备无患，毋临渴而掘井。

多年来，不止一个家长与我们聊过，孩子小的时候，从来没想过自己的孩子会出现问题。长大了，有的孩子不主动做作业，有的孩子不想上学，有的孩子辍学，有的孩子自虐，有的孩子甚至了却生命。

针对孩子的行为表现，不同的家长有不同的处理办法。

孩子不主动做作业、不想上学，有些家长会认为这都是孩子的错。

孩子辍学，有些家长会给孩子讲大道理，告诉孩子不上学可能导致的悲惨命运。

孩子有自虐行为，个别家长会直接把孩子交给医生。曾有一位妈妈说她把高中辍学的女儿送进精神病院待了一个多月，女儿说妈妈真狠心。

表象不代表真相。

不想上学只是行为层面的表现，是父母看得见的。

背后有孩子没表达出来的感受与想法，以及无法承受的心理压力，这是父母看不见的，却是完全能够找出来的。

非常庆幸，面对孩子不同的行为表现，总有一部分家长开始亡羊补牢。

祝福更多未雨绸缪的家长。

（3）不能完全依赖老师

前面提到孩子不上学，也许是老师的原因。

确实有素质不高的老师，比如有鼓动家长批评孩子的老师。

大多数老师是很有责任心的，然而，即便是一位优秀的班主任，给每个孩子的时间也很有限。

我曾替家长算过一笔账：

假如家长平均每天与孩子相处 2 小时，一年 365 天，分配给孩子的时间就是 365×2=730 小时。同样是一年 365 天，一位优秀的班主任，每年分配给每个孩子的时间是多少呢？一年上课 180 天，每天带班 2 小时，若全班 30 名同学，每年分配给一个孩子的时间最多可以达到 180×2÷30=12 小时，前者是后者的 60 多倍。孩子高中毕业之前待在学校的时间，以小时计算，仅为他所有时间的 1/6。5/6 的时间都是给了家长的，如果我们好好利用它，日积月累，初中毕业的孩子大多十五岁（在校 9 年），高中毕业的孩子大多十八岁（在校 12 年），15 年到 18 年的用心陪伴，该是一笔多大的财富！

这笔财富只有父母才能给到。

实话实说：老师不可能把精力全放在一个孩子身上。

老师也是人，老师是社会角色，老师有老师的任务，学校有考核。老师也是父母，父母是家庭角色，父母有父母的任务，要做家务，要陪伴家人和孩子，有自己的社交圈，时间非常紧张。学科老师也不是心理辅导老师，给孩子做心理辅导可能并不是各学科老师的擅长之处，他们的主要任务是把教学任务完成，确保孩子在学校是安全的。

担心孩子的家长自认为把孩子交给老师，交给学校就万事大吉了，这是对孩子不负责的表现。

当孩子表示不愿意上学或有其他异常行为的时候，一定要静心，耐心，用心，了解这些行为背后的原因。

家长的心态放松一些，用积极正向的语言，让孩子也放松。家长要相信孩子，同时让孩子相信，他们的适应能力是很强的。知识本身并不难，学会这些知识，不需要很长时间。如果我们做家长的不相信自己的孩子，还能指望谁来相信孩子呢？

6. 专注是心静的最佳状态

有专家对孩子学习成绩不佳的原因做过分析，发现专注力的影响占比高达 65%。专注做事，就能在有限的时间内做得快，做得多，效率高。专心做该做的事，还能挤出时间做自己想做的事，包括玩手机、打游戏等。

优秀的孩子不仅学习好，而且往往多才多艺，品学兼优，之所以优秀，归根结底，主要是他们能高效利用时间，学有余力。

这样的人一定是聪明人。

杨玉芬老师：一位家长在直播间问我，怎么培养聪明的孩子？

聪明，既"聪"又"明"。

"聪"，左右结构，左边一只耳朵，右边两只眼睛在上面，嘴在中间，心在下面。"聪"就是指用耳朵听，用眼睛看，用心思考，然后集中精力用嘴说出来。不用耳朵听，不知道老师说了什么；眼光不跟着老师，看不到老师写了什么。听不到看不到，无法用心思考，难以回答老师的提问。耳到，眼到，心到，才能说出来，这样就不会漏掉重要的知识点和考点了。

"聪"是一种专心的状态。

"明"，左右结构，左边为日，右边为月，实现目标需要日积月累，坚持不懈。

拥有专心的状态，又持之以恒，是真正聪明孩子的表现。既聪且明，才能把有限的时间用好，才能在有限的时间内学更多的东西。

培养聪明的孩子，需要聪明的家长。

聪明的家长有什么样的表现呢？

"聪"，用耳听出孩子行为背后的真相，用眼看到孩子的情绪变化，用心思考应对之策，用嘴说出让孩子感受到温暖和爱的语言。听到了，看到了，用心了，才能说出来，这样就不会轻易贴标签、委屈孩子了。

"聪"是一种用心的状态。

"明"，日代表白天，代表太阳，月代表晚上，代表月亮，日出而作，日落而息，支持孩子早睡早起，睡足觉，睡好觉，协助孩子养成良好的生活习惯，这是确保孩子专心学习的基础，专心学习需要健康的身体和良好的情绪。

聪明是智慧的表现。

很多人都聪明，但聪明不会利用时间的大有人在。

专心是高效做事的基础。

高效做事是时间管理的核心。

专注学习，高效做事，根本不需要耗费太多的时间。

我曾看到一篇网红文章《这类孩子都是"假聪明"，将来很难有出息，家长不要沾沾自喜》，高考背后的残酷真相是，智力努力拼不过专注力。专注的威力真有那么大吗？

被誉为高考神话的衡水中学，做过一个实验，学校把一群孩子分成两组，一组学习较差，一组成绩拔尖，试图找到他们差距背后的原因。测试结果表明，两组孩子的智力不相上下。分析两组学生的作息记录，努力程度也差不多。后来进行跟踪式观察，终于发现了真相。成绩好的学生无论在家还是在校，写作业、上课或考试都非常专注，一坐就是连续两三个小时，基本不受干扰；成绩差的学生学习、作业、考试都爱走神，即使老师和家长监督，也集中不了五分钟，因而效率不高。北京师范大学等复制了这个实验，结果惊人地相似。大部分孩子其实智力相当，拉开孩子学习差距的，是注意力。（摘自网络文章：《这类孩子都是"假聪明"，将来很难有出息，家长不要沾沾自喜》，2023-05-16）

这篇文章完美印证了影响学习的最大因素是专注力。

调查人员深入采访后还发现，优秀学生往往从小就养成了极高的专注力，有些孩子小时候智力平平，但因为做事专注，沉得下心，随着知识的积累、大脑的锻炼，变得越来越聪明！比如，同样学习 1 小时，高专注力的孩子相当于 1 小时走完别人 3 小时的路。高专注力的孩子就像火车行驶在高速轨道，效率越来越高并直达目标；低专注力的孩子就像木舟漂流在茫茫大海，随波逐流，甚至在原地打转。想想看，同样 1 小时，有的孩子100%投入，收获满满。有的孩子，虽然也在那里坐着，但是有 55 分钟不在状态。如果把 1 小时的差距放大到一天、一年、十年甚至一生，对比天差地别！在注意力的巨大差距面前，聪明可能"一无是处"。

我们建议，家长要有意识地培养孩子做事的专注程度，提高效率，学习绝不是简单地拼时间、拼体力。

提高专注力的训练方法有很多，有直接训练法，如计时玩扑克牌游戏、搭积木、听短文找相同字词、阅读、做自己感兴趣的事等。还有提高专注力的间接训练方法，如坚持每天锻炼 1 小时，每天睡足 8 小时，每天阅读 1 小时等。说到缺少专注力，这方面的例子太多了，例如，有的孩子在课堂上坐不住，打扰同学，小动作多；也有一些孩子不打扰同学，只是静静地坐在那里，面前放着作业本，一旦有人经过，就会假装学习。有的家长误认为，只要孩子来到学校，坐在教室里，上了一堂又一堂的课，就是学习了。这些都是对学习的误解。

只有高效学习才能在短时间内吸收到更多的知识，掌握核心内容，这才是真正意义上的学习，与长时间无效的学习截然不同。提高学习成绩不单纯靠时间的堆积，需要提高专注力，提升效率。

孩子的专注力越强，越自信，心态越平稳，学习的效果越好。这是提高学习效率不可缺少的因素。

二、尽力帮助孩子释放压力

1. 背负压力难移动

压力是心理压力源和心理压力反应共同构成的一种认知和行为体验过程。有"紧张、压力、强迫"等意思，压力过大会影响身心健康。

平常生活中，每个人、每时每刻、每到一处，都会面临各种各样的问题，有生活的问题，有工作的问题，有人际交往的问题……有问题就必有压力，这种压力可大可小。从某种意义上讲，没有压力就没有动力，人是需要一定的压力的。但是，这样说并不意味着压力越大越好，也不意味着压力大效率就高。心理学家耶基斯和多德森的"倒 U 形"曲线研究表明，只有适度的压力水平能够促成最佳业绩。

杨玉芬老师：我女儿能专注做事，正因为我们对她没有期待，没有来自家庭的压力。小学低年级，考前不让她复习，能考多少就考多少分，没有分数要求，就没有压力。为此她对我们还有意见呢。她说同学的爸爸妈妈都会陪着复习，怪我们不让她复习。不用复习就省时间，每天都有看一集电视节目的时间，偶尔租来电视连续剧的光盘，可以在周末连续看一两天，一是省钱，租金是按小时算的；二是连续看能在短时间内了解剧情的来龙去脉，不需要惦记。在不该惦记的时候惦记，就是分心，分心就是不专心，不专心就不可能高效。

女儿曾在作文中写道："我上课时总是认真听讲，不停地盯着老师，因为以前妈妈告诉我那样做最能集中注意力。"

从小学到高中，最不能让老师忘记的就是我女儿专心听课的状态。初中，她转学来到清华附中，学校规定外校转来的孩子只能待在普通班。只有期中、期末两次大考成绩都排在年级前五十名以内，才有资格转入最好的龙班。我找过女儿所在的那个普通班的班主任，她说："你就把心放在肚子里吧，每次上课全班只有两三个同学的眼光跟随我，你女儿就是其中之一。有时一个问题，讲好几遍了，还有不懂的，我都气得不想讲了，但看到你女儿渴望学习的样子，我对自己不想讲课的想法都觉得不好意思。"

专注力强，课堂上精力集中，眼光聚焦，很容易跟上老师的思路，在适当的时机提出恰当的问题，提高听课效率。而且专心听讲，记得牢固，课后做作业费时间少，效率高，事半功倍，成绩自然提高了。没有考试压力，又能做自己感兴趣的事。没有需要惦记的事，就不会分心，不分心就是专心、专注。

美国心理学家威廉·斯蒂克斯鲁德的《自驱型成长》一书告诉我们，人的自驱力来自前额叶皮质，这是人与动物的核心区别之一，前额叶皮质的发育前提是压力要小。当孩子压力太大的时候，他的前额叶皮质会停止发育，而且会分泌皮质醇，也称压力激素。压力激素会伤害到海马体，海马体是负责记忆的，记忆力差，是很难学好的。不少父母认为，只有给孩子压力，孩子才愿意学习。实际上，学习行为发生在压力减小以后。没有压力，心情好，才愿意学习。要想办法让孩子的大脑兴奋，让他做题的时候高兴。哪怕做错了题，都能让孩子找到愉悦的感觉，他才能够学好。

杨玉芬老师：有一名女生，以第一名的成绩考入一所重点高中，高二第一学期，偶尔有一次月考，排名第三，她就开始怀疑自己的能力与实力，因为自我怀疑，每次考试都担心，越担心成绩越不理想，连续几次考试，成绩连续下降到年级第二十名。实际上，她在省重点高中的重点班，即使总成绩第二十名，与全校第一名同学相比，只相差20分而已，文科生一道题答不好，就有可能下降几十名，这种现象十分正常。但这个女生想不开，因为成绩下降，担心被其他同学嘲笑，吃不下，睡不着，上课不专心。为此，我与这个女生有过一次深入交流，下面是我们之间的部分交流内容。

"请问，你们班的同学，是不是每次考试成绩的排名都很稳定，排第一的总排第一？排第二的总排第二？"

"不是的，排名顺序每次都不一样。"

"是啊，如果某个同学偶尔排名靠后，你会笑话他吗？"

"当然不会啦。"

"嗯，老师会批评同学吗？"

"不会啊，老师都是鼓励我们的。"

"请问这段时间你的排名稍微有些靠后，你父母说什么了吗？"

"他们只希望我继续努力。"

"嗯，我知道了，父母希望你更努力的背后包含着对你的不信任。所以你感觉不好。"

"也许是吧。"

"如果你每天吃饭、睡觉、锻炼、上课、做作业、阅读，做好每一天该做的事，是不是很充实？"

"应该很充实。"

"如果感觉充实，你会后悔吗？"

"当然不会后悔。"

"感觉踏实，不后悔，到了晚上，是不是可以好好睡一觉了？"

"应该可以。"

"夜里睡一个好觉，第二天醒来，是不是精力充沛？"

"应该精力充沛。"

"精力充沛，学习效率是不是更高？"

"是的。"

"学习效率高是不是有助于提高成绩？"

"是的。"

"请问，你还有什么可担心的呢？"我穷追不舍，一连问了好几个封闭性的问题。

"那就没有什么可担心的啦。"孩子有了豁然开朗的感觉。

一个月后，孩子的排名又重新回到年级第一名。

我感觉到孩子的妈妈并没有关注孩子的情绪变化，反而认为孩子成绩下降与努力不够有关，而这恰恰是导致孩子产生挫折感的微妙因素。后来，孩子妈妈也开始反省，改变过去只关注成绩而忽视孩子情绪变化的做法，以激励为主，孩子的状况开始有明显的改善。

成长不是一朝一夕的事，我们需要看到孩子的情绪，接纳孩子的感受。

人生的评价有两个维度，一是客观的维度，二是主观的维度，前者是社会对一个人的评价，后者是自己对自己的评价。

从客观维度上来看，有的人比较成功，有的人比较失败，成功的人跟其他人相比，会在人生中拥有更多的社会资本、经济资本、文化资本，说白了就是有权、有钱、有名。失败者拥有较少的社会资本、经济资本、文化资本，就是比较无权、无钱、无名。

从主观维度上来看，有的人比较快乐，有的人比较痛苦。成功与否与人生快乐程度并不成正比。换言之，并非越成功的人就越快乐。

人生有四种境界：成功又快乐，不成功不快乐，成功不快乐，不成功快乐。人生不过几十年，再成功又怎样？我们一生是快乐还是痛苦取决于我们的心态：幸福如人饮水，冷暖自知，我们每个人的幸福，不在别人眼里，而在自己心里。

过程比结果重要，能力比职业重要。

放轻松，体验过程，体验成长。

2. 轻装上阵行且远

家长目标不清晰，又对孩子有高的期望，不知不觉给孩子套上枷锁。

杨玉芬老师：有一天，一位爸爸找到我，说他儿子考上"双一流"名校后没有上进心，整天浑浑噩噩，特别委托我和他儿子聊聊，下面是我与这个孩子的交流过程。

学生："杨老师，您好，我是大一学生，有问题能请教您吗？"

我："好的，一个学期过去了，感觉怎么样？"

学生："上个学期确实没有太好地适应大学生活，主要是没有目标导致的迷茫，还有缺乏自律造成的放纵，成绩很差。"

我："哦，有挂科啦？"

学生："没有挂科，有两门核心课程刚刚过线，绩点排名也是班里和年级倒数。"

我："哦，比我想象的好多了。你对自己不满意？"

学生："结果很差，确实不满意，感觉自己不会管理自己，辅导员说这样的成绩，将来可能很难保研。"

我："嗯，你对自己一直要求很高吧？你想考研？"

学生："嗯，在学习上，从小到大几乎没有遇到过很大的挫折，现在对未来的规划很迷茫。"

我："你对自己的感觉不太好？"

学生："我感觉自己的能力是能胜任现在的学习任务的，只是不够自律，管理不好时间，所以什么都做不好。"

我："你肯定没问题。你太自责了。"

学生："谢谢老师鼓励，我确实感觉就是自己的原因导致的。"

我："大一新生，遇到困难，有困惑，很正常。"

学生："嗯，最近也了解到有跟我情况类似的同学。"

我："是的，真的很正常。"

学生："父母比较关心我的情况，但是因为情况糟糕我不太愿意表达，有时情绪不好，容易产生矛盾，比较回避交流。也觉得他们唠叨，也不太会表达自己的感受，他们觉得我很冷淡。"

我："是的，你们这个年龄大都如此，报喜不报忧。其实父母关心的不是你的成绩，而是你的精神状态。你只要状态出来，父母就放心了。"

学生："嗯，确实，我应该先把自己的状态调整好，然后不带负面情绪地跟父母交流。过去比较依赖父母，不会管理自己。现在想培养自主能力，自己解决问题，不再依赖父母。"

我："我明白。做父母的也很矛盾，想让孩子独立，又怕孩子独立。

我理解，你没考好，很内疚的。"

学生："是这样，确实打击挺大的，在这里才感觉到自己的普通。"

我："哦，你说说看，谁不是普通人？你认为的不普通应该是什么样子？"

学生："嗯，不能给自己强加这种心态。"

我："把心态调整到我们本来就是普通人，要不然，还会遇到困难。还有，千万别认为上名校就比别人高一等，这样的心态不健康，走上社会也会吃亏的。"

学生："嗯，您说得对。您觉得我和父母的关系应该怎么处理呢？"

我："我觉得你只要明确告诉父母，困难是暂时的，你自己有能力克服，父母就放心了。"

学生："就是表明自己可以解决，然后让他们放心，对吗？"

我："是的。"

学生："嗯，我明白了。您说的话我会记住的。现在确实感觉好多了，谢谢杨老师。"

我："相信自己，你是好样的。能考上名校就值得自信。这不是表现给别人看的，是给自己打气的哈。"

学生："嘿嘿，谢谢您，应该早点找您。"

这个孩子对自己要求高，渴望取得好成绩，顺利保研，获得奖学金等。透过字里行间能感受到家长的不满与责备带给孩子的压力，以及孩子在优秀的群体中认为自己不那么优秀带来的困惑。这个时候不是告诉孩子自律的方法，不是告诉孩子管理时间的方法，不是告诉让他更优秀的方法，而是接住他的情绪，理解他，缓解他的失落感，让他重拾自信。

后来，我与大学生的父亲进行了沟通，父亲非常自责。

孩子父亲:"孩子找不到突破口,有心理压力。我不该再给他压力了,应该给他减压,帮孩子找到突破口,走出困境。"

我:"是的,他已经很有觉悟了,只能减压,不能施压。你儿子只是暂时遇到了卡点,非常正常。只要我们相信他,他能很快调整好自己的。"

孩子父亲:"我儿子已经主动打电话了,状态比以前好了很多,沟通非常和谐,我相信他会慢慢调整好自己,逐渐适应大学生活,谢谢杨老师。"

我们的目的不是去赢了孩子的事,从而证明孩子的不堪,而是赢得孩子的心。有一个家长说他自己在这方面犯过严重错误,深知赢得孩子和赢了孩子完全是两个世界。

博士研究生同样需要心理疏导。

杨玉芬老师:一名从 211 大学考入清华硕博连读的女生,刚入校的时候,心理压力大,浪费了不少时间。

"杨老师您好,自从来到清华,总感觉老师同学看我的眼光不是很友好,课题组里没有人看得起我。"

"请问导师对你说过轻蔑的话吗?"

"没有。"

"你去实验室,同学都不理你吗?"

"没有。"

"室友或一起上课的同学说过你的本科学校不如清华吗?"

"没有。"

"嗯,你就是感觉不太对劲。"

"是的,也许是我的性格比较内向、敏感,易受他人语言与行为的影响,还容易自我否定的缘故吧。"

"嗯,非常理解你的心情,来到新环境,与老师同学相处需要磨合、需要时间。不用担心，有问题及时请教组里的老师同学，慢慢就好了，别着急。"我从安慰转为鼓励，"我觉得你非常了不起，本科毕业能顺利考进清华攻读博士研究生。"

"自我感觉比较有毅力，能耐得住寂寞。"她笑了，情绪明显高涨起来。

"请问你博士毕业后有什么打算？是继续留在高校从事科研，还是准备到企业做技术高管？"

"希望毕业后能留在高校做科研，期待做一名女科学家。"女生脸上洋溢着幸福。

"太好了，有毅力，耐得住寂寞是科学家必不可少的素质。我相信你一定会成功的。"

闲聊一会儿，我又帮助这名女生梳理博士顺利毕业并取得博士学位应完成的各项任务，包括修完规定的学分，做大量的实验，发表够档次的 SCI 学术论文，通过直博资格的面试笔试，撰写有创新性的学位论文，通过查重、专家评审、修改，完成毕业答辩等，并列出完成每项任务的时间节点和行动计划。我还帮助她分析了新环境带来的机会与挑战、自身的优势与可能面临的困难，以及院士课题组优越的实验条件，广泛的人脉资源等。

经过 3 小时的客观分析与充分讨论，这个女生转忧为喜，并表示有十足的信心接受挑战。她相信只要每一天都能踏踏实实地努力，经过 5 年的积累，一定能顺利毕业，为毕业后从事科研找到合适的研究方向。

祝福她梦想成真。

3. 被爱的孩子有力量

有人说幸福的童年能治愈一生，不幸的童年需要一生去治愈。

现在已经不是有吃、有喝、有穿、有住就能让孩子感觉幸福的年代了。孩子在意的是"心感受"和"心价值"。

内心愉悦才是幸福。

愉悦来自父母的关爱、接纳、理解、尊重。

我相信每个父母都爱孩子，但爱的方式有区别。

（1）有条件与无条件的爱有区别

孩子被老师表扬了，父母满脸堆笑，高兴地说，宝贝，妈妈爱你，想玩游戏吗，妈妈去拿手机。

孩子早上顺利去学校了，父母满脸堆笑，高兴地说，宝贝，妈妈爱你，放学回来，想要什么，妈妈去买。

这些是有条件的爱。

孩子被老师批评了，父母阴沉着脸，生气地说，太不让妈妈省心了，还嫌我的事不够多啊。

孩子早上起来不愿意去学校，父母阴沉着脸，生气地说，不去上学，妈妈走了，就不要你了。

这不是爱，是伤害，最痛的语言伤害。

除了语言伤害，还有身体伤害。有多次打孩子的，母亲打，父亲打。还有老师让家长打孩子的，匪夷所思，听到这些，为孩子难过，为无知的家长难过。

什么是无条件的爱，说起来很简单。

孩子早上起来不愿意去学校，父母蹲下来，拥抱孩子，心平气和地问问孩子不想上学的真实原因是什么。如果孩子说不出来，我相信有些孩子真的说不出来，只是心里的感受，家长就猜测性地问问：是不是老师委屈你了？是不是老师批评你了？是不是害怕见到老师？是不是同学欺负你了？是不是想和妈妈一起去学校？是不是鞋子不好看，怕同学笑话？是不是看到同学打架了，你害怕？

……

不停地猜，从孩子的表情变化，基本能"猜到"孩子不愿意去的原因。

　　如果实在问不出原因，孩子就是感觉害怕，建议家长重复孩子说过的话。

　　孩子说我害怕。

　　家长就重复：你害怕啊。

　　孩子说我不去学校。

　　家长就重复：你不想去学校啊。

　　孩子说我想让妈妈陪我上学。

　　家长就重复：你想让妈妈陪你上学啊。

　　重复孩子的话以后，孩子会嗯嗯地答应着。

　　这样重复的过程，也能使孩子的情绪得到很好的缓解。

　　大宝三岁多的时候，每学期刚开学那段时间，总有不愿意去幼儿园的时候，我经常采用的方式就是重复她说的话，重复完她的话以后，还会接着说，宝贝，你的魔法棒呢，快把妈妈变小吧，妈妈特别想和你一起去幼儿园。变小的妈妈能和你手拉手上幼儿园，能和你一起做手工，玩游戏，多开心啊。

　　基本上，聊到这里，孩子把不愿意上幼儿园的事忘掉了，孩子会接着聊她的魔法棒，聊她在幼儿园的事情，有时会沉浸在想象和妈妈一起上幼儿园的快乐中。

　　到了幼儿园门口，我有时会有点夸张地说：哇，快看，老师已经在那里等你了，老师太喜欢你了。快快，跑两步。

　　偶尔也有到了幼儿园不愿意放手的时候，我会笑着坚定坚决地把她交给老师，边走边说再见，下午见。

　　当然，我也会私下了解孩子在园内的表现，带班的老师说，请完全放心，大宝的情绪是最稳定的一个。

有些孩子说不想上学，只是说说，并不是真的不想上学。

建议家长不要放大孩子的焦虑，更不要放大自己的焦虑，这是成长的必然。

爱孩子其实很简单，是否能做到，取决于我们是发自内心爱真实不完美的孩子，还是爱孩子的好表现好成绩？还是爱好表现好成绩的孩子？

确实如此，爱一个表现好的孩子不难，爱一个在别人看来"不好"的孩子，且没有丝毫怨言，真的不是每个父母都能做到的！

杨玉芬老师：一位家长告诉我：她的孩子从小非常优秀，成绩好，爱画画，爱唱歌，语言表达能力强，擅长写作。今年初二，孩子对手机越发迷恋，成绩下滑，以前是全年级前一百名，这学期下滑到两百多名，全年级有 2600 多名学生。这一学期常常因为手机问题爆发家庭战争，大部分时间都是妈妈和爸爸统一起来对付儿子。孩子表态要自律，事实上又做不到，好多次偷偷拿手机，甚至骗他们，妈妈非常着急甚至焦虑。

分析这个案例，有几个点是值得思考的。孩子从小就很优秀，父母的期望高，标准高，要求高，无法接受孩子成绩下降这个现实。父母在意的是成绩，无形中就忽视了孩子成绩下降后郁闷的情绪，成绩下降后更需要被理解、被鼓励。家长不允许孩子成绩下降，孩子感受不到父母的爱，情感受到伤害，玩手机就不可避免了。显然，这对父母爱孩子是有条件的，比起爱孩子，他们更爱孩子的好成绩、好表现。

有一位妈妈说她儿子小学一年级曾被老师严厉批评过，很伤心，睡觉都不安稳。妈妈先找老师谈，告诉老师，她儿子每天晚上到点就要睡觉，是她不让孩子做作业的，完不成作业希望老师不要批评，她把责任都揽在自己身上。

然后又找儿子谈心。

妈妈对儿子说，宝贝，你是爸爸妈妈的宝贝，是爸爸妈妈心中永远的骄傲。

孩子当时就泪流满面，问妈妈我不优秀怎么能成为父母的骄傲呢？

妈妈说你是爸爸妈妈生的，不管别人怎么看你，你在爸妈心中是最重要的。做错了，妈妈爸爸跟你一起面对；做得好，妈妈爸爸为你高兴，爸爸妈妈永远支持你，是你坚强的后盾。

妈妈说完，孩子的精神状态完全不一样，内心变得阳光，开始喜欢阅读，成绩不断提高。妈妈认为，孩子成长，心理健康是第一位的，然后是身体健康，最后才是学习。

我认为这位妈妈非常明智，她对孩子的爱是无条件的，与孩子的表现无关，与成绩无关。

毫无疑问，每个家长都是爱孩子的，但如果我们说的话让孩子感受不到温暖，我们的行为对孩子有伤害，孩子的表现就会离我们的期待越来越远，出现这种情况，是我们爱孩子的方式出了问题，而不是孩子本身出了问题。

如何让孩子感受到爱呢？与爱的方式有关。

（2）无条件爱孩子的方式

无条件爱孩子就是放下自己紧张焦虑的心，心平气和，大胆接纳孩子的行为。当我们能够接纳孩子行为的时候，说出来的话，一定是柔和的，孩子的感受是幸福快乐的。

被接纳的孩子感觉到家是温暖的。

《全国家庭教育状况调查报告》统计过：孩子认为人生最重要的事情，排名第一位的是"有温暖的家"，39.3%的四年级孩子渴望有温暖的家，这个比例远远高于父母有钱1.2%、有社会地位0.6%、有权力0.6%。49.4%的八年级孩子渴望有温暖的家，这个比例远远高于父母有钱1.3%、有社会地位0.9%、有权力0.6%。八年级的孩子正处于青春期，对温暖家庭的需求比四年级孩子高10%。

在温暖的家里，孩子可以畅所欲言。

我上高中的时候曾被一位同学邀请去家中做客，打开房门，我惊呆了，房间里到处都是乱扔的鞋子、袜子，地上厚厚的积灰，水槽里堆满用过的碗筷。原来这个同学的父母离婚后，各自成立了家庭，谁也不愿意与孩子一起生活。没办法，父亲出钱租了一小套公寓，让女儿单住。我回家后非常难过地告诉爸爸妈妈："太意外了，怎么会有这样的爸爸妈妈？"然后我又深有感触地说，"我们家虽然不富裕，但很温馨。"妈妈告诉我这是对他们最高的褒奖。

温暖的家给孩子的感受是幸福的、温馨的、愉悦的、舒畅的。在这样的家庭环境里，开心时有人分享，生病时有人关心，需要时有人帮助，生气时有人安慰，犯错时有人包容，努力时有人鼓励。人类最深处的需要，就是被肯定被鼓励，尤其是表现不那么优秀时更需要父母的鼓励。某电视台有一档专门鼓励孩子的节目，被夸奖50天后的女孩子气质更好，模样更美！

温暖的家取决于父母创造的语言环境。

大宝不到三岁的时候，有一天把喝剩下的酸奶倒在地板上，站在成人的角度，孩子是故意的；站在孩子的角度，她在试探边界，哪些事是允许的，哪些事是不允许的。妈妈看到以后说宝贝，这不行噢，酸奶不能洒在地上，你要说对不起，她先看看妈妈，又看看姥姥，姥姥支持妈妈。小女孩东扯西扯，一会儿说是妈妈倒的，一会儿说是姥姥倒的，妈妈姥姥都在现场，我们就说不是我们倒的啊，是你倒的，你应该说对不起。她又说是爸爸倒的，又说是奶奶倒的，我们说爸爸和奶奶都不在这里，也不是他们倒的啊，是你倒的，你应该说对不起，她既不道歉又不承认是自己倒的。僵持八九分钟后，也许她感觉到妈妈和姥姥的态度很坚决吧，不道歉不承认，一定过不了关。小家伙有些担心地问，妈妈，我倒酸奶你爱我吗？

我真诚地看着她说：妈妈爱你，爸爸爱你，姥姥爱你，姥爷爱你，奶奶爱你，爷爷爱你，我们都爱你，无论你做什么我们都爱你。但都不喜欢你倒酸奶浪费酸奶的这种行为。你要说对不起哦。（注：小家伙听过小兔汤姆的成长故事，有句话是，有些事可以做，有些事不可以做。）

她说我可以小声说对不起吗？

我说可以。

小家伙愉快地趴在我的耳边说对不起。

妈妈拥抱，姥姥夸奖，她很开心地继续玩。

后来又遇到过她做错事的情况，很容易就说对不起。

家长平和的心态，让孩子能感受到爱，即使做错事，也不用担心，不用害怕我们不爱他。爱的感受是心理健康的基础。

只有从小生活在温暖的家庭、被爱包围的孩子，内心才是丰盈的。只有从小被爱过的孩子，成人之后，才有爱自己、爱别人的能力与宽容的胸怀。

被打、被训的孩子是体会不到家庭温暖的。

当孩子感受到爱的时候，忧伤、痛苦被疗愈，才有力量面对生活中的各种挫折。

我们学校有一对学霸姐妹花，她们妈妈有一次跟我分享：女儿刚上小学的时候，作业多，没时间看书，孩子爸爸就帮她们做作业，让孩子省出时间看书。那时候姐姐数学考试只考了18分，他们做父母的也没有着急。过一段时间，老师问他们，孩子的作业是不是家长写的，爸爸就说：小学生不需要做那么多作业。老师后来也很理解，每天就给他们家孩子不布置那么多作业了。

妈妈还说：学琴也是一样，其他的家长都愿意让老师一堂课多教点内容，他们家爸爸不一样，央求老师少教一点内容，说孩子学琴只要有兴趣就好。

我激动地回复她说我特别同意她的观点，我女儿学琴，我每天就让她练5分钟，如果她有情绪或者特别累，我就不让她练习了，从来不强迫她。

然而，大部分的家长不是这样的，大部分的家长"不敢"不让孩子做作业，大部分的家长希望孩子花更多、更多、更多的时间去学习。

父母越没期待，孩子越没压力。没有期待的爱才是"无条件的爱"。心心念念要培养学霸的父母，如果期待太高，要求太多，很可能事与愿违，因为"有条件的爱"孩子是不会买账的。放平常心，充分信任孩子，无条件地爱孩子，让孩子找到他们自己的生命节奏，常常会给父母带来惊喜。

4. 孩子成长需要时间

该上幼儿园了，该上小学了，中考，高考，考研，考博，甚至中途转学，转班，正常升级，都会出现各种各样的情况，怎么办？

（1）温柔坚持，静待花开

真的不是每个家长都能接纳孩子，让孩子有被爱的感受。

杨玉芬老师：一位家长说：我的孩子做任何事情都非常消极，受不了一点批评，老师一说他，马上就泄气，从学校回来，我也不懂方法，只能简单地说"老师说两句也是为你好"之类的，没有任何效果。

另一位家长说：孩子三年级练艺术体操，每周2次，每次3小时，现在的问题是，每次上课前就跟我叨叨"不想去上课"，说太累了。我说，每项运动坚持下来都很累，她就说那算了。孩子每次上完课的状态还是不错的，在家也经常展示学的动作，老师也表扬她，看得出她是喜欢的，但是嫌累，也不想比赛。

我是这样回复的：第一个孩子因为老师批评会生气。第二个孩子因为跳操后会累。看起来两个不相关的行为，背后的逻辑都是一样的，孩子的感受是一样的，被批评不舒服，跳操了不舒服。孩子说出来，只是想得到爸爸妈妈的认可与安慰。但两位家长的回应表达出来的不是认可，是不允许孩子难受，不允许孩子累。怎么办呢？学会共情，当孩子说被批评不高兴的时候，当孩子说跳操累的时候，妈妈只需要以关心的表情看着孩子，用平和的态度重复孩子的话即可：老师批评让你不开心了，跳操累了先休息休息。大胆地说，就是这么简单。简单的背后是我们的自信和对孩子的信任。

其中一个家长不太服气：我能够接受孩子说累，每次都抱抱她，让她撒个娇。

我：非常好。而这句话"每项运动坚持下来都很累"，就是否认孩子的感受。

家长：是，如果让她自己选，她肯定不去。总而言之就是不情愿，希望能不劳而获。

我：你认为"她肯定不去"，是比较消极、负向的想法。瑞士心理学家卡尔·荣格说：你的潜意识在操控你的人生，而你却称其为命运。当潜意识被呈现，命运就被改写了。潜意识的力量是意识的3万倍以上。

家长：我的潜意识是在她不断重复"我不想去"的前提下形成的吧？

我：我觉得应该反过来说，她不想去，是妈妈不相信她形成的。

家长：您是说，我不相信她愿意去？

我：推理，应该是这样的哦。

家长：我说她脑子里有两个小人，一个说很开心去，一个说太累了不去，目前是第二个小人太强大了，轻易就打败了第一个小人。

我：你的推理很新，孩子改变妈妈。我的认知是妈妈改变孩子。我们每个人的脑子里都有两个小人，一个说应该相信孩子，一个说孩子不值得信任。

家长：我们能否暂时脱离意识层面，到操作层面上给一点建议？

我：非常好的提议。孩子说累的时候，只管重复，不要再说一句多余的话，不要讲道理。

家长：一直是这样做的，不管用哇，至少是没看到效果。

我：我猜测是时候不到。

家长没再回复。

还有一位妈妈写道：杨老师，这学期我们开始强化时间管理，重点训练在什么时间做什么事情的习惯。把预估时间和实际发生的时间记录下来，强化时间观念，评估复盘时，分析原因，然后再研究改进方法。有时孩子有畏难情绪，我告诉孩子以他可以接受的方式先开始，再慢慢调整。

我认为这个家长做得很好。

很多家长认为孩子学习没有动力，行为表现不让我们满意。表象背后，原因各不相同，但又有相似之处，即孩子的情绪状态都影响了孩子的行为表现。孩子有情感需求，被视而不见，被误解，没被读懂，没被接纳，导致焦虑不安，自我怀疑，失去信心，从而影响了情绪，不想做，做不好。

怎样读懂孩子？

（2）像教练一样引导孩子

【案例1】：国际学校六年级男孩，胖乎乎，乐呵呵

杨玉芬老师：这孩子的成绩还不错，但让老师头疼的是孩子爱惹事，经常和小朋友发生矛盾，处理矛盾占用老师很多时间。

我和这位同学的交流很愉快。

我：班主任送你过来找我聊天。老师这么关心你，我挺羡慕你的。

他：老师对每个同学都一样。

我：我觉得不一样，老师说找你谈话的次数最多。

他：确实挺多的。

我：能不能说说老师为什么经常找你谈话？

他：老师希望我变得更好。

我：希望你哪些方面变得更好？

他：减少与同学的矛盾，好好学习。

我：你经常与同学闹矛盾？

他：都是小打小闹。

我：小打小闹，能举一个具体的例子吗？

他：老师不让我们提家长的名字。

我：你们怎么会提家长的名字呢？

他：比如我们聊天，总会说到一些词组，词组里会包含某个同学父母名字中的某个字，对方知道了，就会不高兴。

我：啊，这很正常啊，词组都是由单个的字组成的，不能因为父母名字中含有某个字，就不允许同学说包含某个字的单词或成语，这不合理啊，你再说具体一些，我听听。

他：比如有一次聊天，我说到采棉花，B同学听到了就告诉C同学，

说我提 C 同学妈妈的名字了。C 同学很不高兴，就来找我，我不服气，两人就吵起来了。就把老师叫来了。

我：你觉得这是谁的错，应该怪谁？

他：不是我的错，应该怪 C。

我：对，真不是你的错。应该怪 C，还应该怪 B。被错怪就应该自卫。前面你没错，后来你们吵架了，你有没有错？

他：我觉得我错了。

我：错在哪里啦？

他：既然开始我没错，我就不应该和他吵架。

我：哇，好样的，这么主动就承认了自己有责任。虽然不是你惹起来的，只要吵架，双方都有错，还把老师叫来了，老师那么忙，还要处理你们的事情。老师有情绪不能好好讲课，你有情绪不能好好听课，值不值？

他：不值。

我：以后还想吵吗？

他：不想吵了。

我：嗯，真是好孩子。还有哪些小打小闹？

他：有一天，一个女同学，想用橡皮筋弹另外一个女同学，结果橡皮筋弹到我了。我就用脚踩了橡皮筋。女同学就向老师告状，班主任就过来了。

我：你觉得这是谁的错？

他：是女同学的错。

我：嗯，我也觉得是女同学的错，是她弹出的橡皮筋先碰到你的。然后呢，你又踩了一脚。你有没有错？

他：我也错了。

我：嗯，有勇气承认错误，男子汉，好样的。女同学是故意弹你的吗？

他：不是的。

我：你是故意踩橡皮筋的吗？

他：是的。

我：你生气了，踩了橡皮筋，老师又批评你，你是不是不开心？

他：不开心。

我：不开心，会影响你上课吗？

他：嗯，影响我上课了，因为我不服气。

我：当然不服气了，因为你是被动犯错的。但是你生气了，就会影响上课，你觉得值不值？

他：不值。

我：这么不值的小打小闹，耽误老师的时间，与同学产生矛盾，是不是更不值？

他：不值。

我：你是一个很聪明的孩子。你知道什么样的学生才是真正聪明的学生吗？

他：考好成绩。

我写了一个聪明的聪字，指给他看。

他：左边一个耳朵，右边一个总，用耳朵好好听老师说，再进行总结。不计较小事，要有大局观，思考大事。

我：你的解释真好，这么小就有全局观念，将来你一定是一个能做大事的人。

这个学生已经很兴奋了。

我：你再仔细看看右边的总。上面是什么？中间是什么？下面是什么？

他：眼睛，心，口。

我：眼睛是做什么的？心是干什么的？口是干什么的？

他：用眼睛看，用心想，用嘴巴回答问题。

我：你太有才了。一个真正聪明的孩子，上课要用耳朵听，用眼睛看，用心思考，积极回答问题。专心听课，你的成绩还能提高一大截，想不想？

他：想。

我：还会因为小事和同学闹矛盾吗？

他：不会了。

我：老师说你的口才挺好的，好好学，将来能当校长，能当教育家。

他：我不行。

我：你现在不行，还是学生，到你们校长这个年龄的时候，你行不行？

他：我行。

我：太好了。

我一边张开双臂一边说：我想拥抱未来的教育家，可以吗？

他有点不好意思：您抱不动，我有点胖。

我：杨老师特别有力气。

他接受了，我不太费力地把他抱起来。然后放下，他高高兴兴地回去上课。

据校领导反馈，他在班会上，特别兴奋地给同学分享了我们交流的过程，还解读了聪明的"聪"字。

上午交流，中午收到他专门给我买的彩色棒棒糖。

【案例2】：六年级，高高的，帅帅的

杨玉芬老师：午饭后，我和一位妈妈来到操场散步，三位同学走到我们面前，上午聊天的这个同学送给我一颗彩色的棒棒糖，共有5种颜色5颗小糖块，他对我说杨老师是好人。我们5人分享了棒棒糖。

第二位同学指着第三位同学说：他也想和你聊聊。

我对第三位同学说：谢谢你对我的信任。然后挽着他的胳膊边走边说，他竟然没拒绝。

我告诉他想什么就说什么,慢慢说。

他:问题挺多的,三天都说不完。

我:一个一个地说,不要着急。

他:我是二次元性格分裂。

我:你是从哪里知道这种说法的?

他:从网上查的。

我:咱先不要下结论,先说说你遇到了哪些事情,好不好?

他:好,我的语文成绩下降,原来能吃老本,现在没有老本可吃了。

我:嗯,现在语文成绩不太好,是不是原来爱阅读,现在阅读得少啦,原来成绩好,上课更认真,现在成绩不好,上课没有原来认真了?

他嗯嗯两声。

我:你只要多阅读,上课好好听,语文成绩一定能慢慢提高的。信不信?

他:我信。

我:嗯。相信,也不要给自己太大的压力,一天是不能把成绩提高到原来的水平的,要慢慢来,先订一个小目标,比如先提高5分,行不行?

他:行。

我接着说:每个人都会遇到困难,你会遇到困难,我也会遇到困难,你的同学你的老师都会遇到困难,只是遇到的困难不一样。困难就是磨炼,就像孙悟空,火眼金睛是在炼丹炉里炼出来的。你现在遇到的困难就是来磨炼你的。

他:磨炼能让我们强大。

我:对,你的理解力太强了,就是这个意思。假如你生下来,爸爸妈妈就把你放在温室里,每天给你好吃的,好喝的,好衣服穿,非常舒服,见不到人,晒不到阳光,感受不到风和雨,你愿意吗?

他很坚定地说:不愿意。

我：嗯，你不愿意。我也不愿意，每个人都不愿意，宁愿被风吹日晒，宁愿遇到困难被磨炼，也不愿意待在温室里。

我强调这一点，希望他能理解每个人的人生都不是一帆风顺的。

我欣慰，他真的听懂了。

我又问他：那你还有什么想说的吗？

他：我不希望别人超过我，我想当第一名，我嫉妒别人超过我。

我：嗯，特别理解，我也想当第一名，谁不想当第一名啊。

见他没有说话，我接着说：当第一名多累呀，要拼命地学，就没有时间玩乐器了。再说吧，六年级以后还有初中、高中，要学的科目越来越多，想当第一很不容易的。不当第一，但可以学会欣赏第一名的同学，向第一名的同学学习，只要谦虚学习，也有机会当第一名。嫉妒别人是很累的，欣赏别人是很轻松的，你愿意做欣赏第一名同学的人还是嫉妒第一名同学的人？

他：我愿意学会做欣赏第一名同学的人。

我：你太大度了，大度的人，有出息。你长得这么帅，又这么大度，喜欢你的人会越来越多。

停顿了几秒钟。

我又问他：那你还有什么想说的吗？

他：我喜欢玩电竞，将来想找工作，可是电竞太低级了，挣不到钱，没有办法照顾父母。

我：真是好孩子，这么孝顺。你很喜欢电竞，又觉得太低级（是父母告诉他电竞太低级了），现在还玩电竞吗？

他：现在玩得越来越少了，不准备玩了。

我：你的自控力太强了。除了电竞还有什么爱好？

他：吉他、架子鼓、萨克斯都喜欢。

我：太羡慕你了，有这么多的爱好，我一样都不会。我有个建议，想不想听？

他：想听。

我：每天的时间是有限的，又要阅读，又要做作业，又要上课，又要运动，如果三种乐器都练，不如先练一种，天天练，每天练半小时，过几年，你能练到很高的水平，有机会就能上台表演，同学们都会为你鼓掌的。

他很高兴。

我又问他：那你还有什么想说的吗？

他在思考，我说不着急，慢慢想。我挽着他的胳膊，慢慢走着。

他想了一会儿说：爸爸妈妈在我几岁的时候就离婚了，当时我很伤心，但我现在已经越来越成熟了。

我：嗯，你更早地接受了磨炼，提前成熟了。爸爸妈妈都有各自家庭了吗？

他：没有。我劝妈妈和爸爸和好，妈妈说不可能了。

我：嗯，你很失望，希望爸爸妈妈和好。爸爸妈妈爱你吗？

他：爸爸妈妈都爱我，爸爸经常带我出去玩。

我：嗯，你现在年龄还小，还不能完全理解爸爸妈妈为什么要离婚。你可以这样想，你和某个同学，原来能谈得来，就是朋友，现在谈不来了，就不是朋友了。爸爸妈妈也是一样的。原来能谈得来，就结婚了。后来谈不来了，就离婚了。虽然他们现在不住在一起，但都爱你。你和爸爸妈妈的关系，与爸爸妈妈之间的关系是不一样的。

他嗯了一下，说道：我知道了。我长大后，要挣钱照顾他们。

我：你这么说，我太感动了。你的爸爸妈妈会为你骄傲的。

上课时间到了，分别的时候，我对他说：非常感谢你的勇敢，愿意和我聊天。

他：无论如何，我要谢谢您。

他鞠完躬，往教学楼跑去。

望着孩子的背影，我在想，但愿他还没有养成自我否定的思维习惯；但愿这次短短的交流能给他的心里注入光明，哪怕只是一点点。

半年后，我在学校走廊见到这位同学，他主动和我打招呼，我对他说："我很喜欢你，还想和我聊聊吗？"他说现在没有什么困惑的事，不用聊啦。

听他这么说，甭提我有多高兴了。

【案例3】六年级男生，低着头，瘦瘦的

杨玉芬老师：老师带这个孩子到我面前，告诉我，这个孩子，除了学习，其他什么事都和他有关，特别调皮，上课该做作业的时候，他不做，跑到外边和同学聊天；不让出校门，他就偷偷溜出校园，去买零食。

我让他坐下来，刚开始他把脸转到一边去，根本不看我。

我：同学们都在教室做作业，你不在教室能去哪里呢？

他：在厕所和同学聊天。

我：啊，在厕所和同学聊天，多臭啊。

他：没有人打扰。

我：有人愿意和你一起聊天，说明你的人缘不错啊。

他也许没想到，我会夸奖他吧。

我：你愿意把脸转过来吗？

男孩子把脸转过来，但眼光有时是游离的，不坚定。

我：能不能告诉我，你们喜欢聊什么？

他：聊游戏，聊电影。

我：你喜欢玩什么游戏？

他：我说了，你也不懂。

我：嗯，我虽然没玩过游戏，但你说了我就能懂。

他:《和平精英》。

我:《和平精英》最吸引你的是什么?

他:等级,共有七级,我打到五级了。我觉得没有挑战性,不好玩,现在不想玩了。

我:你喜欢看什么电影?

他:喜欢看诺兰导演的《盗梦空间》《星际穿越》,还有《肖申克的救赎》《宇宙大爆炸》。

我:我也喜欢看《肖申克的救赎》,佩服安迪,通过艰苦的努力,终于获得了自由,惩罚了恶人。爱看这些电影,说明你的思考是有深度的。除了玩游戏,看电影,还有什么爱好?

他:喜欢听歌《光辉岁月》。

我随手打开网页,是一首粤语歌。我建议他也学会用粤语唱这首歌,学会粤语,将来可以去香港读书,学会粤语,就像英语一样,多了一门外语。

我也查了歌词,读给他听,非常励志的一首歌:

今天只有残留的躯壳

迎接光辉岁月

风雨中抱紧自由

一生经过彷徨的挣扎

自信可改变未来

问谁又能做到

他说他很喜欢这首歌的旋律。我感觉这首歌很符合他的心境。

后来,又和他聊了很长时间,聊到通过抖音、哔哩哔哩刷短视频,他说他喜欢科普知识。聊他的爱好,喜欢编程,但没坚持。喜欢模拟飞行,又担心下学期报不上名。

最后用倒推法时间管理工具推算他的时间利用情况,他说因为睡得晚起得早，上课打瞌睡，听不进去。

我问他晚上睡不着，会想什么。

他不说。

我建议他临睡前跳绳，累了，能帮助入睡。

聊到他的成绩时，他说五年级以前数学成绩好，满分120分的卷子能考100分以上，现在只能考80分。语文、英语都是80多分。

他对好成绩的理解是：成绩好，就能考上好的高中，上好大学，找好工作。他希望取得好成绩，却控制不了自己。

也聊到他的父母。

最后，我问他：你知道我为什么喜欢和你聊天吗？

他反问我：为什么？

我说：我特别想回到你这个年龄，多好啊，有很多机会做自己想做的事，我现在很后悔，当年想做的事，没有去做，什么也不懂。

他竟然流眼泪了。

我说想哭就哭吧，把纸巾递给他，他压制性地哭了一会儿。

等他安静下来，我问他为什么哭了。

他说被触动到了。

至于哪一点触动了他，他没有说。

自始至终，他都没有告诉我父母离婚的事。

事后，班主任告诉我，这个同学成绩下滑，主要是因为两年半前，爸爸妈妈离婚了，对他的打击太大了。

我对班主任说：这个孩子不是学习能力的问题，是情绪的问题，多关心他，他一旦接受父母离婚这个事实，情绪会放下来的。

确实每个学生的卡点都不一样，只有深入交流才能理解他们。

有一个初三的孩子，想提高学习效率，想快速提高成绩，却不知道从哪里入手。

有一个初二的男孩子，不想学，就想玩游戏。不喜欢英语老师就不喜欢英语老师的课，不喜欢只说大话不做事的老师。因为爸爸只认识分数，经常批评他，他说90%是为爸爸学的，10%是为自己学的。

从这些孩子的行为来看，貌似自暴自弃，交流后才明白，是孩子有困惑却没有人能读懂他们，成长中的孩子有很多事情是想不明白的。

父母为什么离婚？

老师和家长明明是关心他的，为什么总是批评和指责他？

为什么父母不懂他，看不见他的情感需求？

（3）父母内心有力量才能帮到孩子

杨玉芬老师：有一个六年级的女孩子转学后，遇到两件事。

第一件事：全班同学都有新柜子，唯独没有给这个孩子换新柜子，孩子委屈，妈妈心疼。

妈妈先安抚孩子的情绪。

然后通过微信与老师沟通3次。前2次她是带着情绪沟通的，老师只答应并不落实。第三次是不带评判，站在老师为难的立场沟通的，也许老师真有难处，她就帮助老师想办法，主动提出如果学校没有多余的柜子，她就让孩子从家里拿一个柜子过去，孩子当天就有新柜子了。

第二件事：羽绒服被同学藏起来，老师明明知道衣服在哪里却不给孩子，还认为孩子做得不对，大冬天，孩子被迫穿着衬衣回家，孩子委屈，家长心疼。

妈妈是这样处理的：

先安抚孩子的情绪。

冷静下来，立即给老师打电话，希望去学校找衣服、了解情况。老师不做任何解释，以有事为由回绝了，只要求孩子提高能力，管理好自己的物品。

由于是周五发生的事，妈妈随即利用周末与孩子深入沟通，她认真倾听，耐心引导，真正地听懂了孩子。孩子表示刚转学来这个集体，老师要求她做的她都做好了，就是想让老师看见，而且衣服叠得整整齐齐。孩子能理解同学把衣服送错地方也不是故意的，对整个过程老师简单粗暴的处理方式，既能理解，也表示谅解，老师也有心情不好的时候，也有做错的时候，已经不介意了，但在整个事件中没有学到东西，没有看到自己需要改正的地方。孩子的表现让妈妈震惊，小小年龄如此包容并且思维缜密，很有自己的理解和看法。孩子还说自从转学过来，一直不被接纳，很孤独，有2/3的同学不喜欢孩子。即便如此，孩子却能发现全班每个同学的优点。

妈妈周一再次与老师沟通，她先谈孩子的感受，再谈自己的感受，她与老师沟通的过程不卑不亢，真诚表达自己的观点。老师竟然非常安静，没有争辩。她把该说的说完，非常开心，感觉自己很值得尊重，以前从来没有这种感受。

后来，妈妈给我写了一封长长的回信：杨老师，特别感谢，您主动联系我，太感动了，您智慧地引领我，我想要说的话，您都分析到了，都说出来了。我第一次遇到您，就把好多想法都说出来，您对利害关系、利弊都分析得非常到位，让我发自内心地佩服。本周末跟孩子重新做了沟通，其实之前的沟通大部分是无效的。这一次，基本上就是听，真正地听懂了孩子。听懂孩子以后，我就开始把想法写下来，写下来之后，在脑海里不断地梳理，终于梳理出来了。跟孩子聊完之后，跟我爱人商量，先不给老师打电话，看下周老师对孩子的态度，以及孩子回来的反应。

没想到周一早上7:30老师主动打电话询问衣服的处理情况，她并不是道歉，而是为了推卸责任。我当时挺诧异的，有点儿蒙，虽然蒙，我都要给自己的表现点赞。以前，跟老师接触，总觉得是不对等的关系，我总会站在低位。自己明明知道老师的观点不对，也不敢反驳，或者反驳了担心引起更大的误会，然后就一直很压抑。

虽然这一次心里感觉不愉快，但很快就调整过来了。

以真诚的态度告诉老师我的感受。

告诉老师我们对孩子的培养和期望。

告诉老师孩子看问题的视角、感受以及大度。

告诉老师我们作为家长并不是完全理解孩子，而是我们逼着孩子成长。

表达以后，感觉自己上了一个台阶，第一次感觉自己挺值得尊重的，不再是低位的，感受到自己的进步，非常开心，以前从来没有这种感受。有了这次的力量，我不怕了，先让自己静下来，想清楚再处理，永远把情绪和事情分开，对孩子这样，对别人也这样。逐渐体会尊重自己就是尊重自己的内心，从小我被忽视惯了，慢慢就失去了自己，现在体会到当自己有力量时，就能看见孩子的内心，就能慢慢学会尊重孩子的内心感受。

妈妈内心深处涌现出来的力量被女儿深切体会到，女儿写了一首赞美诗，诗的名字是《好妈妈》：

她，像一首诗，流畅而美好。

她，像一座山，坚韧而挺拔，默默地守在我的身边。

她，像一个童话，神秘而梦幻。

她是一个好妈妈，只不过有时有些暴躁。

我想对您说，我爱您，是非常非常爱，是绝无仅有地爱。

假如上天让我选择母亲，我一定会选择您。

在我心中，您是高山，浑身铺满绿色。

您是大海，让我在海里畅游。

我永远爱您。

第二章

时间是公平又宝贵的资源

一、找回错用的时间

相当比例的家长反馈，孩子没有规划，该做的事情，没有时间做，不知道时间去哪儿啦！

时间能去哪里呢？

也有不少孩子反馈作业多，任务重，时间太紧了，连睡觉的时间都没有。

果真如此吗？

【案例1】杨玉芬老师：有一名初三男生，他对我说每天学习都很刻苦，但成绩还是下降，心情很沮丧，对考入高中不自信。我们聊了3个多小时，分析他信心不足的原因，与成绩一直上不去有关。分析成绩下降的原因，与上课不专心有关，上课不专心抓不住重点。分析他上课不专心，可能与睡眠不足有关，睡眠不足与不会管理时间有关。

下面是我与这名学生的一部分对话。

"你每晚大概能睡几个小时？"

"平均睡5到6个小时吧。"

"你睡得太少了，困不困？"

"我每天都很困，作业实在太多了，根本做不完。"

"嗯，那我来帮你梳理梳理吧，看看能不能帮你找出时间，多睡2小时。"

"好啊。"

"你每天睡5到6个小时，就算睡6个小时，行吧？一天24小时，还剩下18小时。给你1小时穿衣洗漱吃饭，够吗？"

"够了。"

"还剩下17小时。上学放学路上用1小时，够吗？"

"够了，我家离学校比较近，每天步行10分钟去学校，往返六趟，大约1小时。"

"每天步行去学校，太好了，权当锻炼了。还剩下16小时，咱们接着算下去。每天上几节课？"

"上午、下午还有晚上，共有九节课，每节课40分钟。"

"九节课360分钟，6小时，去掉6小时，还剩下10小时。课间休息多长时间？"

"10分钟。"

"九节课，上午四节、下午三节、晚上两节，共有六次课间休息，60分钟，加上上午还有一次集体操，全部课间休息时间加起来是1.5小时，还剩下8.5小时。你想想还做了哪些事情？"

"晚自习回到家还要做作业，算2小时吧。"

"嗯，还有6.5小时。你每天锻炼身体多长时间？"

"除了参加学校的体育课，回到家以后，我就不爱运动了。"

"你每天阅读占用多长时间？"

"我小时候读书比较多，语文成绩还不错，现在每门课的作业太多了，没有时间阅读了。"

"嗯，你再想想，这6.5小时到哪里去了呢？"

停顿了一会儿，男生挠挠头，不好意思地说："玩手机了吧。"

"我轻轻松松帮你每天找回来6个多小时，这可是一笔大财富，只可惜被你浪费了。"我半开玩笑地说着。

初三男生笑而不语。

这个孩子是随妈妈一起过来找我的，从妈妈的话语中，我清楚地知道这个男生每天用6.5小时玩游戏的背后，与妈妈过度关注成绩、与妈妈对孩子的指责抱怨有密切关系。

【案例2】杨玉芬老师：有一名高一男生，我是在他来北京参加亲子夏令营期间认识的。

"请问你每天的时间都是怎么安排的？"我主动找他聊天。

"放假在家，主要是学习、做作业。"

"嗯，每天学习写作业用几个小时？"

"2个小时以上。"

"嗯，2个小时以上？是3小时？4小时？5小时？还是更长时间，比如9小时？"

"3到4小时吧。"

"嗯，请问你每天晚上能睡几个小时？"

"一般8到9小时。"

"嗯，4小时学习，9小时睡觉，一日三餐去掉2小时，还有9小时，剩下的这些时间你是怎么安排的？"

"每天打篮球差不多2小时。"

"嗯，还有7个小时。"

"看手机、上网，差不多2小时。"

"嗯，还剩5小时。1小时洗脸刷牙穿衣服，还有4小时，对吧？"

高一男生想了一会儿，没说话。

"你每天会帮父母做家务吗？"

"我几乎不做什么家务。"

"剩下的4小时用于阅读课外书籍了？"

"我看书的时间不能太长，要保护视力。"

"嗯。要不，每次阅读1小时就站起来，做眼保健操，或者跳绳，或者在手机上听书？"

这个男生没再说话，只是很不情愿地"嗯"几声。

通过这段对话不难看出，很容易就替这个高一男生每天找出 4 小时。

与这个男生的父母交流后得知，他每天用 4 个多小时玩游戏的背后，与从小没有养成良好的学习习惯、学习基础不扎实有关。

类似的案例很多。我也曾为一名高三男生每天找回两个多小时玩游戏的时间，玩游戏的原因与父母的过多否定有关。

这些孩子不是没有时间，而是没有把时间规划好，因为没有规划，不知不觉间，时间就跑了，就丢了，时光如流水，只能流去不能回。

我把这种找回时间的方式命名为：**倒推法时间管理小工具。**

什么是倒推法呢？就是从 24 小时开始倒着计算，逐项减去每件事占用的时间，直到把 24 小时分配完毕。

利用"倒推法时间管理小工具"很容易找到失去的时间。溜走的时间虽然无法再为我们所用，但知道怎么丢的是学会时间管理的第一步。

有一位小学生学习"倒推法时间管理小工具"后在作文中写道：我的时间是怎么用掉的呢？每天睡 8 个小时，此时还剩下 16 个小时。每天上学从早上 8:00 到下午 4:00 花去 8 个小时，还剩下 8 个小时。用 2 个小时写作业，还剩下 6 个小时。用将近 3 个小时吃饭，还剩下 3 个小时。用了 1 个小时阅读，剩下的 2 个小时全用来看电视了。现在想想，其实最后的这 2 个小时我可以用 1 个小时看电视，另 1 个小时去睡觉。这样子又能看到电视又可以睡好觉啦。

有家长说没有时间陪孩子，如果想知道每天陪孩子的时长，也可以使用这款小工具进行推算，非常简单。

一天 24 小时，扣除睡觉休息的时间、吃喝拉撒的时间、梳洗装扮的时间、内务整理的时间、离家上班的总时间、不得不应酬的时间、使用手机的时间等，看看剩下还有多少时间可以陪娃。

二、时间是公平的

有人说空气、阳光能体现公平，然而，不同地区，不同国家，空气、阳光有比较大的差异。

最能体现公平的是什么呢？

时间。

每个人的每一天都是 24 小时，谁也不比谁多一秒，谁也不比谁少一秒。

既然如此，人与人之间的表现为什么有很大的差异呢？答案就在于：每个人每天支配时间的能力不同，从四五个小时到十四五个小时。而且在可支配的时间里，专心程度不同，张三的一天抵得上王五的两天，甚至三天。惜时如金、循序渐进、磨刀不误砍柴工、"明日复明日，明日何其多，我生待明日，万世成蹉跎"、"一寸光阴一寸金，寸金难买寸光阴"等成语或警句就是鞭策人们更好地珍惜时间、利用时间的良言金句。

三、时间是有限的

从孩子出生到上大学前，正常情况下，这场马拉松大约历经五个阶段、18 年、216 个月、6570 天，157680 小时。

站在孩子的角度，全时陪伴157680小时，这是不可能的，要扣除下面四方面的时间：

（1）扣除孩子的睡眠时间

孩子不同年龄段的睡眠时长统计表（见表 1），参考 2016 年美国睡眠医学会（AASM）发布的儿童和青少年最佳睡眠时间。

表1 孩子不同年龄段的睡眠时长统计表

顺序号	不同年龄段	日睡眠时长（单位：小时）	阶段性睡眠时间（单位：小时）
1	一到三个月	15—17，平均16	$16 \times 365 \times (3/12)=1460$
2	四个月到一岁	12—16，平均14	$14 \times 365 \times (9/12)=3832.5$
3	一到三岁	11—14，平均12.5	$12.5 \times 365 \times 3=13687.5$
4	四到五岁	10—13，平均11.5	$11.5 \times 365 \times 2=8395$
5	六到十二岁	9—12，平均10.5	$10.5 \times 365 \times 7=26827.5$
6	十三到十八岁	8—10，平均9	$9 \times 365 \times 6=19710$
合计			73912.5

（2）扣除孩子幼儿园3年、小学6年、初中3年、高中3年，在学校上学的时间

（3）扣除孩子穿衣、洗漱、吃饭、做必要家务、做作业、休息、交友与玩耍的时间

（4）还要扣除家长无法陪孩子的时间

工作一天累了，想玩会儿手机放松放松，有时要与朋友聚会交流，有时人情礼节不得不出席，出门前还要梳妆打扮，还有一些时候不得不加班等。

这样算下来，可以用来陪伴孩子的时间还有多少呢？每天大约不过3小时。多子女家庭呢？比如三个孩子，还要细分哪个时间段能陪老大，陪着做什么；哪个时间段能陪老二，陪着做什么；哪个时间段能陪老三，陪着做什么。列出来，一清二楚。如果不提前策划，不列出清单，放在脑子里，一笔糊涂账。一天下来，看着逝去的时间，看着该做却没做的事，只有空叹息的份了。

孩子十八岁上大学后，几乎不再属于父母了。

可见时间在家庭教育中所扮演的角色不容忽视。

四、时间是宝贵的

时间是资源，资源当然宝贵，宝贵的东西需要珍惜。

时间资源是有限的，一天只有 24 小时，一生不过百年，从出生就开始算减法，越用越小，值得加倍珍惜。

时间是短暂的，十八岁成年后，与家长相处的时间屈指可数，如果远在他乡，相隔千里万里，远渡重洋求学、谋生，一两年甚至几年都见不上一面的不在少数。即使见面，也是匆匆几天，父母无数次望着孩子的背影渐行渐远。

十八岁之前，即使是非常用心的父母，与孩子每天相处的时间也不过 3 小时，从家庭教育这个角度来说，时间是极其短暂、有限、宝贵的资源，而且还是最公平的资源。时间管理的重要性不言而喻，所以要进行合理、有序的规划。

在有限的陪伴时间内，要想发挥时间资源的作用，务必注重细节。尤其是多子女家庭，很多细节，稍不注意，就有可能错过千载难逢的好时机。

良机可遇不可求，一旦错过了，就要花费大量的时间去弥补。

【案例 1】杨玉芬老师：两个男孩的家庭，大儿子三年级，二儿子不到三岁。

孩子妈写道：有一天傍晚，大儿子基本把作业做完了，看到我正在给弟弟读绘本故事，就坐在我的另一边，也想听。弟弟非常生气不让哥哥坐在我旁边，非要把哥哥推开。我也认为绘本故事太简单，哥哥没有必要听，无意中迎合了弟弟的行为，抬手把老大推开，边推边说："你自己去读书吧。"大儿子非常生气。

我回复：很遗憾，你错失了一次增进亲子关系非常难得的好机会。

妈妈困惑不解：我让老大读他自己的书不是很正常吗？

我回复：看起来正常的事，未必有好的结果。我是这样考虑的。

首先，被推开的哥哥非常不开心，自从有了弟弟，你给他的时间少多了，听你讲故事已经成为久违的记忆。内心渴望再次依偎在你旁边，享受这种亲情。这一推伤害了哥哥的感情，加深了哥哥对弟弟的嫉妒。同时助长了弟弟的霸道："妈妈是我的，不是你的。"

其次，如果你没有推孩子，而是扶着老大在你身边坐好，然后对弟弟说"正好哥哥来了，哥哥的声音好听，发音准确，比妈妈读得好听"，同时把绘本交给哥哥，让哥哥读给弟弟听。等哥哥读完了，你继续激励："读完了，啥意思呀，妈妈好像没听懂啊，麻烦哥哥再给我们解释一遍好不好？"你思考一下，哥哥得到允许，又能在读与讲的过程中，得到妈妈的夸奖，意味着什么呢？

随后，引领老二欣赏哥哥："弟弟，你听，哥哥读得多流利，哥哥多用心，哥哥的声音真好听，给哥哥鼓掌。"

最后，你在享受亲情的同时，老二听了绘本，老大温习了绘本故事。你安抚哥哥坐下，给弟弟的印象就是妈妈对兄弟俩是一样的、公平的，两兄弟的感情会更加和谐。

看到我的分析，这位妈妈恍然大悟。

为什么这么好的瞬间，被妈妈忽略了，也许妈妈没有想到时间是资源吧。

我们想象一下妈妈一推一拉，大儿子两种不同感受的画画。

大宝被推开了，感情受到的伤害，需要多长时间才能修补起来？损失的时间成本是多少？能思考到这一点的家长有多少呢？

后来，我与另外一位有两个儿子的宝妈聊过这个案例，她特别有感触，因为她家也发生过类似的情况。

有一次她下班回来，要进门的时候，两个儿子都抢着开门，就在门打开的瞬间，老二说妈妈抱抱，老大也说妈妈抱抱。她先抱了弟弟，没抱哥哥，还跟老大说了一句很不适宜的话："哎呀，你怎么也来开门了。"哥哥很生气，啪啪啪，跺着脚就走了。她说如果当时把两个儿子一起抱进来，该多好。本来一两秒可以做得很完美的事情，被简单草率地处理了，事后要浪费大量的时间来弥补失误。

多子女的家庭如此，一个孩子的家庭同样存在父母无意间忽视孩子的问题，浪费的何止是时间？

【案例2】一位妈妈说她五岁多的女儿与爸爸聊天，孩子让爸爸看她叠的小纸船怎么样，爸爸继续看着电视，连转脸看女儿一眼的工夫都没有，而是心不在焉、敷衍了事地回应："嗯，不错。"看见爸爸爱搭不理的样子，女儿感觉爸爸一点也不热情。爸爸这种漠不关心、没有兴趣的样子，让孩子很反感，时间长了，孩子自然就不喜欢与家长聊天了。

杨老师还接待过一个十三岁的女孩子，她是与妈妈一起来我家的。

【案例3】杨玉芬老师："都是孩子的错，不懂事，不听话，不做作业，不学习，成绩差。"妈妈当着女儿和我的面，一句好话都没有。

"你是不是不爱生气？"我问那个女孩。女孩一直笑眯眯地看着妈妈，看起来女孩的脾气还挺好的。

"只要我妈不发脾气，我几乎不生气，但我妈总是没完没了地批评我。"女孩边说边站起来模仿她妈妈说话的样子，"我妈是这样的，要不坐在椅子上，跷着二郎腿，居高临下；要不双手叉着腰，指着我的鼻子，盛气凌人，每当这个时候我就很生气。本来想说的话也不想说了，没有说的兴致了。"

父母与孩子相处的细节，体现着父母对孩子的爱，以及孩子对爱的感受。爱在细节里。

提前思考细节，就不会浪费宝贵的时间。

第三章

高效利用时间的策略

一、追求高效不能急功近利

1. 劳逸结合，不要让孩子的负担太重

做过时间计划表的人都知道，时间计划表不在乎对错，只在乎是否合适。

何为合适？主要看执行人的感受与执行效果。

一张时间计划表里包含多项任务，是否好执行与这些事情的安排顺序有关系。

杨玉芬老师：有一位家长曾问过这样一个问题：儿子在幼儿园大班，时间计划表是她和孩子一起做的。结果发现孩子每天晚上弹完钢琴，很不情愿听英语，非闹着看一会儿电视才行。听完英语也不是很情愿地去阅读，非要踢一会儿球。孩子无法实现从上一件事快速转换到下一件事情，该怎么办？

我：孩子才上幼儿园，每天晚饭后给孩子安排几件事？

家长：弹钢琴，听英语，阅读，锻炼，看电视，一共五件事。

我：嗯，这五件事的时间是怎么分配的？

家长：弹钢琴 30 分钟，听英语 30 分钟，阅读 30 分钟，锻炼 30 分钟，看电视 15 分钟。

我：嗯，这几件事是怎么排序的？

家长：弹完钢琴听英语，听完英语看电视，看完电视后阅读，阅读结束锻炼，然后洗漱睡觉。

我：嗯，孩子无法快速从上一件事转换到下一件事，与这几件事的安排顺序有关。放下钢琴就要听英语，孩子的情绪还沉浸在钢琴的旋律中，心境转不了这么快，专注力越强的孩子，转换的速度有可能越慢，他太投入了，成人也一样，转换需要时间，这是可以理解的。建议调整这几件事

的安排顺序。

家长：怎么安排更合适呢？

我：建议孩子弹完钢琴，先看会儿电视。看完电视听英语。听完英语去锻炼，锻炼结束先洗漱，再上床陪孩子阅读，读完故事睡觉。这样安排动静结合，张弛有度，孩子一般不会排斥的。

家长接受我的建议，她认为调整顺序后，更适合孩子的年龄特点。

与孩子一起做时间规划时，要考虑自家孩子的实际年龄。毕竟是学龄前的孩子，要劳逸结合。

任务安排不合理，确实会影响执行效果。

杨玉芬老师：有一个二年级女生，妈妈帮她制订了每天下午放学后的时间安排。

17:30—18:30 运动，在公园边玩（有时跳绳）边听英文；

18:30—19:00 阅读课外书；

19:00—19:30 吃晚饭；

19:35—20:00 与孩子互动抢答两遍到三遍英语词汇，跟读原版书两遍到三遍；

20:00—21:00 预习、作业、复习、练习写字、玩扑克牌或口算；

21:00—21:30 自主时间，每天基本在厕所阅读，经常能拖到差不多22:00；

21:30—22:00 洗澡上床睡觉，睡觉前孩子还要看几页课外书，有时想多看几页。

妈妈很困惑，孩子每天早上都要睡到 7:20 左右起床，至今还没有养成早睡早起早运动的习惯。

我对这位妈妈说孩子没养成早睡早起的习惯，与睡得晚有一定的关系。

我建议调整顺序，把洗澡放在运动后，回到家先洗澡，夏天运动出汗需要洗澡，冬天运动浑身发热，洗澡不怕冷，饭前洗澡容易控制时间。把阅读调整到睡觉前，集中阅读能解决孩子看不够的问题。

家长愿意接受建议。

2. 理性对待，不要把时间计划表当成紧箍咒

完不成时间规划表里计划的任务，日程往后推，家长焦虑，孩子有挫败感怎么办？

这是非常值得思考的问题，有几点建议供参考：

首先，不能要求孩子100%完成时间计划表中的所有任务。只要家长没有硬性要求，只要家长不批评孩子，孩子就不会有太大的挫败感，毕竟有了计划表，孩子整体效率会提高了，做事的条理性也会提高。

其次，通过指标量化与过程分析，找到时间延迟与完不成任务的真正原因，进行针对性的调整。调整一段时间后，预估时间与实际执行时间之间的差异会越来越小。

执行计划表的时候，使用定时器来体验时间，一旦建立时间观念，预估某项任务所需的时间一般不会差太多。当然，偶尔作业太多，有可能在规定时间内完不成，也是可以提前预估并对时间计划表作出适当调整的。

最后，有可能计划表中所列的任务太多，家长望子成龙，孩子有畏难情绪。不要把时间计划表当成紧箍咒。看到并鼓励孩子做到的部分，日程表的执行率能达到85%以上，就已经很优秀了。

100%执行时间表是不太现实的，因为总有一些小事情是无法在表格中体现的，比如临时有事，喝水，上厕所，换衣服，等车、堵车、找车位，偶尔打盹稍事休息等，千万不要太苛刻，对孩子，对自己都一样，放

下，包容，轻松下来。家长要放平心态，贪多嚼不烂。

初学时间规划，千万不要着急。

从不做计划到学着做计划，是一大进步。

从开始做计划到做出切实可行的计划是一大进步。

从只能执行30%的计划到执行70%的计划是一大进步。

每个人都是这样慢慢成长起来的。即便是非常有经验的成人也很难每次都100%地执行计划，要评估、调整，循序渐进地提升。

举一个简单的例子，某一天，在大饭店吃到海鲜面，感觉味道不错，自己也想试着做出来，即便厨艺不错的人，也很难一次就做到色、香、味俱全，食材、配料、火候、心情等都会影响海鲜面的味道，需要慢慢体会、调整，才能精益求精。

有的父母对计划表的监督过于严格，要求孩子列在表格里的任务必须100%地完成，吓得孩子对时间管理敬而远之。投鼠忌器，得不偿失。

一位初一男孩子的感受：刚开始真的不愿意列计划表。以前都是妈妈给我列的，有些事情完不成，妈妈就会说我，我就很不开心，所以不想列。我觉得列计划表没有用，反正我也不想做。我也觉得列时间计划表非常费时间。我完全凭自己的兴趣干这个干那个，我以为凭兴趣，可以让自己变得更好。结果证明，随性即发并不是一个特别好的方法，因为没有任何计划，就要费时间去想。这个时间是该写作文还是该背英语了，本来以为用1小时就能完成的事，结果用了2小时甚至3小时，没有时间观念，效率比较低，而且我发现，做不好，自己也很焦虑。没有时间表，做事情都是随性而为，你就会发现真的很迷茫，有时想不起来要做什么事情，有时就算想起来了，也可能随便做一做。即便对有兴趣的事，因为没有计划，有时可能就做 10 分钟，有时可能会做 1 个小时，时间很不稳定，毫无规律可言。这就有可能造成基础不扎实，效率也不高。比如我上小提琴课，过去没做时间计划表，经常没有时间练小提琴，有时到周日才练，有时候到上小提琴课之前都不练。自从有时间计划表以后，一目了然，很清晰。有了时间计划表以后，晚上进行评估，占用 10 分钟到 20 分钟，花费的时间并不是特别多，效率非常高。我现在很依赖时间计划表。

这是他的亲身经历，语言特别质朴，感受特别真实。

孩子从不想列时间计划表，到现在非常依赖时间计划表。

为什么过去不愿意列计划表？因为妈妈要求太高了，如果计划表上列的任务完不成，妈妈就会批评他，他很不开心。尝不到甜头，当然不愿意列计划表，而且还认为做计划表就是浪费时间。

为什么现在依赖计划表？因为看到计划表就知道每个时间段能干什么，做事效率高多了。没有计划表，会随性而为，浪费时间，焦虑迷茫，效率低下。

所以家长不要盯得太紧了，也不必强制孩子完成计划表的任务，不切实际地要求只会导致孩子排斥做时间规划。

要理性看待时间计划表。

提醒作用：看到时间计划表，就知道一天之内什么时间点该做哪件事，有必须做的事，也有想做的事。也知道做每件事大致需要用多长时间。

区别对待：周末、假期与上学日要有区别，比如上学日，有些孩子每天睡 8 小时不够，周末假期可以睡到 8.5 小时，甚至 9 小时。上学日没有时间旅游，周末可安排周边游，假期应该安排国内外旅游。

灵活执行：做计划的时候，每件事的时间是估算出来的，是固定的，执行计划的时候很难做到 100%。比如原计划上午 9:00 到 10:00 用一小时写数学作业，10:00，时间到了，却还有一道题没做完，怎么办？我强烈建议把最后一道题做完，再开始执行下一项任务。

理性评估：评估效果是为更好地了解执行过程，找到做不到和做不好的原因。执行时间计划表，能达到85分以上就非常优秀了，没有必要追求完美。小学生考试，考98分不行要考100分，一次考100分不行，希望次次考100分。确实有家长质疑过"不按计划表执行，那制订计划表还有什么意义"？类似的"零和思维"是培养孩子的大忌。

多鼓励孩子，看到并夸奖孩子做到的地方，不以挑剔的眼光看孩子做不到的地方。赏识和激励才会帮孩子越做越好。

家长应转变观念，被紧盯的孩子也许能100%地执行一个月，两个月，如果突然某一天，孩子被盯烦了，不再按计划表做事，甚至不列计划表了，则可能前功尽弃。被紧盯的孩子就像被拧得过紧的发条，拧得过紧的发条会断，承受过大压力的心灵会崩溃。

很多看起来很简单的事，做起来真的不容易。

有一位妈妈分享她的体验：跟着孩子学会了时间计划管理，现在每天工作都会有今日工作计划清单，然后完成一项勾一项，这种貌似"小儿科"的工作方式非常奏效，每日效率都杠杠地，今日有十一项内容，总共进行了十一项，其中，彻底完成的有六项，未完成还需深入做的有四项，今天怎么着也完不成的有一项，因为这项任务关联其他人的共同协作。执行计划表的过程体验了孩子的不易，孩子不能彻底地按计划完成任务，原来中间有这么多具体的因素……

这位妈妈的分享非常有价值，很多事情远观貌似容易，但亲身体验才会品味其中的辛苦。

我们需要客观看待时间计划表的作用，力劝家长千万不要把时间计划表当成束缚孩子的紧箍咒，而应将其当作孩子高效做事的GPS。

　　计划表把无绪的事情条理化，应赋能孩子，而非束缚孩子。

3. 引导孩子做自己的计划表

　　不少家长抱怨孩子的计划表执行得不好，连一半的任务都完成不了。也有不少家长抱怨孩子根本不执行计划表。

　　与家长沟通后，发现两种情况：

　　第一种情况，家长根本不与孩子商量，直接替孩子做计划表。

　　杨玉芬老师：孩子上五年级，妈妈把孩子的时间计划表发给我，问我是否合适。

　　我看了，上学日和周末都安排得非常满，除了上课，有英语辅导班，有两项艺术、四项运动，没有阅读。

　　我：这是你儿子自己做的计划表？

　　孩子妈：不是。

　　我：你儿子看过吗？

　　孩子妈：看过。

　　我：你儿子是什么态度？

　　孩子妈：当时就很生气，一边把计划表摔在地上，一边说"我都没有时间玩了"。

　　第二种情况，表面看是孩子做计划，实际上孩子不得不按家长的意愿写计划。

　　杨玉芬老师：有一位妈妈对我说：儿子上初三，也愿意列计划表，但从上一个要做的事转换到下一个要做的事，中间会耽搁十几分钟，甚至半小时，看到时间被白白浪费掉，我很心痛。孩子好像不能很好地执行计划。

我：这个问题非常有代表性。孩子是偶尔不能很好地执行计划还是经常不能很好地执行计划？

孩子妈：经常不能很好地执行计划。

我：请问这个计划表是孩子自己做的还是按照你们的要求做的？

孩子妈：基本上是按照我们的要求做的。

我：嗯，请问您孩子喜欢打游戏吗？

孩子妈：喜欢打游戏啊。

我：您允许孩子打游戏吗？

孩子妈：当然不允许。他的成绩不太好，给他报了好几个课外辅导班，数学、英语、写作都报了班，做完学校作业，还要做辅导班的作业，时间非常紧张，根本没有时间打游戏。

我：我已经理解到孩子不能很好执行计划的原因了。孩子想做的事你们不让做，你们想让孩子做的事孩子不想做。

在上述两种情况中，时间规划并非根据孩子的实际情况制订的，而是家长的一厢情愿，要么超出孩子的实际水平，孩子有畏难情绪；要么全是家长自己想做的事，并不是孩子想做的事。

这两种情况，孩子不仅不能很好地执行计划表，而且容易排斥，家长因生气与孩子争吵。有的家长说自己是更年期遇上青春期，母不慈子不孝。替孩子做时间计划表，是比较忌讳的。

计划表是孩子的计划表，不是家长的计划表。如果孩子按照家长的要求做计划表，孩子执行计划表的积极性会大打折扣，做计划表很容易流于形式，把计划当成摆设。若家长抱怨孩子没按计划表做事，孩子完全有理由反驳，计划表里列的是你的事不是我的事，我该做的事做完了，学校作业写完了啊。

家长如何引导孩子制订计划表呢？

学校停课的这一天，一位妈妈是这样引导孩子做时间规划的：吃早点的时候，妈妈和孩子聊时间安排。

妈妈：今天不上课。从 8:00 到 20:00，一共几个小时？

孩子：12 小时。

妈妈：这 12 小时，按照杨老师的算法，你准备怎么安排？

孩子：想去朋友家玩。

妈妈：好！如果这 12 小时有必须做的事情，和想要做的事情，去朋友家玩属于哪一类？

孩子：属于想要做的。

吃完早饭后 8:30，妈妈和孩子一起坐下来，细化时间表。

第一步，先明确今天必须做的事情，是老师留的作业，大类有语数英三科。

第二步，预估每项作业需要的时间，语文 1.5 小时；数学 1 小时；英文 30 分钟。

第三步，列表：

9:00—10:30，语文时间。

11:00—12:00，数学时间。

13:00—13:30，英文时间。

语文作业包括查资料、思考、写 600 字作文，孩子在预估的时间内全部完成了。

妈妈问孩子的感觉如何。

孩子说非常好。

妈妈回顾刚开始预估时间时，孩子很为难，还说："600 字至少要写两天呢！太难了！"

妈妈说真正静下心来陪孩子完成这个动作，自己也很有收获，孩子的信心也增强了。

4. 计划表中不要缺项，德智体美劳五育并举

每天要做的事，不只是学习，还包括阅读写作、运动、兴趣爱好、社会实践或家务劳动等。

不少孩子刚开始学做计划表的时候，列入表内的几乎全是与学习相关的。

杨玉芬老师：夏令营期间，曾看过一份这样的时间计划表，除了学校课程，每天都要参加语、数、英三门主课的补习班。计划表中没有阅读、没有锻炼、没有做家务的时间。

我问家长为什么表格里全是文化课的学习计划。

家长说没办法，已经上初中了，不参加课外补习班不行，别的孩子都参加，我女儿不参加怎么行？

时间计划表中容易缺项的包括艺术、阅读、体育运动、社会实践或者家务，甚至还有压缩睡眠时间的。根据我的经验以及相当一部分成人的生活境遇，艺术、阅读、运动、做家务、充足的睡眠比学习知识本身重要得多。

很多家长过分强调学习，而忽视生活，实际上，艺术创作、广泛阅读、体育运动、做家务做公益的过程与知识学习是融为一体的。

学艺术的孩子往往听力敏锐，有助于学外语。

阅读、演讲与写作，如果以艺术、运动、家务为主题，会更生动。

运动后，大脑更清醒。

艺术创作后，身心愉悦，做作业的效率更高。

做饭包含很多物理、化学与数学的知识。为什么烹饪温度对饭菜的口

感有影响？放在水里的糖粒、盐粒为什么看不见了？

制订时间计划表，不要缺项，时间计划表不只是学习的工具，而是体现德、智、体、美、劳共同发展的规划，也是培养良好生活习惯的小助手。

5. 智慧取舍，有所为有所不为

鼓励孩子在自己感兴趣的事情上多花一些时间，找到热爱，发展长板。

德、智、体、美、劳需要同步发展，需要平衡精力，不必平均分配时间，要有所为有所不为，学会取舍。

大胆鼓励并支持孩子从事其所喜欢，追求其所热爱。

日积月累，热爱可能成为孩子的特长。

如何理解短板理论和长板理论呢？

站在孩子个体考试的角度，讨论短板理论也许更有意义。

以高考为例，高考时能不能考出好成绩取决于各科的分数，各科的分数就是木桶的各个拼板。如果某一科的分数太低，即使其他科目的分数都比较高，也会影响总成绩。我家的一位长辈当年考大学，语文成绩比第一名男同学的语文成绩低30多分，其他几科成绩都差不多，结果这位男同学被北大录取了，长辈被矿大录取了。

站在未来孩子与团队合作的角度，讨论长板理论也许更有意义。

有个计算机专业毕业的硕士，擅长编程，不善于沟通，在软件公司，他只需要发挥编程方面的专业优势即可，至于他的短板，即沟通能力，可以由开拓市场和对外联络的专业人士予以补充。

长板理论和短板理论相辅相成：短板理论是策略型思维，目光向内，更多站在个体角度；长板理论是战略型思维，目光向外，更多站在整体角度，讲究合作共赢。

是按照短板理论培养全面发展的孩子，还是按照长板理论培养有某项特长的孩子，取决于家长的认知。

如果孩子特别喜欢美食，喜欢烹饪，他的成长路径是多元的。

第一，他可以按照自己的兴趣读相关的大学、读硕士博士，毕业后专门研究食品安全、食品营养方面的课题。法国蓝带厨艺学院和美国厨艺学院的毕业生，有当作家的，有当主持人的，有到白宫当厨师的——既做喜欢的事，又能实现价值，何乐而不为呢？

第二，可以不上大学，直接到职业学校或专业培训机构参加厨艺培训，拿到餐饮行业的资格证书，喜欢做菜就当厨师，喜欢面食当面点师等。有一位家庭条件不错的高中生告诉妈妈，他想学习西餐拼盘，成为一名杰出的厨师，不想上大学。虽然起初全家人反对，但是孩子的热爱与坚持最终感动了父母，感动了家人。孩子在上海蓝带培训机构接受9个多月的实训后，很容易就找到第一份工作，坚持做了3年后，为了照顾母亲，不得不回老家，同样很容易找到一家不错的高档餐馆。他说自己对西餐确实感兴趣，拿手菜是各式的肉菜和沙拉。他很感激家人的支持以及我们对他的肯定。

第三，无论是否大学毕业，完全可以凭借自己对厨艺的喜爱开连锁餐馆。有姐弟两人到澳大利亚留学期间，离开学校，转行做真正的中国美食，炒菜不用人，用机器，菜品有特色，味道可口，价格适中，天天顾客盈门。我在耶鲁的一位校友也在留学过程中找到了自己对餐饮的热爱和纽黑文当地市场的机遇，至今已当起多家中餐馆的老板，生意红红火火。

第四，可以做有机农业，养殖种植，我的一个朋友博士毕业后不再搞原来的专业，到北京郊区租几亩地，盖大棚，种植蔬菜，一年四季，给会员配送清洗好的有机蔬菜，生意兴隆，自由自在，小日子过得非常惬意。

第五，可以开办公司。有一天我在东莞一栋办公楼参观，无意中看到一家餐饮集团，他们的口号是"安全健康，真诚服务，开放共享"，2009年成立公司，现在承包学校或公司的食堂，日收入七位数。

第六，可以从事其他行业，纯粹把烹饪当作业余爱好，在繁忙的工作之余，偶尔下厨做几个小菜犒劳自己，犒劳家人，调剂生活，也是不错的选择。

在未来快速变化的社会，任何人要想不可替代，不仅需要最基本的适应能力、沟通能力、抗挫能力、学习能力，还要有核心竞争力，让自己的某块长板更长。我看过一个报道，上海某宾馆面点师制作的核桃酥，外形、大小、色泽做得跟真核桃一样，外皮咬破之后，里边是又香又酥的核桃仁馅，一吃难忘。经过二十多年的不断改良，这款核桃酥已经成为我国点心的形象代言人，经常出现在招待外国政要的国宴菜单上。

我结识过初中毕业立志要做美容师的女孩，也结识过高中毕业不愿意上大学立志做美发师的女孩，因为热爱，有自己的实体店，同样能实现自己的价值。

把眼光放长远一些，把思维放广阔一些，孩子小时候看起来不那么起眼的兴趣爱好，只要持久投入热情，有可能成为一生至爱的事业。

大胆鼓励并支持孩子多花时间做自己喜欢的事，保护孩子良好的感受和热情，否则家长的短视有可能阻碍孩子优势项目的发展。

山下英子说：断舍离，让空间重现光彩，让时间更有余裕，让生命更有意义。

一位妈妈说，我不是"超人"，关键的联盟是爸爸。孩子爸管生活、管时事政治，我管孩子学习和卫生打理。家里没有老人帮忙，两人合作分工各尽其责。工作一天回来要满面春风地迎接娃，你说不累那是假的，尤其是有二娃的家庭。如果自己觉得累那就需要"思考"，这说明我们的统筹计划还有进步的空间。当我们忙得不可开交的时候，反而要停下来审视，是否真需要这么忙？是否需要理一理？是否需要舍弃些原本也不属于我们的东西？当我们这样去实践时，会惊讶地发现，原来还是可以轻松点的。

这是我对有所为、有所不为的理解。

另一位家长写道：孩子上幼儿园，学习时间管理课程之前，孩子的课后时间没有安排。基本就是和小伙伴玩耍，嬉戏，打闹。晚上睡得迟，早上起不来，吃饭靠强塞，洗漱靠分贝，所有一切都让我力不从心。听到杨老师的时间管理课程，我带着孩子开始刻意规划时间。早睡早起，高效快乐地运动。放学后不再留出与小伙伴玩耍的时间，回到家主要是家庭教育和亲子陪伴时间。

到家第一件事，孩子力所能及地帮我准备晚饭，洗菜、择菜、切菜、打鸡蛋等，能做啥做啥。

饭菜上桌前孩子已经收拾好桌椅。

晚饭后，以游戏的方式跟孩子玩纸牌，讲故事，或认字母。

我注意借鉴杨老师的经验，提前洗漱，确保孩子睡前 2 小时不再进食，减少肠胃负担，睡觉更踏实。20:30 陪孩子在床上摔跤，打拳，读书，做任何他想做的事。21:00 熄灯。一般 21:30 前就睡着了。第二天早上 6:30—7:00 孩子自然醒，没有起床气，我也毫无压力。

上学日和周末的时间安排肯定不一样，周末就是玩儿，群体大运动，娱乐放松，亲近自然。

执行时间表，也是取舍的过程，什么都想做，都想要，结果什么也得不到。通过时间管理学会取舍。学会取舍是一项重要能力。

这是我对有所为、有所不为的理解。

6. 留白，允许孩子有一定的自由

与孩子商量，引导孩子做计划表的时候，先列孩子每天必须做的事，上课、做作业、阅读、运动、画画、做家务等，也把孩子想做的事情列出来，听听音乐，看看电视，翻翻平时被限制又没有时间阅读的书籍，甚至打打游戏，会会小朋友，养养宠物。要允许孩子有适当放松的时间，比如非周末每天有半小时自由支配的时间，周末至少给孩子半天的自由时间。孩子在自由的时间内安排自己喜欢的事，如鱼得水般悠闲自在！

有一名初二女生，喜欢逛街，纯粹就是瞎逛。以前妈妈认为逛街浪费时间，影响学习，不允许孩子逛街，孩子的时间全被占用了，成绩一直也没上去。我劝妈妈改变观念，不仅允许女儿逛街，还陪着女儿一起逛街。事实证明，孩子逛街并没有影响学习，做作业的速度反而比以前快了一些，还能在紧张的学习之余，增加一项艺术类的爱好，精神状态也有了极大的改观。

有一名高二男生，成绩一直挺好的，平日住校，只有周六比较宽松，想利用上午打游戏，但妈妈不允许他玩游戏。孩子和家长都郁闷，我劝母子俩商量具体条款。妈妈提出只要孩子的成绩排名在全校二十名以内，就能玩游戏。孩子愉快地答应了，心情得到放松后，玩也玩得专心，学也学得专心，成绩稳居年级前五，当年北京高考成绩 670 分，远超妈妈的预期。

有一个家长的分享是最好的证明：最近，我行为上懒了很多，从关心儿子成绩到淡化成绩再到关注儿子这个人本身，发生了很多变化，这个变化恰恰是我之前一直日思夜想的解决方案。关于手机，之前没收儿子手机两年多，冬令营后交还给儿子，让他自己处理，放开管制，儿子反而更自律，完全不用我惦记。孩子自己管理手机，不抱怨不埋怨，反而有时顾不上玩。有时我提醒他好久没玩游戏了，孩子反倒说现在没空玩，以后再说。

留白，即允许孩子做自己喜欢的事，时间长短可以商量，可以讨价还价，其中包含着对孩子兴趣的尊重。孩子能与家长讨论包含着家长与孩子人格的平等。被尊重、被平等对待，孩子的内心是温暖的，内心温暖的孩子是自信的，自信是产生自驱力的前提，有自由的孩子自然而然就没有动机去拖延，做计划表和执行计划表的积极性都能相应地提高。

每个孩子都是自带能量的小宇宙。

家长真正地放下，做好自己的角色，给孩子赋权，家长的角色到位了，孩子才能把孩子的角色做到位。适当给孩子自由和自主管理的空间，才能培养孩子管理好自己的时间的能力，只有这样才能成就孩子。

7. 重视每日规划与目标的关系

前面分享的内容都是围绕日计划展开的。

任何远大的目标，宏伟的梦想，都是日积月累的结果。

不积跬步，无以至千里；

不积小流，无以成江海。

完成每日计划，贡献于小目标，完成小目标贡献于阶段性目标，完成阶段性目标贡献于身心健康这个长远目标。

先要明确目标，任何目标都是通过日计划一点一点完成的。

杨玉芬老师：有一位高三学生喜欢玩游戏，希望大学毕业后做游戏设计师，延伸自己的兴趣，策划设计出健康有品位的游戏，让更多的孩子和成人受益——而非受害于——游戏。但他妈妈认为他不可能成为游戏设计师。

他很郁闷。

了解情况后，我首先夸奖他有很强的社会责任感，并坚定地告诉他，只要他想成为游戏设计师，他就能成为游戏设计师。

他不解地看着我。

我是这样帮他分析与分解目标的：

第一，对现在玩的游戏，要认真思考其哪些方面最有吸引力，猜测游戏设计者的意图有哪些，调查了解排名前十的游戏产品的设计人是谁，哪些题材的游戏产品受众比例更高，了解排名前十的游戏制作公司有哪些。

第二，高三还有最后一个学期，先分析各科的具体情况，列出各科的学习目标，落实到每天的行动中，列每日计划表，有序高效，努力学习，努力完成高考，为选择一所自己想去的大学做准备。不留遗憾。

第三，大学期间，修两个与设计有关的专业，比如心理学与工艺设计。

第四，建议大学毕业先出国留学或游学，尽可能了解整个游戏市场。假设大学毕业先到游戏公司工作，要求在设计部门工作，了解游戏产品的设计流程和设计步骤，一款游戏是怎么从想法变成产品的？涉及多少程序？多少部门？有多少人参与？投资多少？产品定价多少？销售价格多少？利润空间多大？说服老板投资要有项目预算说明书，明确技术与经济两方面的可行性。作为公司某个部门需要预算说明书，找投资者拉赞助或单独成立公司，同样需要预算说明书。说服投资人投钱，仅仅凭空想象是不行的，要明确地说明项目的优势与利润空间。

第五，每日工作，认真观察，认真琢磨，认真记录，好记性不如烂笔头。还要谦虚，多请教，要耐得住寂寞，不能着急，做有心人。把每一天做好，积累八年十年，你一定能成为一位优秀的游戏设计师。

这样分析下来，孩子点头赞同，对未来产生了信心。

然后，我建议他开始做时间规划，完成高考目标，为了高考能出好成绩，有机会选择一所包含自己满意专业的学校，确定各科复习方案，每天的时间安排要有所侧重，有针对性，高考前要努力减少玩手机的时间，日程表中列出来的事情都是具体的、可执行的具体小目标。

孩子的教育像一场马拉松长跑。从孩子出生到上大学前，不考虑少年大学生，这场马拉松大约要历经五个阶段、18 年、216 个月、6570 天、157680 小时。每个成长阶段各有侧重，婴儿期重点培养生理适应与身体协调能力；幼儿期进行早教，培养阅读能力，建立数感，养成规则意识等；小学阶段养成学习习惯与自主管理能力；初中阶段提高沟通能力、交友能力和积极思维能力；高中阶段注重发展热爱，培养自主选择能力与社会适应能力等。

孩子处于不同的年龄段，阶段目标不同，围绕阶段目标细化每日计划，把每天做好，每一天都是踏踏实实的，就能成为掌握时间的主人。

"日计划是长期目标的细化，任何宏伟的远大梦想，都要落实在每秒每分去执行，只有踏实做好每一天，专心做好每天该做的事，每一天才是快乐的。"这是一位学员的感受与感悟，是不是很好？很多人想要这种感觉，只要把每天的任务和时间安排好，按部就班地执行，就有这种感觉。

有这种感觉，心情就好。

心情好最重要，这是专心做事的基础。

做事专心才能高效，积累的经验越来越多，会加快实现梦想的速度。孩子如此，成人也如此。

二、追求高效的价值与意义

1. 把无序的事情有序化，拉长时间

【案例1】时间不够用的高一女生

有一天吃过晚饭，我们三人在清华校园散步，散步是我家的习惯，边走边聊。我当时上高一第一学期，物理老师认为我文理科水平相对均衡，不存在偏科，根据最近几年清华附中参赛的情况，老师建议我参加北京市中学生科技创新比赛，如果参赛题目选得合适，多花点功夫，做得细一点，很有希望获得较好的成绩。这样一来，就没有必要花费太多时间，投入太多的精力，准备数理化等单科竞赛了。科技创新比赛一等奖与数理化单科竞赛一等奖的分量是一样的，都可以获得保送进入北京大学或清华大学的资格。我征求父母的意见，要不要在本学期末参与并确定科技创新研

究课题，这是第一件事。

第二件事，语文、数学、英语会考还有不到两个月，会考成绩达不到A，会影响将来考大学。

第三件事，附中学生会正在准备两年一次的换届改选，号召全校高一、高二年级以及初一、初二年级的学生报名参加学生会的竞选，职位有主席、副主席，以及各部部长，全部选举在一周内完成。班主任鼓励我报名参加副主席竞选。参加竞选就要花时间准备竞选材料。

三件事突然搅在一起，我当时觉得有些手足无措，感觉时间不够用了。父母为了平复我的情绪，先对三件事及其时间进行认真梳理。

第一件事，科技创新课题，本学期末确定研究方向。

第二件事，三门课的会考，差不多有两个月的时间去准备。

第三件事，学生会竞选，下周内完成。

从时间上分析，三件事，互不冲突，父母建议我先集中精力竞选，再集中精力会考，最后再集中精力确定科技创新课题。

理清思路后，再分析重要性，帮助我下决心。

会考是必然要参加的，无须讨论。

剩下的就是科技创新与换届选举两件事。我说要么放弃科技创新比赛，集中精力参加学生会换届竞选；要么放弃学生会竞选，转而集中精力参加科技创新比赛。可是，这两个活动我都觉得非常好，都不想放弃，但又担心自己的精力忙不过来，如果是这样，就有可能两项活动都搞不好。我实在拿不定主意，于是就有了下面的对话。

妈妈：你们学校有没有规定，这两项活动只准参加其中的一项？

女儿：没有。

妈妈：既然这样，我觉得你两项活动都可以参加，二者兼顾。

女儿：可是，两项活动都参加，我担心忙不过来。

妈妈：嗯，我是这样考虑的，首先两件事的申请时间不冲突。其次，两件事各有收获，互为补充。若参加学生会竞选能赢得副主席的职位（学生会主席的职位限定由高二学生担任），那就获得了锻炼组织能力以及与同学们打交道能力的机会；参加科技创新比赛锻炼和培养的是科学素养，要求有严谨的科研作风、了解研究过程并从中发现规律。这两项活动是各有侧重的。作为高中生，你以后会发现学生会的工作并不十分忙，占用的时间不会太多；参加科技创新活动，占用的时间也是有限的，但你能获得良好的锻炼，扩大知识面、开阔眼界。

女儿：如果是这样，我觉得心里有点底了。

爸爸：你妈说得有道理。这两项活动，一个重在培养组织能力，一个重在扩大知识面。学生会的工作主要是竞选准备阶段忙一点，如果竞选成功，以后面对的主要是日常的事务性工作。包括每年组织一些比较大的活动，这些事务性的工作主要由各个部门承担，不可能所有的工作都由两位主席亲自去做。至于那些大的活动，肯定有指导教师，还有学校团委的老师，学生会主席的工作压力并没有你想象的那么大。假如竞选不成功，你就安心回过头来准备科技创新比赛，这个活动可能持续的时间要长一些，要想做好，就要像你们老师说的那样，先选好题目，再想办法做得细一些、精一些，这样才有希望获得好成绩。

妈妈：我和你爸建议两个活动都参加。我们相信你有能力迎接这种挑战，先报名，试试再说。

女儿：好吧。

通过精心的准备，我如愿竞选成为附中学生会副主席，一年后接任主席。在长达三轮的竞选过程中，我的得分一直都比较高，在场的评委，包括主管学生工作的老师和学校领导都对我的表现给予了充分肯定。此外，在物理老师的指点下，我与本班的另一个女同学合作，选择"人工栽培的草坪草与野生草的比较"作为参加北京市科技创新比赛的研究课题。

结果表明，我兼顾参加的三项活动并没有受到影响，三门会考成绩全是 A。通过一年多的努力，科技创新获得北京市一等奖。高一担任学生会副主席，高二担任学生会主席。

科技创新活动与学生会主席，都对我申请耶鲁大学和哈佛大学有极大的帮助，缺少任何一项都有可能影响申请结果。

高二寒假前到高三寒假前，一年时间内，每天除了正常上课、负责学生会工作、做科技创新项目以外，出国申请材料全部是我一个人独自完成的。不知道有多少个晚上，要工作到凌晨 2:00 才休息，第二天照常去学校上课。

我的经历证明了会规划时间，时间似乎是有弹性的，一天能做两天的事。不会规划，时间是刚性的，一天只有 24 小时。

【案例 2】我在美国纽约市教书的七年，结识了不少学生，至今跟我保持联系。

其中有两个学生，大学毕业以后先后来到清华大学苏世民书院（Schwarzman College）进修硕士学位，我每次在北京都跟他们见面，感觉特别亲切。师生变老友，是特别幸福的事。

这两名学生都是纽约市的犹太家庭出身，一直勤奋、努力。他们上高中的时候，时间安排很紧凑，有时早上四五点就要起床进行运动训练，8 点前到学校上课，中午有时吃从家里带的三明治匆匆垫饱肚子（虽然学校的食堂也不用额外付钱，但他们不总是有时间吃午饭，有的排课组合会导致中午只有 20—30 分钟的午餐时间）；上完一天的课以后，要做课外活动，或者从事更多的运动训练，晚上差不多 7 点才能回到家；然后要做一天的作业，平均每年学五门学术课程就是每天 4—5 个小时的作业。

全世界的高中生都很"卷"。

这也说明，在人人都有限的时间里，如果想做得更好，只能提高效率。

【案例3】经常为自己没有时间学习而烦恼的家长

这位家长自称学习时间管理课程后，学会挤时间了，充分挖掘碎片化的时间，比如吃饭、洗澡、做家务、上下班的路上。这个时间可以听家教类的课程。突然感觉时间多了，原来没有时间学习，现在觉得可以学的内容太多了，要不断找好课程来听。

【案例4】总说自己没有时间的家长

这位家长努力在"碎片里"寻找时间，摸索中改进、调整，在杨老师教大方向的时间管理之后，真的能见缝插针地挤出时间，把吃饭时间、路上的时间用上了。上学放学路上、地铁里帮助孩子学单词，把零碎时间用起来，积少成多。

2. 把无形的思考变成条理化的表格，提升效率

每年秋季我会跟学校的高三学生做一对一模拟面试，帮助学生准备跟大学招生官的真实面试。我会给学生提出如下这个建议：

去心仪大学的网站上了解清楚大学的课程设置和毕业要求，然后规划出他们大学时期每年的课表，列在一张纸上，在面试的时候拿给招生官看。

这样做不仅能体现学生对心仪大学的重视和了解，也能体现学生对自己的目标和规划。除了课程以外，他们还可以列出他们准备在大学中参加的社团、交换项目等。在这个过程中，他们需要提前了解大学的课程、教授、专业要求、学分要求、课外活动设置等方方面面的信息，列出的课程

表不仅是一个简单的时间规划，而是能体现学生综合能力的升学规划。面试的时候出示这份规划，不仅可以有效地证明学生对大学的强烈向往，也有助于他们现场跟面试官交流相关问题，提高面试的成功率，也让面试对参与双方都更有意义。

很多人习惯把一天要做的事情装在脑子里，而不习惯用笔写下来或者用电脑打印出来。每做完一件事，必然要停下来思考下一件要做的事，脑子容易乱，心情也会烦，因为烦躁，无法把精力集中于要务，所以效率显得不高，不知不觉间浪费了不少时间。

做完一件事再想下一件事属于分散性思考，缺乏规划。规划需要集中思考，即头天晚上留出一些时间，按照事情的轻重缓急、主次关系，梳理第二天要做的事情，哪些该做，哪些可以不做，先做什么后做什么，应该在什么时间点做什么以及做多长时间，再按照从早到晚的顺序排列，把头脑中的想法，变成可视的文字，电脑上有多种"日历"产品可供使用。好记性不如烂笔头，这样制订的计划表，把脑子中无序的事情变得有序，容易执行，做事的速度快了，感觉时间多了。

下面是学生的反馈：

初一男生：时间计划表帮我们规划每个时间段能干什么，然后评估每件事自己做得怎么样，以便我们调整第二天的规划。自从学会做时间管理后，按日程表做事，每天都能节省一些时间，原来没有时间玩游戏，现在每天都有时间玩一会儿游戏了。

初二男生：没学会管理时间之前，每天都有做不完的作业，更别提运动了。学会时间管理后，既能完成作业，还有半小时到楼下踢球，感觉很放松。

下面是家长的反馈：

第一位学员：即便只是列任务清单，不分配时间，做事效率也能提高一大截。

第二位学员：每天边跑步边听课程，统筹安排时间，省出时间陪孩子。

第三位学员：按照杨老师的方法，指导孩子把定时器用起来，执行效果明显提高了。

第四位学员：远在他乡，不仅要经营自己的公司，还照顾四个不上学的孩子，借助任务清单，合理安排四个孩子的时间，实现了让孩子们高效学习和生活的目的。

第五位学员：学习时间管理课程后，自己先掌握时间管理方法，孩子爸爸也跟着学习实践。有一次家庭会议，得到先生的大夸特夸，还说他从此不再需要加班了。孩子也有更多时间玩了。我自己也有时间陪孩子玩了。一家三口在有限的时间内做事的效率都提高了。

第六位学员：分享了使用时间计划表后生活和工作的改变。

第一，每天心情更好，不会脑子一片糨糊。既忙着追求事业又可以高效陪伴孩子，以前没有制订计划的习惯，只是简单写下当天要做的几件事，没有列出什么时间做，时间把握不好，还会时不时刷一会儿手机，浪费很多时间，效率很低。有计划表后不需要记忆，照着计划表做就可以了，没有压力。

第二，当计划赶不上变化时，遵循计划。因为计划中不包括同事闲聊的时间，也不包括老板不定时找谈话的时间。若中途被打断，交流结束后，若在计划时间内，就继续做当前的任务，不会去看手机。

第三，根据任务执行情况调整计划。执行计划后，发现以前自我感觉太良好，比如原以为10分钟可以看10页书，但实际上只能看3页书。所以需要复盘调整计划。

第四，保持重要不紧急的事情（运动、阅读等）每天都坚持做。因为坚持，每天都感觉离自己的长期目标近了一点，内心很笃定。没做时间计划表以前会有得过且过的心态，总会找借口。

第五，实现家庭和事业的平衡。因为有序，效率高，就不会把工作带回家，就不会焦虑，心情好就能更好地管控情绪，形成正反馈，陪孩子游戏更投入，亲子关系也变好了。

第六，腾出时间思考琢磨怎么无痕地带"孩子"玩，提高孩子的各项技能，包括阅读写作演讲、锻炼运动、家务社会实践、艺术、学习方法五个方面全面发展。

这位学员的分享特别让人感动，也特别惊叹时间计划表的神奇作用。因为她的分享，激发了其他家长的热情，很多人表态要做时间计划表了。

3. 轻重缓急排序，先做该做的再做想做的事

每人每天都要面对大大小小、各种各样的事情，然而事情有轻重缓急之分。

重要紧急的立即处理，比如孩子有情绪，比如孩子生病，比如家里突然有客人来访等。孩子有情绪时，对他们伤害最深的就是忽视。

重要不紧急的事坚持天天做，比如运动、阅读、睡眠、家务都是重要不紧急的，但必须坚持天天做。我喜欢阅读，一天不读书，就感觉很寂寞。母亲以前会经常告诉我每天有很多事，不可能只读书，别忘了每天运动，别忘了每天都要坚持早睡早起睡足睡好。

不重要紧急、不重要不紧急的事情抽空做。如果实在没有时间，先把不重要不紧急的事情放下，紧急不重要的事情视情况而定，学会抓大放小。短时间内看不出差别，一两年，两三年，四五年就会有成果显示出来。如果天天忙于应付不重要的事情，十年八年也是很难出成果的。孩子小时候，陪伴孩子比做家务重要多了。与其用三四个小时做一顿花样繁多

的饭菜，不如花一小时做饭，剩下两三个小时带孩子到室外走走跑跑，晒晒太阳。

按照事情的轻重缓急，做时间规划，列出来，有序执行。

轻重缓急，特别重要。谁的轻重缓急，更重要。

家长说孩子学习重要，做作业重要，从而限制孩子锻炼，限制孩子交朋友，限制孩子读闲书，从早上起床到晚上睡觉，除上学以外的时间，全部逼着孩子做作业，做完学校作业，再做家长作业。有一个男孩子按照父母的要求，只能学习，小学时成绩还挺好的，到了初中，成绩一降再降，初三竟然辍学了。

有一位家长要求孩子必须先做完作业才能玩，做作业比玩更重要，孩子也知道做作业重要，也明白作业是分内的事，非做不可。但偶尔就希望先下楼玩一会儿，再做作业，这个时候，孩子认为玩比做作业重要。当孩子要下去玩的时候，一是接纳孩子想玩的感受，二是可以和孩子商量准备玩多长时间，并明确告诉孩子妈妈会提前10分钟下楼找他，然后回来做作业。只要家长态度平和，孩子愿意听家长的。父母允许孩子玩以后，孩子会心情愉快，做作业时更专心。不仅孩子的时间管理水平会提高，而且做作业的速度会加快。

4. 做时间规划能缓解焦虑

时间计划表中清清楚楚写着一天要完成的事情，一目了然，条理清晰。有序做事，从从容容，脑子不乱，心情不烦。

不少家长学习时间管理课程并实施后，真诚地向杨老师反馈，时间管理课程极大地缓解了他们的情绪，这是我们最想听到的，却是我们没有预料到的。

第一位学员：学了杨老师的时间管理课程，先在自己身上落实，把自己的时间管理好，改变自己懒散、无序的状态。这段时间坚持每天计时做事，有了紧凑感，心中是欢喜的，做任何家中的杂事，只要计时器嘀嗒声一响，就能够警醒自己集中注意力。其实管理的不仅是时间，还有自己一颗随意散乱的心。

第二位学员：学会规划时间后，时间完全在自己的掌控之中，特别从容，情绪平和，甚至喜悦。不再焦虑，心情越来越平静，越来越喜悦。评估执行过程用心程度高达9.8分，这是没进行时间管理前每天都想要的状态，做了时间管理，很容易达到专心做事的程度。因为专心做事，质量提高了，按满分10分算，给自己打分9分，效果与预期的一样好，棒棒的！

第三位学员：两个孩子年龄相差20个月，坚持做时间计划，家务仍然很多，却不像原来那么焦虑了。

第四位学员：有计划表不需要反复考虑，也不需要记忆，照着计划表做就可以了，没有压力，工作效率高了，不会把工作带回家，就不会焦虑，心情好就能更好地管控自己的情绪，形成正反馈，陪孩子游戏也更投入，提高了亲子关系，既忙着追求事业又可以高效陪伴孩子，从而实现家庭和事业的平衡。

第五位学员：自己原来非常焦虑，脾气也不好，经常吼孩子，与老公吵架，学会时间管理后，很多碎片化的时间被有效地利用起来了，把孩子爸爸也调动起来了，听各种课程，有更充裕的时间陪孩子，日子过得很舒畅，都没有吵架的时间了。

第六位学员：学会管理时间后，不仅把许多看起来千头万绪、毫无头绪的事情，变得条理清晰，而且很多碎片化的时间也被有效地利用起来了，听各种课程。而且执行起来，从从容容，情绪平静下来了，化解了育儿焦虑。思考问题的能力也得到了极大的提高。

第七位学员：今天孩子按计划表，每做一件事之前，先用计时器定好时间，效率提高了，孩子也知道接下来要干什么了，还挤出了玩的时间。刚才孩子问我能不能玩一会儿，我说可以玩，定好计时器，到时间就去午休。按计划进行，一点不慌乱。昨晚洗漱用计时器，孩子说"时间怎么这么快"，无形中自己速度也提高了。杨老师教的这个方法真是太好了。我孩子今年小升初，时间概念还没有养成，感觉迫在眉睫，现在有了方向和方法，一点儿不焦虑了。连我自己玩手机的时间都少了，集中看一会儿就要进行下一件事，很充实。

第八位学员：学会时间管理后，感觉现在一天仿佛像过一个月一样，总是有余力去体会，去看到，顺遂的或是波折的，内心会带着份思考，会容易放下情绪，学习时间管理，会让我比以前更加从容。感觉自己每天都在变好，生活很有意思。

第九位学员：第一次学做时间管理，曾用 70 分钟，梳理一天的时间利用情况。老师告诉我用 70 分钟并不是写计划，而是对前一天的总结。老师建议我利用上厕所、洗手洗脸、做饭、打扫卫生、收拾家务等大脑空闲的碎片时间思考第二天要做的事，思考清楚了，睡前再找时间把第二天要做的事情列出来，这个过程根本不需要 70 分钟，十几分钟就能完成，感觉瞬间放松了。

第十位学员，是初一女生：时间管理的方法对我的生活是有用的，在学校完成不了的作业，回到家，我能将剩下的作业做二次安排，瞬间感觉轻松多了，而且每天安排也合理。步入初中，作业很多，很忙，利用时间管理，我的心理压力少了许多，就是心里安心了许多，这是一种释放压力的好工具！如果都能掌握这个技能，应该能开心许多！

5. 提升管理孩子的能力

【案例 1】这是一位为孩子作业多而烦恼的家长

这位家长学习时间管理课程后，是这样做的：我告诉孩子有本事的人都是在学校写完作业，回家不写作业，再教些具体方法，孩子基本能在学校完成80%以上的作业。我和孩子算过，每天在学校有近2小时自由支配的时间，只要用不到一半的时间绝对可以做完全部作业，剩下时间再玩。孩子当班长，以前总想着管纪律，自己该做的很多事包括作业没做完，纪律也没管好。帮孩子复盘后发现，他利用在校的碎片化时间做作业，可以带动同学，班级学习氛围更好，同学们都有事干了，就没空讲话了，纪律也不那么乱了。自己也不用替同学"操心"了。孩子理解了，就坚持这样做了，效果挺好。

碎片化的时间包括孩子必须坐在教室，老师又不讲课的时间。比如下午两节课后吃茶点的时间，他很快吃完就能做自己的事情；同学排队请老师批作业的时间，要么第一个跑到讲台请老师批改，要么最后一个请老师批改，不站在那里干等，看书写作业，自由安排；老师让孩子们自由做事情的时间等。

他自己想看书就自己找时间，我不给他安排。他在学校不想做作业就不做，我就规定晚上回家不能做作业，他只好在学校想办法做，一点点来，急不得。千万别焦虑，做不到就做不到，关注点只放到做到的上面，孩子就会越来越自信。

【案例2】经常为孩子刷短视频而烦恼的家长

有一天晚上带着娃一起做时间计划表，做了比较简易的版本，孩子白天玩了一天没干啥。晚上有2个小时，效率超高，孩子挺惊讶的，5分钟可以复习一遍老师给的所有单词。没学做计划表以前，孩子喜欢上淘宝刷各种做手工的短视频，一刷就停不下来。学做时间规划以后，孩子发现5分钟刷视频一会儿就没有了，但专注5分钟能复习不少单词，原来时间这么有用。后来孩子每天晚上刷一会儿视频，就赶紧回书房练字、写日记，形成了对时间的基本概念。孩子说之前做过各种计划表都没实现过，还希望妈妈帮她，但这次很神奇，杨老师的课起作用了。

【案例3】过去不知道怎么帮孩子而烦恼的家长

这位学员身体力行要做孩子的榜样。她先学会时间规划，按计划执行，行动起来，自己做事有条理多了，不再催孩子。

孩子看见妈妈效率变高，生活有序，开始有点动心，邀请妈妈替他做时间计划表，妈妈拒绝了，鼓励孩子自己做计划，也可以与妈妈商量做计划。后来，孩子也尝试做自己的计划表，做事更有条理，更专心了，效率也提高了。

【案例4】觉得时间不够用而烦恼的家长

这位宝妈说利用碎片化的时间，就是挤时间，孩子吃饭玩乐高的时间让他听英语。走在路上、坐在车里，引导孩子观察，为写作积累了素材。

6. 洞察时间管理课程的内涵，意外发现可以妙用时间

一位宝妈写道：学校离家很近，步行十几分钟，女儿上初中，20:00放学，过去很少去接她。现在我把这段时间用来与她沟通。我提前想好要沟通的事情，而且我会带杯水果茶或酸奶，满心欢喜地在校门口等候，孩子见到我自然很惊喜，路上我就把我想沟通的事情无痕植入，成功率一般都很高。这样一路回家，母女俩高高兴兴的，我计划沟通的事情很顺畅就说好了，没有花费她另外的时间。

还有孩子吃早餐的时候，她吃饭我在餐桌对面夸赞她。昨晚写好的日记中好的部分重点给她读出来，大概花1—2分钟，又或者头天晚上我在书中找好一个想分享的能量故事和能量方法，早上注入，3分钟内结束，能量输入进去。我相信又是一天美好的开端，差不多再聊1分钟的闲话，早餐就吃好啦！我没有占用她的其他时间。这个办法实践了一阵子，孩子

很受用。

引导孩子学会时间管理后，她能在学校完成大部分作业。回到家，偶尔会有空闲时间，这个时候，我不再谈学习，不再谈作业，我会拿一副扑克牌，和她一起练习加减法，直到一副牌搞完，孩子开心愉悦。还有阅读，初中的孩子阅读时间真的极少，尤其是公立学校，作业占据绝大部分时间，想找一段比较长的时间阅读，真不容易。我以前比较功利地给孩子买了不少文学名著，后来发现都束之高阁！现在我改变策略，对孩子不做限制，五花八门的题材与书本都可以阅读，真的发现，她有时会兴趣盎然地拿起书本。

如果一个人把有限的时间用在提升自己、精进技能上，那么他的价值自然会水涨船高。如果把有限的时间都花在了奶头乐上，提升自我的时间就会被大量压缩。

我比较认可这句话：在一个安静狭小的空间，一根网线，外加一个外卖电话，很容易就能把一个人搞废。

把时间都用在享乐上，永远不会再想着改变当下的生活。

哈佛商学院曾经做过一个调查，发现了一个反差极大的现象：

越是精英阶层的人，他们的闲暇时间，越喜欢采用补充型方式，阅读、学习、运动。

越是底层的人，越喜欢采用消耗型方式，在闲暇时间打麻将、玩游戏、看肥皂剧。

有限时间的娱乐方式，造就了天差地别的命运。

《成为沃伦·巴菲特》这部片子里，巴菲特并没有提供什么快速致富的秘诀。

他只是不停地在看书、读报。

普通人看电视的时候，他逼自己看枯燥的学术资料。

普通人打游戏的时候，他逼自己吸收最新的财经知识。

普通人刷短视频的时候，他逼自己学习最先进的财富理念。

他每天早上 7:00 前准时起床，然后花五六小时阅读各种新闻和财报。

这个世界，哪有什么轻而易举的成功？哪有什么不劳而获的成绩？管理好时间，做一个时时精进的人，克制、提升、坚持，慢慢积累。

有人问，二十一世纪最值钱的是什么？

时间。

谁能赚到别人的时间，谁就能赚到别人的钱。谁的时间被浪费，谁就注定在时间中沦落。

学会利用时间，意味着什么？

可用的时间变多了，有趣了，做事有条理了，心情变好了，效率提高了。

一位初一女生学会时间管理后，说过一句话：做时间规划最大的好处是把自己从时间的奴隶变成时间的主人。

主人是指有能力自由支配时间的人。

奴隶是指被时间控制的人。

三、高效管理时间的方法与步骤

从早上起床到晚上睡觉，把一天之内要做的事情，一一梳理出来，再预估完成每件事需要的时间，即时长，有序排列，形成一张表格，电脑打印、手画出来都行，贴在家里方便看到的地方。

一目了然，非常清晰。

这张表格就是时间计划表。

第一行，标题栏。

第一行第1列，顺序号。

第一行第2列，计划要做的事。

第一行第3列，时间节点。

第一行第4列，完成每件事的时长。

1. 上学日的时间规划

【案例1】初一男生

第一步：先分割时间段，一天24小时，分割成六段。

时间段1：早上醒来到离开家去上学，6:30醒来，7:00出门，30分钟。

时间段2：家长开车送孩子去学校的路上，7:00出门，7:40到学校，40分钟。

时间段3：孩子在校时间，是学校统一安排的，从上午7:40到下午17:10，9.5小时。学校有课程表、有作息时间表。

时间段4：接孩子回家的路上，17:10离开学校，17:50到家，40分钟。

时间段5：孩子从17:50被接回家，到晚上22:00睡觉，4小时10分钟。

时间段6：从22:00到第二天早上6:30，睡眠时间8.5小时。

其中时间段2去上学的路上，时间段3在学校上课，时间段4放学回家的路上，时间段6夜间睡觉，这四个时间段基本固定不变，不需要细化。只需要对时间段1和时间段5进行细化。

第二步：早上和晚上时间段的细化。

时间段1：清晨，6:30起床到7:00出门，30分钟。

10分钟穿衣、洗脸刷牙、上厕所。

10分钟早读孩子喜欢的故事。

10 分钟吃早饭，听英语或者听中文故事。

早上的时间最紧张，看到孩子不起床，父母容易着急上火。有的家长总担心孩子早上起不来，上学迟到，不停地催孩子。有一位妈妈说她不相信孩子能按时起床。我鼓励她不要怕，与孩子商量用闹铃叫醒，连续 16 天都是孩子自己起床的，她紧张了 16 天，最终发现孩子基本能按时起床，正常早读，准点上学。有意思的是，妈妈对此还挺失望的，因为她认为不喊孩子起床，孩子就起不来，一定会迟到的。

时间段 5：傍晚，17:50 回到家，22:00 睡觉，4 小时 10 分钟，是这样分配的：

17:50 到 18:50，1 小时，踢球。

回到家休息 10 分钟，洗手洗脸有时洗澡。

19:00 到 19:30，30 分钟，吃晚饭，收拾碗筷。吃饭时或者听中英文故事，或者听小说，或者跟爸爸妈妈聊聊天。

饭后休息 10 分钟，喝水、上厕所，向远处望一望，甩甩手，放松放松。

19:40 到 21:10，1 小时 30 分钟，做作业。

21:10 到 21:40，30 分钟，阅读。

21:40 到 21:50，10 分钟，对当天的任务完成情况进行回顾分析，列出第二天的时间表。

21:50 到 22:00，10 分钟，刷牙洗脸上厕所。

22:00 按时上床睡觉。

下午放学到晚上睡觉这段时间的管理与利用非常关键，直接影响孩子的发展，也是拉开孩子与孩子之间差距的关键时间段。

孩子上学日的时间规划列入表 2。

表2 初一学生上学日的时间计划表

顺序号	计划要做的事	时间间隔	完成时长（单位：分钟）
时间段 1	穿衣、洗脸刷牙、上厕所	6:30—6:40	10
	早读	6:40—6:50	10
	早餐（听中英文故事）	6:50—7:00	10
时间段 2	孩子去学校的路上	7:00—7:40	40
时间段 3	在校时间，学校有统一安排的课程表、作息时间表	7:40—17:10	9 小时 30 分钟
时间段 4	孩子放学回家的路上	17:10—17:50	40
时间段 5	踢球	17:50—18:50	60
	晚餐（听中英文故事），餐后收拾	19:00—19:30	30
	作业	19:40—21:10	90
	阅读	21:10—21:40	30
	评估任务完成情况	21:40—21:50	10
	洗漱	21:50—22:00	10
时间段 6	睡觉	22:00—6:30	8 小时 30 分钟

【案例 2】三年级女生

杨玉芬老师：妈妈上班，早九晚五，我们通过语音，交流了她工作日即孩子上学日的具体时间安排。

我：请问你每天早上几点起床？

家长：6:00，有闹铃叫醒。

我：起床后，洗漱占用多长时间？

家长：15 分钟吧。然后准备早餐，6:30 叫醒孩子，她洗漱、晨读的时候，我继续准备早餐。

我：你早上要赶着上班，还要照顾孩子，真不容易。从开始做早餐，吃完，再清理，大约多长时间？

家长：差不多 1 小时。

我：嗯，出门前，还化妆吗？

家长：化淡妆，15 分钟吧。我吃饭的速度比孩子快，孩子吃早餐的时候，我化妆，收拾书包。

"爱美是天性。"我笑着说，"早饭的时间，给孩子听英语吗？"

家长：是的，用倾听者把英语音频打开，孩子边听边吃，吃完早餐，她自己收拾书包，我不催她，越催越慢。7:30 是必须离开家门的时间。

我：你说得太对了，很多孩子磨蹭是家长催出来的。7:30 离开家门，先送孩子到学校，放下孩子再到办公室，1 小时够吗？

家长：够了，也就 1 小时吧。

我：你开车送孩子到学校的路上做什么？

"不一定，有时聊天，有时听音乐，有时听英文，有时孩子情绪不好，还要哄她。"家长笑着说。

我：嗯，你说得太实在了。这样算下来，从你早上醒来到单位这段时间，差不多 2.5 小时，既能保证孩子吃上早餐，又能保证孩子上学不迟到，也能保证你自己 9:00 前到单位，开始朝九晚五的工作，对吧？

家长：对，首先要保证孩子上学不迟到，8:20 上课，一般 8:10 前能到学校门口。我 8:30 左右就能到单位，不耽误 9:00 的工作。

我：你们有午休吗？

家长：中午 1 小时吃饭休息，然后工作到下午 17:00，17:15 离开办公室去接孩子，学校 17:30 静校。

我：从你下班离开办公室，接上孩子，回到家，也是 1 个小时？

家长：是的，18:15 前到家。在车上听孩子聊学校的事情，我有时也聊单位的事情。

"晚上回到家到临睡前，有好几个小时，这个时间段是孩子产生差异的关键时间段。你们一般是怎么安排的？"我继续提问。

家长：回到家，换衣服，上厕所，洗洗手，18:30前就能吃晚饭了，下午有钟点工阿姨帮忙洗衣、做饭、打扫卫生。要不然，根本忙不过来。

我：家庭条件允许，请阿姨帮助是很明智的选择。

"是啊，这也是我们权衡再三做的决定。这样的话，基本能保证19:00前吃完晚饭，然后下楼运动40分钟到50分钟，20:00前到家。孩子拉二胡半小时，我在旁边欣赏，20:30与孩子一起洗脸刷牙，有时洗澡，差不多20分钟。上床后阅读，各读各的书，有时交流。"家长有非常清晰的安排。

"你能这样安排太好了，重视运动、重视阅读、重视兴趣培养。"我夸奖她的同时关心地问孩子的睡眠时间，"孩子几点睡觉？"

家长：要求孩子21:20准时睡觉，努力按照教育部的"睡觉令"作息。作业基本在学校的课后课完成，偶尔有做不完的作业。上学日的晚上不让孩子回家做作业。

"孩子早睡早起睡足睡好是非常好的习惯，需要你的帮助，你能坚持这样做，太好了。"我再次夸奖她。

家长：孩子不睡觉，我也闲不下来，孩子睡觉以后，我才有空忙自己的事。有时整理内务，有时忙工作，有时看手机，有时看电视，有时听家庭教育类的分享，有时也不知忙了什么，23:00必须躺下了，要不然第二天早上6:00起不来。

我：你有没有发现，只需要一张纸，一支笔，把刚刚交流的内容列出来就是你和孩子的日程表了（见表3、表4）。

家长觉得很神奇，原来做日程表并不难。

我：是啊，从前面的交流，能感受到你的时间管理能力挺强的，只不过你习惯于把日程表放在脑子里，我只是帮你把日程表从脑子里搬到表格里了。

家长：确实是这样的。

我：这是工作日计划表，模仿这两张表，很容易就能做出周末与假期的时间计划表。

表3　全职工作妈妈工作日的日程表

顺序号	计划要做的事	时间间隔	时长（单位:分钟）
1	起床，洗漱	6:00—6:15	15
2	早饭（做、吃、收拾），上班前的准备	6:15—7:15	60
3	化淡妆	7:15—7:30	15
4	上学、上班的路上	7:30—8:30	60
5	办公室，朝九晚五上班	9:00—17:00	8小时
6	放学、下班的路上	17:15—18:15	60
7	晚餐时间	18:15—19:00	45
8	下楼活动时间	19:00—20:00	60
9	陪伴时间（拉二胡）	20:00—20:30	30
10	洗漱、洗澡	20:30—20:50	20
11	陪伴时间（阅读）	20:50—21:20	30
12	自由支配时间	21:20—23:00	100
13	晚上休息时间	23:00—6:00	7小时

表4　孩子上学日的日程表

顺序号	计划要做的事	时间间隔	时长（单位:分钟）
1	起床，洗漱	6:30—6:40	10
2	晨读	6:40—7:00	20
3	吃早饭，上学前的准备	7:00—7:30	30
4	妈妈送上学的路上	7:30—8:10	40

顺序号	计划要做的事	时间间隔	时长（单位:分钟）
5	学校全天上课与课后课	8:20—17:30	9 小时 10 分钟
6	妈妈接回家的路上	17:30—18:15	45
7	晚餐时间	18:15—19:00	45
8	运动时间（妈妈陪）	19:00—20:00	60
9	拉二胡（妈妈陪）	20:00—20:30	30
10	洗漱，洗澡	20:30—20:50	20
11	阅读时间（妈妈陪）	20:50—21:20	30
12	晚上休息时间	21:20—6:30	9 小时 10 分钟

2. 节假日与周末的时间规划

成人工作日、孩子上学日想做但没有时间做的事，比如女性美容、美发，男士聚会、郊游等，孩子参观博物馆、看电影、上兴趣班，全家旅游等就可以放在周末或假期。

第一步: 先列任务单。

从早上闹铃响的时候开始一直到晚上睡觉，把当天要做的事情，一项一项地列出来，不要漏项。

有一位六年级的女生周五晚上为周六列了 13 件事，起床洗漱、晨跑、做早餐、参观博物馆、午餐休息、听英语、唱歌、写日记、打乒乓球、晚餐、写作业、阅读、洗漱睡觉。

第二步，估算时间。

就是估算做每件事占用的时间，比如晨跑 1 小时，做早餐 30 分钟，唱歌 40 分钟，阅读 1 小时等。

第三步，排序列表。

按照从早到晚的顺序，把 13 件要做的事放在相应的时间段中，就构成表 5，这就是六年级孩子周六的时间计划表。

表 5　六年级孩子周六的时间计划表

顺序号	计划要做的事	时间间隔	时长（单位：分钟）
1	起床洗漱	6:30—6:50	20
2	晨跑	6:50—7:50	60
3	早餐	7:50—8:30	40
4	参观博物馆	8:30—12:00	3 小时 30 分钟
5	午餐休息	12:00—14:00	2 小时
6	听英语	14:00—15:00	60
7	唱歌	15:00—15:40	40
8	写日记	15:40—16:30	50
9	打乒乓球	16:30—18:00	90
10	晚餐	18:00—19:00	60
11	写作业	19:00—20:00	60
12	阅读	20:00—21:30	90
13	洗漱睡觉	21:30—6:30	9 小时

无论是制订上学日的时间计划表还是周末或假期的时间计划表都是非常容易的。

3. 时间规划的执行与评估

能不能很好地执行计划表？执行得怎么样？

要对执行过程与执行效果进行评估。

初学时间管理，评估是不可缺少的环节。建议每天晚上睡前抽 10 分钟到 20 分钟进行评估。

（1）以孩子学做早餐为例

第一步，确定具体评估指标：做早餐的时间、早餐品种、早餐口味、做早餐时的心情。

第二步，对四个指标进行具体分析、量化打分，最高 100 分，最低 0 分。

时间指标，就是做早餐所用的时间：计划用 30 分钟做早餐，实际 45 分钟才把早餐做好，比计划超 15 分钟。时间指标得 50 分。

第一次学做早餐，是一样一样做的，蒸完馒头热牛奶，热完牛奶拌黄瓜。

这样蒸馒头：锅里放适量的凉水，算子放在锅里，高出水面，馒头放在算子上，盖上锅盖，打开电源，按下定时器，蒸 10 分钟，一直盯着，定时器报时，关掉电源。

蒸完馒头热牛奶。

这样热牛奶：从冰箱里拿出盒装奶，平放在一只大碗里，把热水倒入碗里（刚烧开的沸水），加入的水量超出奶盒高度，其间不停地把奶盒拿出来摸一下，感觉不热再放进大碗里，最后，用了 10 分钟把牛奶也热好了。

热好牛奶，开始做凉拌黄瓜。

这样做凉拌黄瓜：清洗菜刀、菜板、菜盘和黄瓜，洗完黄瓜，用削皮器把黄瓜皮削掉，放在板子上，把黄瓜切成片，放在盘子里，倒入酱油、白醋、香油（我的口味淡，凉拌黄瓜从来不放盐），忙活 25 分钟，终于做完了。

这样做下来，做早饭用了 45 分钟，比预计超时 15 分钟。

品种指标：早餐通常有四样食物，牛奶、煮鸡蛋、馒头、凉拌黄瓜，以前是妈妈负责早餐。第一次学做早饭，忘记煮鸡蛋了。妈妈每天早上都煮四个鸡蛋，四口人，每人一个。今天没有鸡蛋，只有牛奶、馒头、凉拌黄瓜，品种指标得 75 分。

质量指标：早餐的味道怎么样呢？凉拌黄瓜是全家人特别爱吃的小菜，经常出现在早餐桌上。黄瓜片太厚了，不像黄瓜片像黄瓜段了，酱油放多了，味道太咸。质量指标得 50 分。

心态指标：做早饭时的心情怎么样？从来没做过早餐，第一次做，虽然积极性挺高的，但还是有点小紧张，总担心做不好，所以一直盯着。心态指标得 80 分。

当然，操作台的清理也可以作为单独的评价指标。

各项评估指标分别被量化后，清楚自己做早餐的水平，知道哪些地方需要改进、如何改进等。

指标评估，指出具体的改进之处，有针对性地调整，能激发当事人的好胜心。

避免使用做得不好、做得很差等笼统性的语言，下结论，贴标签，打击当事人的积极性。

第三步，调整计划表。

通过评估，找到了调整的依据与方向，又请教了妈妈几个问题，计划第二天 40 分钟做完早餐。

第二天早上，尽量按照妈妈的方法做早餐，蒸馒头的同时煮鸡蛋，锅里放适量的水，馒头和生鸡蛋一起放在箅子上，盖上锅盖，按下电源加热键，然后设定定时器 15 分钟，不再盯着。

接着开始热牛奶，把盒装牛奶放在大碗里，多倒入一些白开水。把碗放在人碰不到的地方，以免被烫着，也不用盯着。

接下来，清洗菜刀、菜板、菜盘和黄瓜，洗完黄瓜，削皮，切片，放盘，放调料。切黄瓜片的时候，定时器响了，关掉蒸锅电源，继续切黄瓜片，放盘，放调料。

继续按照前面介绍的三个步骤进行评估，评估结果是这样的：

时间指标：计划用 40 分钟做早饭，最终只用 32 分钟，饭菜就端上桌了，比预估的时间提前了 8 分钟，时间指标得 100 分。爸爸妈妈夸奖孩子会统筹利用时间了，热馒头的同时煮鸡蛋，既省时，又省电。等待馒头热、鸡蛋熟的时间内拌黄瓜，亲身体验到妈妈做饭快的原因了。

品种指标：有牛奶，有馒头，有鸡蛋，还有凉拌黄瓜，四种食物齐全。品种指标得 100 分。

质量指标：黄瓜片比昨天薄多了，凉拌黄瓜时过于谨慎，酱油又放少了，味道有点淡。质量指标得 80 分。

心态指标：有第一天的体验与评估分析，第二天再做早饭，心情放松多了，心态指标得 100 分。

第二次评估后，继续调整计划，第三天计划 30 分钟做完早餐。

就这样，坚持两周，做早餐的水平越来越高，不仅会做，还把灶台、灶具以及操作台清理得干干净净，做饭的时候，还能听英语音频。

孩子初学做饭，家长引导孩子评估的时候，只做客观分析，合理打分，不下结论、不贴标签。比如忘煮鸡蛋了，不要说"你天天吃鸡蛋，你怎么就想不起来煮鸡蛋呢，真没记性"。可以这样说："没关系，我也经常忘。"或者说："真没想到，在这么短的时间内就学会做饭了，你热的馒头软软的，真香，凉拌黄瓜脆脆的，真好吃。能吃上宝贝做的早饭，太开心了。"

提醒家长，无论孩子把早餐做成什么样，是不是好吃，妈妈爸爸都不要吝啬对孩子的夸奖，比如夸孩子关心家人有责任心，夸孩子做事利索、动手能力强等。

通过评估，孩子能感受到自己的进步挺快的，看到爸爸、妈妈、妹妹能吃上自己做的饭，还得到夸奖，挺有成就感。孩子的积极性越来越高，整个假期坚持每天为家人准备早餐。

家长可能会问，孩子上学没有时间做早饭，怎么办？没关系，那就周末、寒暑假学做饭。一个暑假，就能成为做饭小能手。

（2）参照前面做早餐的评估步骤，也可以这样评估作业

第一步，确定具体评估指标：做作业所用的时间、作业的完成质量、做作业时的专心程度、写作业时的情绪等指标。

第二步，对每个指标进行具体分析并量化，最高 100 分，最低 0 分。

时间指标：时间计划表上写着，19:30—20:30，1 小时做数学作业，结果用了 2 小时才做完数学作业，时间指标打 50 分。

为什么预估时间与实际所用时间会相差 1 小时呢？通过分析，孩子发现之所以没有在规定时间内做完作业，是因为以前从来没思考过 1 小时到底能做多少题，没有这方面的经验。也就是说预留的时间太短了。

遇到问题，分析问题，千万不要着急。超时，有可能因为孩子做题的速度太慢了，或者题目太多做不完，或者有些磨蹭等。

质量指标：老师留 20 道数学题，做对 15 道，作业完成质量为 75 分。为什么有 5 道题没做出来呢？

分析发现，这 5 道题的题型是类似的，原来没有预习的习惯，不知道这部分是重点，与这 5 道题相关的基本概念虽然老师在课堂上讲过了，但是上课时没好好听。另外，做作业前也没有总结的习惯，也不看课本，基本概念没弄明白。这样分析下来，就能找到下一步用功的地方。

错题太多，有可能是因为基础不扎实做不出来，题目难度太大不会做，或者做作业时不用心。

专心程度：通过评估，发现做作业的时候不太专心，专心程度打 50 分。为什么不专心？通过分析才知道，一边做作业一边想着玩游戏，因为平时拿不到手机，只有做作业的时候，妈妈才会不情愿地把手机交给孩子。手机一旦到手，总要想方设法玩一会儿。

孩子就是这样，越被限制不让做的事，尝试的愿望越强烈、好奇心越活跃。这是妈妈爸爸需要思考的问题，应不应该让孩子玩游戏？什么情况下才能玩游戏？

情绪状态：一个情绪比较稳定的孩子，每天心甘情愿做作业，情绪指标可以打 100 分。

确实有勉勉强强做作业的孩子，有被爸爸妈妈逼着不得不做作业的孩子，还有可能孩子某一天特别不高兴，不想做作业。

一个人的情绪状态不可能时时刻刻都是高亢的。家长要善于观察，当孩子有情绪的时候，要以关心的语气多问问孩子是自我要求太高？压力太大？小测验没考好？被老师批评了？被同学冷落了？睡眠不足？身体不舒服？被关心的孩子会一五一十地说出真相。无论多忙，都要用心倾听孩子，把耳朵用好。父母有多爱听，孩子就会多爱说。

第三步，调整计划。

通过评估，发现原来的计划表中没有课前预习，也没有做作业前看课本复习的环节。不预习，课内抓不住重点，容易开小差，不专心听，容易错失关键的知识点。做作业前不看课本不复习，做题的正确率不高，基础知识不扎实。这样让孩子意识到课前预习、做作业前复习都是不可缺少的环节。

调整后的计划表，写作业前先复习 10 分钟。5 分钟的预习安排在临睡前，翻翻第二天上午主科的课本，了解主要内容。下午的主科，可以放在中午预习。

经过一学期的努力，做计划和完成计划的能力都会得到提升。

孩子刚开始学做计划表，有些任务在规定时间内完不成，或者为了在规定时间赶任务，错题增多，属于正常现象，家长千万不要着急，尽量避免使用"做得不好、做得不对、做得太差了、做得不行"等负面的结论性的语言。更不能说"孩子太笨,这点小事都做不好"之类的话。只需要对具体问题进行具体分析,就能找到做得不好的真正原因。

不少家长经常责怪孩子不听话。

孩子为什么不听话?不听话就是孩子不服气,不服气家长随便评价,又说不到点子上。说不到点子上,孩子找不到改进和调整的地方,当然不会听话。

建议晚上临睡前,用 10 分钟到 20 分钟与孩子一起分析评估当天任务的完成情况。

根据每个人的实际情况,评估指标可以有所不同,评估指标越具体,评估的价值和意义就越大。指标量化,一目了然,很容易知道问题出在哪里。清楚自己做得好的地方,做得不好的地方。发现问题所在,调整计划就有了明确的方向。然后,针对性地调整与改进,计划越改进越合理,做事的积极性与效率就越高。

这种评估方法简单实用,有助于初学者尽快掌握时间管理。

有一个新学员开始学习时间管理课程的时候,每天都评估计划表的执行情况,这是其中一天的评估记录:

时间利用率:老公生病了,计划表中的时间利用率并不高,只能 30 分。
情绪状态:虽然遇到突发事件,但心情不慌乱,平静处理,给自己点赞,90 分。
用心程度:晚上有点累,晚饭没有足够用心做,80 分。
完成质量:仍然能在有限的时间内努力陪娃做游戏,80 分。
加权平均 70 分,虽然不算高,但学习时间管理课程后,掌握了评估方法,内心总会带着思考,容易放下情绪,比以前更加从容。感觉自己每天都在变好，生活很有意思。有计划表，能提高效率，还能腾出时间帮助别人。

　　初学时间管理，时间计划表中做每件事的时间是凭经验估算出来的，执行过程才发现，估算时间与实际时间有时会有比较大的出入，比如预计45分钟写作文，70分钟才勉强写完作文，这是可以理解的。

　　虽然可以理解，大部分家长还是希望孩子能在计划表规定的时间内完成任务，预计45分钟写作文，45分钟就应该写完，然后立即马上转入下一项任务，这是比较理想的情况。

　　为什么会出现估算时间与实际执行时间之间有比较大的差异呢？

　　主要原因是初学者缺少经验，对时间概念体会不深。

　　杨玉芬老师：妈妈：孩子自从学习时间管理课程后，现在做每件事都计时，感觉挺好的。只不过作业超时，孩子写字慢，没太有信心。

　　我：承认孩子写字慢，这是事实。先评估超时多少，做作业的质量如何，专心程度如何，情绪如何，按照百分制打分。假如因为不自信导致孩子情绪不好，会进一步影响写字速度，那就请在这方面多鼓励他。可以吗？

　　妈妈：好的，我会认真观察一段时间。主要是时间不好预估，我觉得孩子写作业时的专心程度和情绪都没问题。我是这么对孩子说的："每次提高一点点，慢慢来，如果不能预估时间，就先计时，看看多久能写完作业，下一次再按照这个时间提高一点点，试试行不行。"现在还在试。

　　我：我支持你这样做，时间预估是靠经验的，经验是靠积累的，孩子缺少经验。所以这样鼓励孩子一定没问题的。

　　妈妈：谢谢杨老师，我通常会在看到结果后才安心，殊不知家长存在的意义就是在孩子遇到困难和问题时，来帮助孩子解决问题和困难。

　　列出时间规划表是非常容易的，执行、评估、调整也不难。学会时间计划与评估的孩子会发现，效率提高了，做作业用时少了，每天有玩的时间了。

　　做时间规划，既有约束，又有自由。要学会抓大放小，把控总目标，尽量给孩子自主权，允许孩子有自由支配的时间。

第四章

高效利用时间的实操训练

一、课外阅读——会玩的表现之一

开卷有益。阅读的时间是必须留出来的，每天坚持阅读从幼儿阶段就要开始。

为什么需要阅读？加拿大作家阿尔维托·曼古埃尔在《阅读史》中写道："阅读，几乎就如呼吸一般，是我们的基本功能。"

阅读是生活的一部分。

阅读可以成为一种习惯。

阅读可以是一种消遣。

阅读还是获取信息、增进知识、陶冶情操的重要渠道。

美国教育家霍利斯·曼说过这样一句话："一个没有书的家，就像一间没有窗的房子。"

语言文字是人类社会最重要的交际工具和信息载体，掌握得好语言和文字是打开通向很多领域大门的钥匙。这样的工具如果掌握得不好，就没有办法准确地表达思想、沟通感情，表达不出来就不能让别人领会，不被领会就没有办法做成自己想做的事情。一个会使用语言的人，就有能力说出别人说不出来的话。一个会运用语言的人，还能提炼出别人提炼不出来的观点。阅读是学习语言、使用语言的极其重要的环节。

通过阅读可以培养独立思考能力、逻辑思维能力、思考辨析能力，阅读还可以改变命运。阅读开悟，阅读明理，阅读长智。智是智慧也是知识，一个犹太母亲让孩子猜谜语：火灾会失去所有的财产，但有一样东西能幸存下来，而且无形、无色、无味，请问这样东西是什么？这样东西就是"知识"，就是"智慧"，智慧来自大量的阅读。

阅读能让我们更好地理解爱、学会爱，爱自己，爱父母，爱兄弟姐妹，爱亲人，爱自己的同胞，爱自己生活的家园，爱劳动，爱创造。阅读还能帮助我们学会说爱的语言，学会做与人为善的事情。

1. 阅读是有层次的

阅读因人而异，有不同的层次。

生活的需要。"书籍是全世界的营养品。生活里没有书籍，就好像大地没有阳光；智慧中没有书籍，就像鸟儿没有翅膀。"这句话是莎士比亚的名言。我上学的时候，酷爱阅读，临睡前看书是每天的必修课，经常爱不释手地读到很晚才肯睡觉，可见古人说的读书"废寝忘食"毫无夸大之嫌。每每这时，妈妈又说了"快睡吧，身体好了，以后什么书读不了"？我便仔细地夹上书签，轻轻放在枕边，然后睡下。夜里与书相伴，也就不觉得寂寞了。

心灵成长的需要。读书不是茶余饭后的谈资，而是内心信念的坚守，是一种生活方式。不读书就像少喝了一杯茶，或者上床前没有洗脸刷牙，会有那么一点点难受。

成就别人的需要。读书明理，有爱读书的家长，爱读书的孩子就能用更宽广的眼光看世界，通过互助增进彼此的利益，进而增进社会的福祉。

民族大业的需要。没有大量的阅读，十四岁的少年周恩来何以能说出为中华之崛起而读书的誓言？这是何等的气概，这一励志名言成就了一代伟人，周总理的宏伟志向以及奋斗终生的责任感、使命感也激励了无数中华儿女发愤图强。

2. 五个字培养孩子的阅读习惯

假如一个孩子无法正确表达自己的想法，我们能说这个孩子聪明吗？假如一个孩子读不懂数学题，阅读跟不上，题目做不出来也做不完，怎么能考出好成绩呢？成绩总是不理想的学生，很难被大家认为是热爱学习的学生。如果一个孩子品尝不到好成绩带来的愉悦、快乐与自信，怎么会渴望学习呢？而这一切的根源取决于语言水平，语言水平取决于词汇积累，词汇积累取决于阅读量，阅读量取决于阅读能力，阅读能力取决于阅读习惯，阅读习惯取决于阅读兴趣。

培养阅读兴趣的方法很多，下面分别从听、读、看、说、写五个方面进行分析。

（1）听

对不识字的婴幼儿，听是一种很好的学习方式。

我从孩子出生后坚持读故事给他们听。只要我不出差，每天晚上都坚持读，指着字读。弟弟小的时候分开读，弟弟大些了就跟姐姐一起听故事，读一本姐姐选的书，再读一本弟弟选的书。有时姐姐会给弟弟读，姐姐特别有成就感。听完故事，两个孩子依偎着我的左膀右臂入睡。

早在十九世纪初期，卡尔·威特在儿子出生十五天就开始读故事给他听。我晋升为母亲后，发现十几天的婴儿听故事会舒心地露出笑容。一位高考语文148分的同学说他妈妈从小就爱给他讲故事，他对阅读的喜欢也是从那时开始的。我特别佩服《发现母亲》的作者王东华教授，她的女儿受益于早期阅读，二十多岁成为自由作家，三岁就开始了口述写作。

读故事还创造了愉悦温馨的睡眠环境。

对我来说，孩子的睡眠与饮食一样，都是头等大事，只吃不睡肯定不行。我是如何帮助孩子们养成按时上床睡觉习惯的呢？

我发现为了睡觉而睡觉，孩子有时不配合。

每天临睡前，我们先做好睡前的所有准备，包括洗好澡、刷好牙、换好睡衣、关掉房间的大灯，打开床头灯，亮度足以用来读书。孩子认字与否，我都指读故事给他们听。"指读"的意思，就是用手指着文字，读到哪儿，指到哪儿。

讲故事是帮助孩子睡觉的一种好方式，故事内容也很重要，要挑选欢乐的、有趣的、温馨的故事，或者读孩子自己挑选的故事。我们讲过很多"中国故事"，如曹冲称象、孔融让梨、凿壁偷光、囊萤映雪、司马光砸缸等，这些都是孩子非常喜欢的故事。像苏武牧羊、负荆请罪、毛遂自荐、望梅止渴、滥竽充数、黄粱一梦、刻舟求剑、郑人买履、夜郎自大、盲人摸象等也是很有意思的成语故事，还有郑渊洁笔下塑造的舒克、贝塔、皮皮鲁、鲁西西等都是给孩子带来欢乐的经典形象。"外国故事"也有很多，包括格林童话与安徒生童话故事：《丑小鸭》《卖火柴的小女孩》《海的女儿》《青蛙王子》《美人鱼的故事》《灰姑娘》《皇帝的新装》《乌鸦和狐狸》《白雪公主与七个小矮人》等，这些故事也是孩子非常喜欢的。有时也会选择朗朗上口的唐诗和宋词。

读故事可以帮助幼儿入睡，还能培养孩子爱读书的习惯，睡前故事成为我们与孩子们之间的"必修课"，孩子们听完故事后，会心满意足地进入梦乡，有爸爸妈妈陪伴，睡觉真的很香。

经过一段时间，我们只要说该上床睡觉了，孩子们会很高兴地配合，洗脸、刷牙、脱鞋、脱袜、洗脚、脱衣服。当他们能用语言清楚地表达后，只要说该上床睡觉时，孩子们还会说"要听故事了"。有时刚吃过晚饭，孩子想听故事了，会主动要求我们上床睡觉。

当然，无论孩子多么爱读书，我仍然强调睡觉比读书更重要。

我认识一位搞项目合作的年轻女教授，我问她每天怎么哄三岁的女儿睡觉，她说挺费劲的，差不多要抱一小时，还很难入睡。她接受我的建议后，每晚临睡前给孩子读故事，三岁正处于阅读敏感期，孩子非常喜欢听妈妈讲故事。

我小的时候，父母买过故事磁带，一遍遍地放给我听，让我学习怎么讲故事，怎么说那些"然后呢""可是呀""怎么办呢""肯定呀""接着呢"等口头表达语，然后模仿磁带中的录音给父母讲故事。现在听书的渠道更多。听书能把碎片时间利用起来，积少成多，聚沙成塔。

听能把碎片化的时间用起来。

有一位智慧的爸爸，每天都送孩子等校车，大约要等15分钟。于是，爸爸每次都带一本书，并利用这个时间读给孩子听，坚持读了5年，让孩子不知不觉地爱上了阅读。到十一岁的时候，孩子可以一周看完700多页的《哈利·波特与火焰杯》。他的阅读测验总是满分，他良好的阅读能力还对学习其他科目有很大的帮助。

还有一名小学生，从小就懂得利用碎片时间听书，享受和这些碎片时间共处。早晚吃饭的时间加起来1小时左右，他就把四大名著、中外名著几乎听了个遍。据了解《三国演义》他听了整整13遍！《夏洛特的网》也听了5遍！后来，又把吃饭和散步的时间利用起来听商界大咖的课。

"听书"看起来是一种被动的接受方式，但却是一种很有效的阅读方式。樊登讲元史大家周良霄《忽必烈》这本书时，介绍过忽必烈就是通过听书的方法来学习，皇帝每天在马上、在轿子里、在皇宫里边，不停地听书，因此成就了一位伟大的历史人物。

（2）读

孩子自己能读的时候，陪着孩子指读，指哪个字就读哪个字，一字都不漏。

读是指发出声音的一种阅读方式。在我看来，有声阅读可以分为以下几种情况。

①朗读，是幼儿与小学低年级孩子常见的阅读形式

杨玉芬老师：我女儿会说话的时候，我们就握着她的小手，用食指指着图文并茂的画报，逐字逐句大声读出来，指哪个字，读哪个字，正确读出这个字的发音，并让她跟读。朗读前，要提前熟悉阅读内容，确保读的过程中不会停下来查生字，因为这样能全神贯注，高度集中注意力，不添字、不漏字、不换字、不回读，中断会破坏专注力。女儿认字之后，仍然鼓励她用指读法。以她朗读为主，我们陪读为辅。

对于熟悉的故事，有时我们故意读错，她就会反复强调"妈妈错了，妈妈错了"。偶尔会出现故事还没读完，工作一天的我们早已困得睁不开眼睛了。有一次我睡着了，一岁多的女儿词汇量有限，竟然掰着我的眼睛说"别关上！别关上"！先生站在旁边笑得合不拢嘴。面对这么可爱的孩子，睡意全无，只得继续读故事。

很多家长关心究竟要陪读到多大年龄。孩子有个体差异，陪读时间长短不一。我年轻的时候，曾认为，顺其自然就行，只要孩子发自内心地喜欢读书，有了兴趣，又能独立阅读了，就可以停止陪读了。在女儿四岁多识字以后，我们"读故事"给她听的历史，就被女儿的独立阅读替代了。我们后来了解到，有些家庭的"讲故事"活动一直坚持到孩子小学毕业。我对没有坚持给女儿讲故事感到有点内疚，甚至遗憾，我以为她自己会阅读了，就可以放手了，其实她会阅读，只是认识字了，对有些故事及其寓意还理解不透。假如我们继续陪读，效果可能更好。

后来我从一位藤妈（孩子考入美国"常春藤"名校，母亲因而被称为"藤妈"）那里了解到，她家的"读故事"活动直到孩子大学毕业了还在坚持。孩子无论长多大，飞多远，只要回到妈妈身边，睡前依然要听妈妈讲故事。这位妈妈说，她是被孩子推着走的。阅读已经成为孩子对父母表达亲情与温情的一种特别手段了，这么做的意义是孩子长大后才认识到的，做父母是人世间最美妙的事情。我要是早30年认识这位智慧的妈妈该多好啊，我女儿小的时候，我比较强调独立，陪读时间短，这是我感到遗憾的一点。

②背诵，是通过诵读了解并形成记忆的阅读方式

尊重原文，一字不漏，通过背诵可以培养和锻炼记忆力。需要背诵的东西一般都短小精悍，如小学一二年级的语文课文篇幅并不长，有的课文读一遍连 1 分钟都不到，建议孩子把每一篇课文都背诵下来。还有唐诗宋词、名人名言、优美段落、朗朗上口的童话故事，以及《弟子规》《千家诗》《三字经》《大学》《中庸》《道德经》等童蒙经典。通过背诵不仅可以体会文字的韵律之美、结构之美、意境之美，而且还可以把这些语言美、有内涵、篇幅短的名家名篇内化为自己的记忆，到了写作的时候，就不是绞尽脑汁地去想了，而会变得文思泉涌、梦笔生花。古人说的"读书破万卷，下笔如有神"就是这个道理。

③品读，老师讲课最常用的一种方式

在带领孩子阅读的过程中要品评作品，包括划分段落、提炼中心思想、探寻写作意图等。

女儿入学前，我们并没注重这方面的训练，在分析她小学一年级语文小测验 87 分的原因时，才发现她在划分段落和重新编排各个段落的次序这道题上，扣分最多，说明孩子这部分内容还学得不够好。针对女儿在语文学习中暴露出来的现象，我们有意识地配合学校的教学安排，找来一些千字左右的短文，特别是一些不分段的文章，拿来让孩子阅读，然后要求孩子，在读完某段或某篇文章后，先划分出若干自然段；用一句话概括每个自然段的意思或中心思想，然后由我先生和孩子一块讨论，帮助孩子判断自己的做法是不是合理、准确。有时候会出现这样的情况，因为没有学校老师的"标准答案"，父女俩对段落的划分和对每一段文字的理解并不完全一致，女儿似乎对爸爸的"见解"并不服气，于是，就反复阅读这篇文章，反复陈述自己的理由，希望说服对方。在多数情况下，还是我先生的意见更有说服力，毕竟他的阅读素养和理解能力更强一些。不过，偶尔也出现过这样的情况，女儿对爸爸的"见解"仍旧觉得"难以苟同"，女儿就到学校请教老师，假如老师的"见解"与爸爸一样，女儿这才信服；假如老师的观点不同于爸爸的意见，那女儿信服的就是老师。女儿在出现分歧的时候更相信老师，而不是相信爸爸，我先生在最初进行这种练习时还觉得有些"不爽"。不过，时间一长，也就觉得习惯了，毕竟孩子的主要学习场所是学校，能够反映孩子的学习和理解接受能力的主要渠道之一就是学校安排的考试，有了这样的"分歧"，让孩子的老师作为最终的"仲裁者"也没有什么大不了的，只要孩子能够学到东西，能够提高自己的阅读理解能力就算是达到了目的。这项训练的目的就是让孩子在加大阅读量的基础上，学会掌握文章的"内核"或"骨架"。如果把一篇文章划分为若干自然段，每个自然段用比较精练的一句话加以概括，那么，这里得到的若干个"一句话"就是这篇文章的"内核"或"骨架"。能够提炼、掌握这些"内核"，才算是真正理解了这段文字或这篇文章的主要内容。这样的训练做得多了，孩子的归纳总结能力就会明显提高。

（3）看

我女儿四岁多能自主阅读后，她很喜欢坐在家里的书架前自己看书，她看什么书我都支持。

看，属于不出声的阅读，由于省去了发音的动作，速度快，不互相影响。保证环境的安静，便于孩子更集中地思考、理解读物的内容，而且不易疲劳，易于持久。看作为一种重要的阅读方式，广泛用于读书看报，查资料，浏览文件、通知、海报、信件等。对孩子而言，当识字量和阅读量达到一定程度时，孩子自觉不自觉地就会进入以看为主的阅读阶段。然而，对低年级学生而言，即便认字量足够，也建议朗读，眼睛看和开口读，毕竟是两码事。

为了方便叙述，我把看分为精读和泛读两大类。

精读，是深入细致地阅读。实际上就是读透一本书，使之烂熟于心。儒学大家朱熹要求读书时"字求其训，句索其旨。未得乎前，则不敢求乎后；未通乎此，则不敢志乎彼"，就是要寻求每个字的准确解释，探索每句话的确切旨意，耐心阅读，心无旁骛。字斟句酌，领悟作者意图，吃透作品精髓，熟读精细达到朱熹所说的"使其言皆若出于吾之口""使其意皆若出于吾之心"这种融会贯通的水平。读透一本书，领会其精华，这才是读书的目的所在，长此以往，就有可能改变人生的高度、宽度和厚度。

杨玉芬老师：我特别喜欢的一本书是《赏识你的孩子》，是周弘先生的力作，篇幅不长，我是一口气读完的，后来又读了很多遍，也是一夜之间改变我发脾气这个毛病的一本书。从 2000 年到现在，我还时不时拿出来翻阅，常读常新，时时受益，曾推荐给很多家长。

泛读，顾名思义就是浏览。这种读书方法着眼整体，一目十行，包括扫读、跳读，重在了解主要内容、总体结构和故事梗概，因而可以称为"泛读"。

以"铃木教学法"闻名于世的日本小提琴家铃木镇一先生就是广泛阅读的受益者。他上小学时，日本的升学竞争很激烈，大多数家长关心的是孩子的学习成绩。但他爸爸要求每门功课只要考 60 分就行了。

"60 分怎么行？"铃木镇一不解地问。

"60 分怎么不行？"爸爸反问道，"60 分就代表及格了，及格就表示合格了。你想想，工厂的产品合格就出厂了，既然你已经及格了，没有必要把全部的精力耗费在争夺排名上。考第二名非要争第一名，考90多分非要争100分，一次100分不够，非要次次100分。求知是人世间最大的欢乐，如果成天想到的只是考试分数，那求知不就变成一种无尽的苦难吗？"

铃木镇一陡然觉得身轻如燕，兴奋起来了。但转念一想，不对，忍不住问道："爸爸，这样学习太轻松了，空闲时间做什么？"

"你永远记住爸爸的话，其他时间用来博览群书，把求知的欢乐还给自己。"

父亲的话深深地印在铃木的脑海里，他按照父亲的教导花费大量的时间阅读课外书，是班里其他同学阅读量的十几倍，从中体验到学习的愉悦。

泛读适合于有阅读经验的读者，不适合早期阅读者。一般来说，休闲类书籍适合于泛读。

对于阅读者而言，听、读、看是信息的输入过程，下面从信息输出的角度，介绍两种培养阅读兴趣的方式。

（4）说

说，是第一种信息输出的过程，口头表达所思所想，包括自述、家庭讨论、主题辩论、公众演讲、竞选展示等。说，是从大量文字中迅速吸取有用信息的一种培养阅读兴趣的方法，对提升阅读水平大有裨益。

①孩子自述型

即"孩子说，家长听"的口头表达方式。我们下班回到家，并不一定有时间坐下来听孩子分享，但我们可以在做饭、做家务的时候，让孩子把读过、看到的东西讲给我们听，从而知道孩子正在读哪些书，是课外书还是课本？喜欢读哪类书，是励志类、文史类、武侠类还是言情类？了解孩子对所读内容的理解和孩子的思想动态，同时通过口头分享培养孩子的语言表达能力、逻辑思维能力、提炼归纳能力等。女儿四岁多识字后，我们喜欢通过这种方式让她分享她读过的故事，她常常乐此不疲。这种方式非常灵活，上学、购物、旅游观光的路上，或者任何短暂的与孩子相处的时间都可以采用这种方式。

为了加深孩子对故事的理解，有时我们讲完故事后，会问孩子：小兔子为什么不能开门？桃太郎后来去哪里了？白雪公主遇见了几个小矮人？卖火柴的小女孩后来怎么样了？开始的时候，孩子是在我们的启发下复述故事的主要内容，后来就可以比较自如、熟练地重复前一天甚至前几天讲过的故事了。

　　女儿好为人师，经常教我们她在幼儿园的所学所得，她说话的时候，还要全家人都停下手头的活听她给大家"讲课"呢：

女儿：妈妈，如果爸爸妈妈不在家，有人敲门，你知道应该怎么办吗？

我：这个问题问得太好了，你说说你应该怎么办？

女儿看似得意地说：我肯定不会开门的哈哈！妈妈，咱家门上有猫眼吗？

我：有啊！

女儿：你带我看看，你抱我看看！

我抱着她够到猫眼的高度，她往外一看，黑乎乎的，因为外面的走廊不够亮。

女儿想了想说：如果猫眼看不清楚，那我绝对不会开门的。

我：嗯。如果爸爸妈妈在家，你也可以叫我们！

女儿：对，我会大声地叫：妈妈，有人敲门啦！这时，门外的坏人听到里面有大人，就赶快跑走了！这是我们老师教给我们的！

她跟我讲话的样子特别自信，特别认真，很有范儿。

　　她接着说：妈妈，这下你就不用担心我了，你有时候6点回家，有时候7点回家，有时候8点回家，有时候我睡着了才回家，但无论你几点回家，我都会保护好自己的！

　　我：太好了，宝贝闺女的安全意识这么强，Mommy is very proud of you!

　　女儿：I know you would!

　　我的夸奖让女儿特别自信。她是个伶牙俐齿的孩子，我们鼓励她表达任何内容。

　　②家庭讨论型

　　这是指家庭成员共同参与、互相点评的口头表达方式。

　　有一位多子女的妈妈非常用心，定期举办家庭阅读比赛，家长与孩子畅所欲言，无论轮到谁分享，都不能被随便打断。即便孩子的观点与家长不一致，也要保护孩子积极参与的心态，尊重孩子的自我认知，允许孩子充分表达，直至把话说完，再评价。相互点评，一视同仁，最后举手表决，给优秀者发奖，奖励形式多种多样，奖状、红花、喜欢的饭菜、周末逛公园等，家长与孩子都能体验到快乐与成就感。这种方式能调动父母与孩子的读书热情，并有助于创造让孩子敢于表达的环境，培养爱说、会说的能力。孩子胆小，怕说错话，遭受别人的批评或者嘲笑。在家里这个"别人"可能就是父母。只有敢于在家人面前表达自己观点与感受的孩子，才有胆量参加辩论、演讲和竞选。这里提到的辩论、演讲和竞选都需要事先准备讲稿，既要说又要写，准备起来是比较费工夫的。

　　③主题辩论型

　　就是与对手针对某个观点相互反驳的口头表达方式。说到辩论，我们一直以鼓励为主，活动项目，不分大小，只要有机会，都让孩子参与，通过积极的参与就能帮助孩子积累经验、积累自信，从而得到成长。

　　杨玉芬老师：在女儿很小的时候，我们鼓励她与我们俩多对话，上幼儿园鼓励她与小朋友多交流；上小学以后，她是班长，我们就鼓励她在班里，以小组为单位进行辩论。还鼓励她演讲、竞选，经历的次数多了，她说越是人多的场合，越有激情。女儿在初二时曾被评为班级辩论赛的最佳辩手。

　　女儿高一时参加班与班之间的辩论赛，辩题是"北京的城市建设应不应该以破旧立新为主？"他们班的四名女同学作为正方以绝对优势取胜。高二时女儿继续参加班与班之间的辩论赛，辩题是"理论与实践孰轻孰重？"全班同学团结如一人，挺进决赛，她本人被评为最佳辩手。高一、高二分别参加了第8届、第9届全国中学生英语能力夏令营活动，连续两次荣获英语辩论比赛奖项。高三时女儿作为全国中学生代表到香港参加由香港中文大学组织的模拟联合国辩论大赛，模拟的角色为荷兰代表团，在参赛过程中受到了很好的锻炼。

　　今年在我博士班针对"教育领导伦理"题目进行的辩论赛中（这也是课程的期末考核形式），我在同学之间匿名互评环节也当选了当场最佳辩手。

　　④演讲比赛型

　　就是与对手同台展示，优秀者胜出的口头表达方式。无论是当学生还是走上工作岗位，当众演讲都是一项不可或缺的能力。

　　杨玉芬老师：我女儿的演讲水平与她从小参加辩论活动有关。她在高一时参加了第8届全国中学生英语能力夏令营活动，获得演讲比赛二等奖，被评为"最佳营员"。高二时参加了第9届全国中学生英语能力夏令营活动并获得了演讲比赛一等奖，还被评为"最佳主持人"。

建议家长多鼓励孩子参加这类活动，让孩子通过演讲积累经验、不断成长。

⑤竞选胜出型

就是与对手同台竞技，择优选拔的口头表达方式。

杨玉芬老师：从小我们就鼓励孩子当学生会干部，为同学们服务。除了小学一年级第一学期担任班长是老师指定的，从一年级第二学期，直到小学毕业，均是高票当选，一直做到大队长。

入读初中直到大学毕业，当过班长，副大队长，大队长，学生会副主席、主席，每一次当选都是竞选产生的。每次参与竞选都要认真准备并撰写"竞选纲领"。不要小看孩子的竞选纲领，没有一定的阅读量，没有一定的写作功底，是写不出来的。写出来还要当众说出来，没有一定的语言表达能力，也是很难把自己展示出来的。

另外，竞选过程也不是一次就能通过的，我找到女儿高中期间的一份竞选纲领以及两份通知书。

大家好！

我是高三（8）班的××，这次我希望加入主席团！我猜我给您的第一印象一定是这样的：笑眯眯的，很活泼，很自信。没错，这就是我的性格，笑对生活，勇于挑战！

刚才听了很多同学的发言，他们都把自己曾担任过的职务和曾获过的奖励如数家珍地报了出来。我当然也有很多这方面的资本，但我认为过去的经验已经成为积累储藏在了我的头脑中，我的目标永远在前面！卡耐基先生曾鼓励人们说："不要怕推销自己，只要你认为自己有才华，你就应认为自己有资格担任那个职务。"今天，我在这儿向各位推销自己，就是因为我真的认为自己是主席团很棒的候选人！更重要的，我对能参与学校的组织工作、对能为同学们切切实实做点事充满了热情和期待！

一直以来，全面发展是我的追求。多年的干部经验和人生经历培养起了我很全面的才华，更让我学到了严于律己，宽以待人，自强不息，厚德载物。在所有爱好中，软笔书法和中国画最让我自豪。最近，我还在积极为老北京四合院的保护工作撰写英文文章。我这个人对民族文化有很深的情结。

今天，我带着自信且放松的心态站到大家面前。如果我入选了，大家会了解我是怎样以"实干家"的姿态投入学生会工作的。支持我吧，让我周身工作的细胞兴奋起来吧！别忘了，投我一票！

通知书一：……恭喜你，你已经通过了第十届学生会竞选（初选）……请你于下周一中午12:40到高中楼二楼小阶梯教室参加复选，准备一分钟的自我展示，请不要提及关于对未来的畅想计划及建议，记住，只有一分钟哦！充分地展现你的与众不同！……

通知书二：……恭喜你，经过你的努力，你已经通过了第十届学生会竞选（复选）……请你于本周四15:45到高中楼二楼大阶梯教室参加学代会学生干部竞选，准备一分钟的演讲，请不要提及关于对未来的畅想计划及建议，必须讲明，班级姓名，服从分配，希望进入的部门，不说职位，记住，只有一分钟哦！充分地展现你的与众不同……

竞选是展现孩子阅读水平、阅读能力的一个缩影。当然，参加竞选还需要口头表达能力、人际沟通能力和足够的胆量。

我当选学生会主席后，曾多次主持竞选，作为评委，要进行点评。

父母问："你怎么知道如何点评才是恰当的？"我很自信地说："这有啥难的！"现在在工作中，主持和即兴发言更是成了常规任务。

哥伦比亚大学教授露西·卡金斯教授讲过："任何学业和学科的成功都离不开出色的口头和书面表达能力。"

（5）写

写，是第二种信息输出的过程，指用书面形式表达所思所想，包括读后感、日记、留言、竞选宣言等。鼓励孩子多写，哪怕刚开始只写一句话，只要孩子能写出来，就大胆鼓励，从字数少到字数多，从不通顺到通顺，从通顺到流利，从流利到优美，只要坚持，表达自己的真情实感，就是好作文。提高写作水平只是时间问题。

杨玉芬老师：一位妈妈为儿子的写作能力差，经常写不出东西焦虑过，生过气，发过脾气。她问我："杨老师，昨晚和孩子商量好用一个小时写日记，但一个小时过去了他还在看书，接下来一个小时匆匆忙忙把日记写完了，质量自然很差。关于写日记的事情已经多次和他提过，他不高兴。孩子的写作兴趣没有激发出来，不愿写，怎么办？"

"用你的标准评判全文也许'很差'。但你是否发现其中有好的句子？有不错的段落？如果有，就应该大胆表扬，让孩子有被认可的感觉。保不准，哪天热情就激发出来了。"

"嗯，可能是我对孩子有些苛刻了，我一直在思考，妈妈的不信任，加上老师的批评，站在孩子的角度，他的内心感受不会太好，此刻我还真有点心痛。我会记住，从现在开始，每天对孩子说十句表扬鼓励的话。"

"你这样做，孩子的内心就会越来越有力量了。"我及时夸奖这位妈妈。

"我儿子的英语听力相对最好，写作能力最弱，基本写不出来，应该怎么办？"

"不要着急，慢慢来，先从一句话练起。建议孩子从感兴趣的书籍的读后感开始练习，写完让他读，他读你听，从中找出好句子、好段落，大胆鼓励他，培养他的自信心。估计孩子很快就能找到感觉，你觉得怎么样？"

"军事和希腊罗马神话都是他喜欢的，您说的操作过程太重要了，我想了很久都没有想到这个方法，只知道应该从他喜欢的地方入手。中英文写作都可以参考这个方法。"

"嗯，中文是母语更重要，是学习英语和其他课程的基础。"

"孩子阅读了很多中文书籍，但写作方面有待加强。"

"多鼓励吧，相信孩子有无穷的潜力。"

不到两个月，这位妈妈发来一段热情洋溢的文字："杨老师，这个周末的作文，老师要求写 400 字，孩子写了 1000 多字，还说没写完，停不下来，还有好多内容要写，想象力还蛮丰富的。我夸奖儿子：'这正是你平时积累的结果，你已经从阅读转变成写作了，你们班的写作高手都经历了这个阶段。'后来孩子还和我讲述了他的故事情节。按您说的，只要态度好，问题都好解决。"

"是呀，祝贺你，已经把孩子的潜力激发出来了。"

这个妈妈不仅找准了方法，还有心态的转变以及对孩子的信任，从 9 月 18 日到 11 月 5 日，一个多月，孩子的写作水平发生了质变！

说到父母的态度，不得不提另外一位让我无语、让儿子无奈的妈妈。

当时男孩子上初二，本来对读书的兴趣就不大，在我的敦促和鼓励下，差不多每天都会告诉我，他正在读《格兰特船长的儿女》哪一章哪一节，同时把读后感发给我。两三百字，有时通顺，有时不通顺，能坚持写。一个多月后，这位妈妈告诉我，她儿子气得不再写了。究其原因，竟然是因为妈妈的贬低与不信任。妈妈说她儿子的读后感都是抄的，他根本就写不出来。我花了近两个月好不容易激发出来的一点兴趣，就这样前功尽弃了！

说到书面表达，不得不提写作。

杨玉芬老师：我的小学与初中教育全部是在 1970 年到 1976 年期间完成的，已经不记得是从几年级开始学写作文的，反正是不会写，老师要求在课堂上完成作文，有时给一节课，有时给两节课，反正都是一样的，不交白卷就算完成作业了。上高中以前的我不害羞也不难过，父母也从来不批评。语文老师不待见我也属正常，我也没有什么特别的感觉，似乎就是这样，农村孩子大部分语文成绩都不好，作文也写得不好。但高一第一学期的一次作文课给我的教训太深刻了，至今记忆犹新，老师要求我们描写人物，已经不记得具体的作文题目了，到了不得不交作文的时候，又不好意思交白卷，只能抄同学的（这是唯一一次抄袭，既是第一次也是最后一次），其中有两句话，一辈子也不会忘记。描写美女王昭君有"闭月羞花之貌，沉鱼落雁之容"，不巧还有另外四位女同学也抄了这位同学作文上的这两句话。可以想象有六位同学的描述是一样的，多让老师失望呀。第二天语文课，老师把我们狠狠地嘲笑了一顿，狠狠地训斥了一顿，我当时恨不得找个地缝钻进去。让我们抄作业的这位女同学出身于教师之家，从小就爱读书，有一次因为在课堂看小说，同样被我们的语文老师当众批评，至今说起这些事，这位女同学还对语文老师有很大的意见呢。高二的语文老师也是班主任，知道我的语文学得不太好，对我的要求也不高，他说："你只要高考语文达到 50 分，我就满意了。"语文能考 50 分就不算太拖后腿，结果我的高考语文成绩是 59 分，老师都为我感到高兴。

有了这样的教训，母亲特别重视也特别在意培养孩子的写作能力，写读后感、写日记、写周记、写竞选宣言、写辩论稿等。哪怕刚开始只写一句话，只要能写出来，就大胆鼓励。

我大三那年的春节是在加拿大朋友家度过的，我写的抒情散文《我的老土的父母》既风趣、幽默，又知恩、感恩，深深打动了爸爸妈妈的心。他们说是笑着开始读、流着泪读完的。

上面介绍了五种培养阅读兴趣的方式，听、读、看是信息输入的过程，说与写是输出的过程。在输出过程中，无论是口头表达还是书面写作，真正能找到简洁又恰如其分的词汇毫无障碍地传达自己想要传达的信息，准确阐明自己的观念并让对方明白，获得对方的信任，并不是人人都能随便做到的，改进的办法就是多听、多读、多看、多说、多写。

3. 养成阅读习惯的几点建议

（1）父母做阅读的引导者

贾容韬《改变孩子先改变自己》一书说到没有阅读的教育是低层次的教育，没有阅读的家庭教育是残缺的家庭教育，不重视孩子阅读的父母是不称职的父母。

二十世纪八九十年代，我们家除了一摞一摞的报纸、剪报、读者文摘、书籍，几乎没有其他像样的东西。我父亲是清华五年制本科毕业生，有三大爱好，一是运动，二是阅读，三是制作剪报。我父亲喜欢将报纸和杂志上刊载的新鲜、有趣的故事、逸闻和小品分门别类地收集起来，将主题相近的内容集中粘贴在废弃的杂志上，在剪报内容的边缘处再标注上来源和时间（有些剪下来的内容刚好带有报刊名称和出版日期，就不用标注），这样在撰写文章或备课时就能够用到这些材料，而且还可以很容易地查到相关材料的出处。我看见爸爸有那么多本剪报，很多内容，我在写作文时也能用到，于是，我除了利用爸爸已经做好的剪报外，又开始根据自己的兴趣和需要制作剪报，然后合编成册，随用随看。我们家里订阅或购买的《扬子晚报》《南方周末》《读者》《世界博览》等报刊，往往是父女两人看完就很快有了"天窗"，等到母亲忙完家务想看时，这些报刊已经变得支离破碎了。爸爸和我管这种做法叫作提炼"干货"。

母亲说回想自己的童年与少年，真的很惭愧，接触的书籍除了课本就是课本，几乎没有读过课本以外的文学著作或其他作品，不是没有时间，是从小家里没有书可读。姥姥姥爷都是文盲，省吃俭用勒紧腰带供母亲兄妹七人上学实属不易，哪有条件买课外书。母亲说因为词汇量非常有限，很多时候她不敢当面陈述自己的想法与观点，总担心说不好，无法正确表达，三人以上的场合几乎不发言，当听到别人表达的意见与自己的想法一致时，又会为失去的机会后悔，这些都是阅读不足惹的祸。

因为阅读量不足，不会表达自己，母亲也曾产生深深的自卑感。但所幸她自卑不消沉，也不沮丧，自卑产生的压力激励她开始阅读，并找到了帮助他人进行早期阅读的努力方向。是的，别人学得早，懂得多，但这并不代表后来者就永远落后。阅读少也不一定要认输，母亲经常自嘲，虽然读书少，但她的利用率高，不会像有些人，虽然看起来读得多，但是不会用，只是用来吹牛侃大山，也没有多大意思。

杨玉芬老师：不得不说，我喜欢读书得益于我先生。他不仅给我讲天文、历史、地理，还给我分享他读过的报纸，我经常夸他记性好，记住那么多的事件、人名、地名、故事。我发自内心地崇拜他这方面的能力。他有良好的读书习惯，每天临睡前都读书，有时看到精彩处，会兴奋得睡不着。我刚开始阅读时，拿起书本总爱打瞌睡。但渐渐地，我也喜欢读书了，虽然读得慢，读得少，但我有比较强的理解力与逻辑思维能力，能把从书中学到的知识应用于生活，渐渐地我在读书过程中收获了越来越多的自信。

大学毕业三十周年，母校要求每位校友撰写一篇回忆文章，当一个女同学在电话中得知我撰写了 5000 多字的回忆文章时，曾用半真半假又有些调侃的语气说："嗨，就你？当年那写作水平，没想到你也会写回忆录。"我开心地哈哈大笑："有什么高见？提几条修改意见呗？"我撰写的《我和我的室友们》作为学生文章首篇被收录在《八千里路云和月》纪念文集中。

我也见过没有阅读习惯的家长。

有位妈妈说她自己从小几乎没有读过书，不喜欢读书，也不会读书。我曾推荐给这位家长几本书，她的执行力很强，买书的积极性很高，但书买回来了，很长时间都没拆封。

如果家长不爱读书，恐怕也就没有理由责怪孩子不读书了。

爱上读书，就是爱上一种用理性、用经验解决实际困扰的思维方式。爱读书的孩子，不害怕寂寞，因为书里有他的朋友；他们也不怕迷茫，因为读书能帮他找到答案。读一本书，就是打开一扇看世界的窗，开的窗多了，视野大了，心胸自然更宽广。

读书带给孩子的专业能力提升和精神财富的厚重，是他取之不尽用之不竭的财富，这比任何家产都宝贵。努力让孩子喜欢阅读是父母最划算的教育投资。

（2）创造爱读书的环境

爱读书的环境指干净整洁的环境，和随手可及的书本。一个家里，如果只有孩子读书，这个家的精神是断层的。和孩子一起阅读，共同讨论，发表各自的看法，交流心得，才能保持思想的同步成长。一个喜欢读书、尊重知识的家庭氛围，会让其中的每一个人都受到书香的熏染，共同体验阅读的乐趣，正如莫泊桑所说"喜欢读书，就等于把生活中寂寞的时光换成了巨大享受的时刻"。

不同的家庭为孩子创造的阅读环境是不同的。

模仿。每个孩子小时候都特别喜欢模仿,模仿成人阅读。翻看妈妈当年的育儿日记,发现我一岁两个月时就模仿爸爸读书。

日记有这样的记录:"家长做什么,她就做什么,歪头举手都跟着学,有时看报纸,有时看书,有时坐在板凳上把书反着拿,仍然装模作样、咿咿呀呀地说着。"爸爸上厕所总爱拿一本书,有一次我坐在马桶上也大便,就喊:"妈妈,看书!"

逛书店。

我表弟之所以能成为当地高考状元,与他小时候,小姨经常陪他逛书店有关,要么在书店待一上午,要么在书店待一下午,回家的时候,至少买一本表弟喜欢的书。现在的实体书店虽然不像以前那么多了,还是可以找到的。

泡图书馆。

一位妈妈说书店少了,公共图书馆增多了,她定期带着两个孩子去当地的少儿图书馆看书,可以办理借书证,借阅自己喜欢的书。每次去,两个孩子总能找到自己喜欢的图书,乐此不疲。

读广告牌。

我大姨是一位有心的奶奶,知道从小识字阅读的重要性,只要带孙子出去玩就给他念广告牌上的文字,大街上随处可见的宣传资料都可以成为培养孩子阅读习惯的素材,确实方便、多样和实惠。

别样的礼物。

父母从小陪我读书,培养了我的阅读习惯。在我九岁那年的春节,大姨问我过年想要什么礼物。我不好意思说,让妈妈告诉大姨:"就送书吧,书是最好的礼物。"后来,大姨专门送给我一套包装精美的《郑渊洁童话》，这套书一直被我视若珍宝，保存至今。我也把我对郑渊洁的喜爱传给了下一代，女儿儿子也成了舒克、贝塔的粉丝。

欣赏鼓励。

在培养孩子养成阅读习惯的过程中，父母更多采用欣赏的态度，我在一篇文章里特别提到："每当我读到一篇好文章，或是写出一篇满意的作文时，我就满面春风地与妈妈分享。不论妈妈多么忙，她总是立即放下手头的工作，面带微笑地安静地听着。那笑容深深地印在我的心里，那笑容我永远也忘不了。"

早期阅读是幼儿认识世界和探索世界的一种重要手段，应以平常心看待早期阅读。美国心理学家关于"天才发生学"的研究结果表明，42%的天才男童和46%的天才女童都是五岁前开始阅读的。母亲给我做"妈妈上岗培训"时明确告诉我，婴幼儿的语言发展敏感期是零到六岁，我从小就坚持每日陪读，女儿刚出生几天时，她躺在暖暖的飘窗上一边晒太阳，我们就一边读故事给她听，虽然她不懂，也不能交流。但陪她读故事的时候，她不哭也不闹，还咿咿呀呀跟着我们说着谁也听不懂的语言，直到故事结束，仍然言犹未尽，说个不停。她两岁多就开始认字，她四岁多就喜欢独立阅读了。她在幼儿园告诉老师她已经能自己读故事的时候，老师表示惊讶，当场拿来班级书架上一本绘本考验她，爸爸评价说她读得一字不差。就这样，我们断断续续就把阅读的主动权交给女儿了。

有心栽花花不开，无心插柳柳成荫！我们有时也会用识字卡教孩子认字，但孩子并不太感兴趣。而把讲故事与指读结合起来，发现孩子兴趣很高，识字就变得自然而然了。《三只蝴蝶》是我幼儿期最喜欢的童话故事，不是之一，几乎成为我小时候每晚的必读故事，不读完这个故事不睡觉。其中"我们三个好朋友，相亲相爱不分手，要来一起来，要走一起走"就是我们的"家歌"。不论是饭后散步，周末踏车郊游，还是寒暑假回家探亲、游览风景名胜，三个人总是结伴而行。我也给全家分配了角色，爸爸是白蝴蝶，妈妈是黄蝴蝶，我自己是红蝴蝶。

《三只蝴蝶》也在我们家继续传承，我女儿同样爱听，这个故事不知讲了多少遍，背了多少遍。从她不会说话时读给她听，会说话不识字时陪她一起用手指着读，识字后自己读，诗书传家长。当她声称已经认字不需要陪读的时候，我们也是用这个故事考查她的。当她一个字不错地读出来，又随便让她指认一些字词后，我们相信她真的识字了。

女儿在幼儿园中班因为识字多，认识同学的名字，老师非常放心地把写着其他同学名字的材料让女儿发放，她能叫出每个同学的名字，令老师们称赞不已。我小时候也因为识字早常常给其他同学当小老师，最早接触数学应用题时，有不少年龄小的孩子不认识字读不懂题目，做作业的速度就比较慢，当有同学请教我做题的时候，我自然能体会到被需要的自豪感。这种意外的收获带来的自信心是早期阅读的另外一个极大的收获。当然，识字为后来独自看书、自主学习奠定了必备的基础。

（3）支持孩子自主购书

有一位家长，是大学老师，她说她三年级的儿子喜欢读侦探类的书籍，她不想让儿子阅读这些没有"品位"的书籍，就亲自给儿子选择几本自认为有"品位"的励志类图书，结果她儿子一点都不喜欢，连翻一下的兴趣都没有。她不明白，她推荐这么高品位的书籍，儿子为什么不喜欢？我直截了当地告诉这位妈妈，孩子还小，还不明白什么是品位，但他懂得什么样的书是他感兴趣的。我建议这位妈妈多陪孩子到书店自由挑选他喜欢的书，而不是家长喜欢的书。

现在已经是二十一世纪二十年代了，仍然有家长不允许孩子阅读自己喜欢的书。

两三岁的幼儿也有自己的喜好，不要小看他们的判断力与选择力。

内蒙古一位妈妈说她带两岁多的女儿去书店，她希望按照内容为女儿选一本书，而她的女儿却要根据封面的颜色选另外一本书，最终妈妈把选择权交给女儿。我的建议是，孩子每次买一本书，读完了再买。有些家长很大方，一下子买很多书，堆在家里，孩子连翻一下的兴趣都没有，这样就失去意义了。

到底应该让孩子读什么书呢？书的档次与品位之间的辩证关系是非常有趣的，是先让孩子阅读，不考虑品位，只考虑孩子所处的年龄，把阅读兴趣培养起来，还是让孩子按照家长指定的、家长认为有品位的书籍开始阅读呢？

品位与档次是站在不同的角度而言的，是由不同人的评判标准决定的，孰优孰劣，岂可一言。有些家长明明是要培养孩子的阅读兴趣，却又阻碍孩子读自己感兴趣的书。

有一位妈妈说她看到五年级的儿子阅读玄幻小说《斗罗大陆》时很不高兴，可她儿子竟然连续看了三遍。我让她问问儿子阅读这本书的收获，她儿子说，扩大了想象空间，了解到创造是从无到有的过程，认识到只要努力并坚持就能成功的道理。我告诉这位妈妈，儿子的心态很阳光，读出了积极的意义，这本书没有白读。

我上小学高年级的时候，特别喜欢读金庸的武侠小说《笑傲江湖》《神雕侠侣》，当时这两套书很流行，很有市场。虽然母亲内心并不十分赞成孩子读武侠小说，但仍然尊重孩子的选择，理解我的感受，陪着我到书店购买这两套书。母亲相信开卷有益，相信我不会因为看这样的课外闲书而影响学习。我很幸运有父母的支持，在阅读上能广泛涉猎，在十三岁的日记中写过我某次考试前读金庸作品集的感受。

　　虽然选择本身很重要，但爱读书比读什么书更重要，千万不能让孩子为读而读，假如读"伤"了，那就很难恢复阅读的兴趣了。

　　孩子与家长的审美情趣不同，认知不同，选择图书的范围与角度也不同。我在纽约当老师的时候，学校给初中生推荐的书目（books teachers choose）包括：

经典（classic tales）

影视作品（stories about films）

短篇小说（short stories）

诗歌（poetry）

外文书籍（language books）

人物传记（biographies）

科学书籍（science books）

数学书（math books）等；

而学生的自选书目（books students choose）包括：

吸血鬼故事（vampire stories）

冒险故事（adventure stories）

旅行故事（travel stories）

鬼故事（ghost stories）

警匪故事（grime stories）

爱情故事（love stories）

绘本／漫画（graphic style novels）

灾难故事（disaster stories）等。

老师推荐的书目与学生感兴趣的书目之间没有什么交集，但我的"老东家"并没有限制孩子们的阅读范围，允许孩子们按照自己的兴趣选择自己喜欢的作品。

确实有一些家长比较功利，要求孩子只能阅读有助于提高考试成绩的读物。有一次我主持中学生家长读书沙龙，一位家长说"只要对考试没帮助的书，我都不让孩子读"。还有一次，在类似的活动中河南一位妈妈说她也是这种态度，只要她认为与考试内容无关的读物，就会限制孩子。

不少家长希望孩子爱上阅读，但不支持孩子读自己感兴趣的书。有一个妈妈是大学老师，经常指责孩子读的书没有品位；有一个妈妈在国企工作，只要看到孩子读的不是课本，就抱怨孩子不好好学习，指责孩子读闲书没有用。

表6是我高考状元的表弟高中三年读过的部分书单，其中有很多书，我都没有读过。谁能说得清，哪本书对高考有利，哪本书对高考不利呢？

表6　高考状元高中三年的部分书单

《活着》	《神箭》	《名声》	《常识》
《皮囊》	《噪音》	《欢喜》	《洛丽塔》
《路上书》	《模仿者》	《收藏家》	《大河湾》
《白夜行》	《暗店街》	《局外人》	《禁闭岛》
《孤独六讲》	《丈量世界》	《一九八四》	《娱乐至死》
《北京，北京》	《全民选举》	《人间失格》	《南朝岁月》
《中国制造》	《米格尔街》	《摩登时代》	《岛屿独白》
《陆犯焉识》	《百年孤独》	《品味四讲》	《人民公仆》
《谈美书简》	《蛤蟆的油》	《黎明之街》	《万物生长》

《偶尔远行》	《瓦尔登湖》	《麒麟之翼》	《愿生命从容》
《孩子的愤怒》	《我是你爸爸》	《看上去很美》	《漫长的告别》
《阿克拉手稿	《挪威的森林	《月亮和六便士》	《孤独者之歌》
《沉默的大多数》	《一个人的村庄》	《蒂凡尼的早餐》	《琼美卡随想录》
《辛德勒的名单》	《我的精神家园》	《失明症漫记》	《文学回忆录上》
《复明症漫记》	《嫌疑人X的献身》	《世说新语简本》	《了不起的盖茨比》
《袭击面包店》	《一只特立独行的猪》	《爱情和其他魔鬼》	《梦里花落知多少》
《没有人给他写信的上校》	《这个世界土崩瓦解》	《给青年的十二封信》	《牧羊少年奇幻之旅》

当然，在鼓励孩子读自己感兴趣的书籍的同时，家长可以有意识地引导孩子阅读名人传记，就是人们常说的励志类读物，名人的成长经历对孩子们的影响不容忽视。我小学时曾读过一本《小学百科乐园（四年级）》，了解到名人的成长都是有秘诀的，如"五到"讲的是鲁迅小时候读书很讲究学习方法和学习效率，为集中注意力，时常勉励自己读书时要做到心到、口到、眼到、手到、脑到。"五心"是著名科学家爱迪生总结自己成功的要诀，就是开始工作有决心，碰到困难有信心，研究问题要专心，反复学习要耐心，向人学习要虚心，他因此发明了电话、留声机等，成为举世闻名的发明大王。科学幻想之父儒勒·凡尔纳为了写出更好的科学幻想小说，在平时收集资料时做到了多读、多想、多比、多用、多记，后人总结为"五多"。我在当年的周记里写道："我要学习这些名人的做法，在他们的基础上也学会总结自己的学习经验。"

当然，支持孩子购买自己感兴趣的读物固然很重要，但不能因此忽视语文课本和学校指定的其他读物。

还有的家长希望孩子热爱阅读，只能在自己规定的时间内阅读，当然也无法养成阅读习惯。一位妈妈说她有一天晚上看到孩子睡前又看书，没有和孩子确认，就认为孩子没写作业就看书，强制让孩子放下书，写数学作业，结果孩子抹眼泪写数学作业，最后时间到了，不了了之，上床睡觉了。她说孩子有看书的需要，因为放学太晚，总是得不到满足，建议和孩子一起讨论怎么挤出看书时间，而不是强制不让孩子阅读。

二、喜欢运动——会玩的表现之二

运动从孩子出生就开始了，科学研究表明，最好每天运动 1 小时左右。

近年来，国际学术界提出了儿童发展的感觉统和概念，就是说，孩子只有很好地控制自己的身体，才能更好地感受世界，这是智力发展的基础。如何才能更好地控制自己的身体呢？就是运动，走、跑、跳、蹦、踢、攀、爬、翻等。翻跟头、走平衡木训练能够很好地刺激孩子的前庭，对孩子集中注意力有好处。某种程度上讲，运动比学习知识更重要。

随着教育领域"双减"政策的实施，其后的"双增"逐渐浮出水面。"双增"指的是：增加户外活动、体育锻炼、艺术体验、劳动锻炼的时间和机会；增加校外非学科类培训，使学生接受体育和美育等课外培训的时间和机会增加。这是令人欢欣鼓舞的消息，体育运动是人生不可缺少的内容。

我爸爸妈妈都爱运动，在我很小的时候，每天都要带我运动，运动项目丰富多彩，室内室外，只要有机会就鼓励我尝试。结果证明，运动带来的好处太多了，身材苗条，身心健康，不近视，在高中 800 米女子中长跑项目上实现了三年三连冠。

上海平和学校万玮校长把这个道理讲得很妙："人生，唯阅读和体育不可辜负。"多带孩子运动，让孩子喜欢户外运动，不必追求获得某个运动项目的比赛奖项或当体育明星，而是由此养成一种爱好，养成终生运动的习惯。

1. 运动的好处显而易见

作为《世界名校学生家庭教育手记》作者之一，阅读体育分册的每篇文章都觉得感动，感动于家长引导孩子爱上体育运动的坚持和付出，孩子也因为坚持从中受益。有的孩子多年专注于一项运动，成绩斐然；有的孩子没有特别感兴趣的体育项目，以放松和锻炼为主，也从中受益良多。

运动可以提升睡眠质量增进健康。

有一天，我路过一个足球场，看到清华附中初一、初二的男生正在比赛踢足球，家长在场外观战，一个妈妈说她上初二的儿子，从小学五年级开始踢足球，身体特别好，从来不感冒发烧。运动过程消耗能量让孩子有累的感觉，能促进深度睡眠，睡得沉，睡得香，提高睡眠质量，才能确保孩子精力充沛。

运动可以提高学习效率。运动大脑中产生神经递质化学物质，可以帮助孩子进行学习。比如：产生的多巴胺让人心情愉悦、思维活跃；血清素改善情绪，让人心态平稳、增强记忆；去甲基肾上腺素有助于提升专注力等。科学研究发现，尽管产生血清素、去甲基肾上腺素和多巴胺的神经细胞只占大脑千亿细胞的1％，这些"调节器"却发挥着举重若轻的影响力和作用力。美国伊利诺伊州内珀维尔中央高中推行"零点体育课"，证明体育不仅不影响学习，还能增长智慧。每周只需运动三到五次，每次30到45分钟，就能极大地提升记忆力和专注力。2007年德国科学家发现，和运动前相比，运动后学习词汇的速度提高了20％。擅长体育的孩子并不只是四肢发达，而是头脑更发达。

我高中期间参加过红旗接力赛，每个班五名女生和五名男生，我们班以超出一圈的绝对优势取胜，是当时最好的两个班之一，因为我们班也是重点班，所以大家说学习好的孩子体育也好，看来体育确实能促进学习。清华附中有一名初一男生特别喜欢运动，踢足球，打篮球，参加运动会50米跑是年级冠军，学习成绩名列前茅。我在耶鲁遇到的最优秀的同学之一，是美国各大城市马拉松比赛的常客，也是我们毕业典礼唯一的学生代表（valedictorian）。一位家长说他没想到儿子高三踢足球，竟然能考上一本，本来以为踢球影响学习，只能考二本呢。另一位家长说长期的体育训练和严格的比赛赛制，让儿子养成了良好的学习习惯，在排球赛季，他会给自己制订详细有效的学习、活动日程计划。

运动对学习的积极作用毋庸置疑，剥夺孩子运动的权利不仅影响身体发育，也不利于孩子的成长，如果把运动的时间全部用来学习，往往会得不偿失。爱玩会学，玩学相长，这样才能避免成为死读书的书呆子。

参加运动可以提升领导力，培养团队合作精神。《为什么有体育特长的人容易成功》一文总结了运动员具备三个特殊的心理素质，难以击垮的信心和号召力，懂得如何去竞争，懂得团队合作。一个人走不远，一群人才能走得更远。哈佛大学对毕业20年后的学生进行调查，发现有体育校队背景的学生为母校捐款最多。

参加运动可以磨炼意志品质。在体育运动中经受过失败并重新站起来的孩子更自信、更坚强，更有可能从"不可能"变成"我可以"。一位家长说他孩子参加体育运动后的最大收获就是敢于面对失败，包括考试失败。害怕失败的孩子容易变成旁观者，对于不确定的问题，不敢尝试。教育的关键就是让孩子保持对学习的兴趣和热情，从容淡定地面对竞争，不怕失败，而进行体育运动则是实现这一目的的最好方式之一。

运动是很好的情绪宣泄渠道。不难发现，爱运动的孩子鲜有性格内向的，抑郁或自闭的概率非常低，因为运动过程中释放和增加的 5- 羟色胺和去甲肾上腺素具有抗抑郁作用。2000 年 10 月杜克大学在《纽约时报》发表研究成果，发现体育运动治疗抑郁症的效果好于抗抑郁药物舍曲林。参加运动可以分散注意力，让人摆脱那些导致抑郁的消极情绪，使大脑皮质的焦躁状态得以缓解。

体育如此重要，家长应该适当"逼迫"那些不喜欢运动或不擅长运动的孩子更多地投身户外运动，包括体育运动。体育运动是可以"逼迫"孩子做的！

体育成绩早已纳入中考。

我认识一位北京初三男生，平时不喜欢参加体育运动，认为锻炼浪费时间、影响学习。没办法，中考前，爸爸妈妈只好专门为他请来了陪跑老师，每天下午放学后陪他跑 1000 米，练习两个月以后参加中考，因为中考体育成绩是由两个部分组成的，一是过程性成绩，二是现场考试成绩。这个男生现场发挥还行，按照规定时间跑完了 1000 米，但他进入初中以后的过程性成绩只有 6 分，最终因为体育成绩差 4 分，没有考进理想的101 中学，后来被他们家附近一所区重点中学录取。这个同学非常伤心，其他科目成绩都不错，没想到拖后腿的竟然是体育，挺可惜的。

从 2023 年 1 月 1 日起，体育已经正式被纳为高考必考科目之一。

2019 年清华大学自主招生体质测试项目包括身高、体重、肺活量、坐位体前屈、立定跳远、台阶运动等，体质测试不过关就进不了清华。身体素质不过关，上不了好大学，这已经是不争的事实。

实际上，清华大学自 1911 年建校以来就非常重视体育。

1912 年清华建校之初实施"强迫运动"。无体育，不清华。清华学生体育好，"强迫运动"功不可没。1931 年出版的《国立清华大学二十周年纪念刊》所刊《清华二十年来之体育》一文阐述了"强迫运动"其法："……于每日下午四时后，将全校各处寝室、自修室，以及图书馆、食品部等处之大门一律关锁，使全体学生到户外运动场，投其所好，从事运动……此法行至民士体育馆已落成，体育课改为正课后为止，是为清华强迫运动时期。周诒春校长是清华体育运动的积极倡导者，在清华推行"造就完全人格之教育"，鼓励学生全面发展，提高综合素质，成为适应现代社会的国家公民。著名建筑学家、建筑教育家、中国科学院院士梁思成先生 1915 年考入清华，曾是清华有名的足球健将，单双杠和爬绳等器械运动技能精湛并在全校运动会上获撑竿跳高第一名。

1919 年之前"五项运动试验"不通过不能毕业出国留洋。

1926 年清华体育部主任马约输完成"体育的迁移价值"的论文。他说：运动可以使感觉更敏锐，使意识得到发展，意识是智力范畴中最基本和最终的东西，运动激励未来工作的行动意识，因而运动把性格的意识迁移到社会生活中去。通过体育培养的优秀品质同样可以表现在社会生活中，因此体育是产生优秀公民最有效、最适当和最有趣的方法。

1957 年蒋南翔校长向清华全校师生提出"争取至少为祖国健康工作十年"的号召。只有强健的体魄才能把所学知识技能长久地服务于社会，才能为祖国健康工作 50 年。

1998 年起，男生测试 3000 米、女生测试 1500 米成为清华的特色和基本要求。

2001 年初，常务副书记陈希提出"育人至上，体魄与人格并重"的体育教育观。

2014 年学生喊出"无体育不清华"成为新时代学校体育文化的象征。

2016 年针对大一新生恢复四点半强制锻炼的传统。

2017 年清华恢复"不会游泳不能毕业"的老校规。

家喻户晓的美国常春藤盟校，最初是由八所学校组成的体育赛事联盟，八所学校因为体育走到了一起，现在美国各大学仍为体育而疯狂，可见体育在美国高校教育当中的分量。

久负盛名的罗德奖学金创立110多年了，其中一项招生标准就是喜爱体育，可体现为出众的运动成绩。通过体育运动获得国内外比赛大奖的申请者必然会受到世界名校的青睐。当然，没有出众的运动成绩也并不妨碍我们参加体育运动的热情。

2. 爱运动的孩子思维敏捷成绩更好

运动耽误学习吗？

踢球影响高考吗？

杨玉芬老师：有一年9月，我被邀请到外地参加学术会议，报告结束后与会议组织单位的负责人聊天。当他知道我开始做家庭教育咨询时，特别感兴趣，当即邀请我晚上一起喝茶。一起喝茶的还有两位有孩子的年轻企业家，一边喝茶一边聊各自带孩子的困惑。

他儿子在省城上高三，是个足球迷，9月底即将要代表学校参加校际比赛，可能要请几天假，这让他很烦恼。为了阻止儿子参赛，他私下找过班主任说情，不让他儿子参赛。儿子也很倔，作为足球队长，在关键时刻他必须为学校的荣誉而战，而且他早已说服班主任，非参赛不可。

父子俩就这么僵持着。为此，有了下面的对话。

"请问，您希望儿子快乐吗？"

"当然希望。"

"您儿子快乐吗？"

"我阻止他踢足球，他当然不快乐。可是在高三这个节骨眼还踢球，没有时间学习，怎么考大学？"

"你儿子不快乐，他学习效果会好吗？"

"不会吧。"这位爸爸若有所思。

"学习时间长，一定效果好吗？"

"不一定。"

"坐在教室，就等于学习吗？"

"不一定。"

"请问，您想过踢球不仅不影响学习，还能提高学习效率吗？"

"没有想过。"

"如果您儿子坐在教室里，样子像学习，心里却想着比赛，这是您想要的状态吗？"

"不是。您的意思是允许我儿子参赛？"

"您说呢？"

"我明白了，我要支持儿子踢球。"

"是呀，不仅允许，还要支持呢。您应该去现场做啦啦队员。"我乘机给他讲了美国 NBA 球星乔丹父母鼓励他打球的故事。

后来，他每周都去学校看儿子，再忙也不超过两周一次。他鼓励儿子该玩的时候就放开地玩，该学习的时候就专心地学，儿子的状态好极了。没有沟通障碍了，父子关系也改变了，父子俩都特别高兴。有一天他在电话中高兴地告诉我："儿子有劲头，我也有劲头。"

第二年他儿子高考 559 分，当地本科录取线是 513 分。他根本想不到儿子的高考成绩能超出预期那么多，后来他儿子被上海一所理想的大学的金融专业录取了。

这是一个非常典型的玩学相长的案例，运动放松身心，提高学习专注度，虽然看起来学习时间少了，但效率提高了，单位时间内吸收的知识量增加了。

3. 引导孩子热爱运动

（1）热爱运动不一定锁定某个项目

一位初一女生，最近不太喜欢运动了，心情有点郁闷，我问她为什么。她说妈妈希望她能找到一项不需要专门场地，又能天天坚持做的运动项目。但她觉得找不到，所以就不想运动了。心情不好，影响了上体育课的体验，还影响了同学关系。

她妈妈的观点是既然孩子不喜欢运动，有可能是没有找到适合她的运动项目，所以建议女儿继续寻找其他的项目。

经过交流，得知孩子喜欢游泳，喜欢骑单车，但因为学习任务重，作业多，加上游泳和骑车受场地和天气的影响比较大，难以做到天天游泳，或者天天骑单车，妈妈误解为孩子没有找到喜欢的锻炼项目，以为孩子不爱运动了。

我建议这位家长首先打开思路，放松心情，不要局限于孩子喜欢的某个项目，比如游泳和骑单车需要的时间都比较长，无法保证每天都有这么长的时间，怎么办？有时间游泳开心，有时间骑车也开心。没有时间游泳，没有时间骑单车，上下楼不坐电梯，在小区跑跑步、跳跳绳、打打羽毛球都开心，这些运动不限时，受场地制约小，时间长短皆宜，同样可以达到健身和放松的效果。孩子和家长都接受了这个观点。

有的家长说孩子从小试着参加过很多体育项目，空手道、游泳、篮球、棒球、网球。虽然孩子在空手道方面有一定的天赋，但在搬家后，找不到合适的训练机构，不得不改为其他的运动项目。而其他运动项目并没有影响孩子运动的热情。

也有家长说从小就让孩子尝试过很多项目，游泳、滑冰、滑雪、网球、羽毛球等，机缘巧合，羽毛球是坚持最久的运动项目。

我从小就参加各种运动，幼儿期做俯卧撑、仰卧起坐、踩影子、跑步、溜旱冰、滑冰、跳绳、爬山等。长大后，爬山、骑车、郊游，异常天气无法出门就在家里顶气球、扔沙包、举哑铃、跳绳、踢毽子、散步、原地踏步、做眼保健操等。当运动成为习惯后，渴望运动就成了自然，我小时候有句口头禅"如果出去玩，不要和我商量"。参加工作后，我每到周末，总想着锻炼。这就是体育运动的习惯，运动已经成了我日常生活的一部分。

（2）爱好运动不一定追求运动成绩

我认识一位五年级的小男孩，特别喜欢打乒乓球，而且教练也认为这孩子有天赋。这位妈妈设法为孩子找到一位技术还不错的教练。在初学的时候，孩子被要求只能按照教练的打法练习，不允许孩子与任何人打球，怕动作走样，孩子只学了一个月，再也不愿意去训练了。

"花了好多钱，好不容易请到的教练，孩子说不去就不去了。"妈妈气呼呼地说。

"这不是孩子的错。"我不解地问她，"打球的动作有那么重要吗？中国乒乓球世界领先，很多世界冠军的打法也不完全一样。即便同一个教练教出来的运动员，动作也有差异，有的是发球高手，有的是接球高手，有的是扣球高手，各有特点。但有一点是一样的，多练多打，动作舒展，能把球接过来，能把球挡回去，能把球扣死，就足够了，为什么非要严格按照教练的个人标准呢？"

"教练就是这样要求的。"

"你想让孩子当世界冠军吗？"

"不是，就是因为孩子喜欢打乒乓球，我才让他学嘛。"

"既然孩子喜欢，又不想让他当世界冠军，何必拘泥于教练认为的标准动作呢？只要孩子愿意打，愿意练习，打得开心，想怎么打就怎么打呗，动作并不是最重要的啊！"

"看来要给孩子换教练了。"

确实有这种情况，教练技术水平高，但引导孩子的水平并不一定高，也未必会激励孩子、挖掘孩子潜能。这样的教练也许不适合孩子，如果不适合，要及时更换，以提高孩子的积极性，保持孩子对运动的热情。

（3）运动不以功利为目的

大多数家长从幼儿时期开始就为孩子提供不同的机会去尝试各种活动，对没有兴趣的项目随时终止，但从小到大适合一直坚持的是体育运动。在没有任何功利目的要求下参与运动，孩子喜欢，参加运动就意味着每天有机会和其他小朋友一起玩，没有压力。一旦养成习惯，孩子长大了，只要有时间就会运动，这样就能让体育运动成为孩子生活中不可缺少、不可替代的一部分。

运动对于孩子是一种强身健体的手段，不包含任何职业生涯的规划。什么意思呢？就是说孩子爱好体育，甚至当世界冠军，他将来也不一定就要从事体育行业。孩子喜欢运动，对成长有好处，只要有能力，有良好的身体素质，不管孩子将来想干什么，都是能做成的。针对这一点家长要充分信任孩子。信任可以让孩子眼里有光，任何学习好的孩子都不如一个眼里有光的孩子。运动可以让孩子眼里有光，还能通过运动培养协调能力、抗挫折的能力、领导能力、管理能力、团队合作能力等。这些能力对孩子的成长，远比现在告诉孩子以后做某一种职业效果要好得多。

有一个孩子喜欢踢足球，也有踢足球的天赋，家长允许并鼓励孩子踢足球，孩子是学校足球队的队长，将来是做专业足球运动员，还是把足球运动当作业余爱好，变数很多，取决于很多因素，如家庭条件、身体条件、喜爱程度、机遇缘分等。但只要孩子把专心踢球的能力、快乐踢球的状态迁移到学习考试之中，学习效果就会更好，成绩就能提高。迁移到工作中，就能提高工作热情和工作效率。

没有功利心的父母能激发孩子长久的运动热情。热情来自兴趣，兴趣孕育创造力，只有充分尊重孩子的兴趣爱好，才能激发出孩子的想象力和创造力，充分发挥其潜能。

我从小就有早睡早起的习惯，每天早上起床后，爸爸妈妈会先带我到楼下跑跑跳跳，然后再回家吃早饭。这完全是没有功利心的玩耍，但相关研究后来发现，仅仅保持一定量的晨练就可以减少几成肥胖的概率，看来我体形的苗条也得益于小时候无功利心的晨练。

现在我带娃，也是找一切可以找到的时间带他们户外活动，任性玩耍，不怕脏乱差，只要开心就好。孩子们因此非常活泼，也很少生病。虽然现在室内游乐场越来越多，但我尽可能让他们晒太阳，在风吹日晒的环境下跑跑跳跳，家附近的一草一木都是孩子们的游乐场。

《运动改造大脑》一书中说过，加州教育局曾做过一项长期调研发现，体能成绩好的学生考试成绩也同样好。比如，在加州 27.9 万名九年级学生中，那些体能测试记录得高分的学生，参加斯坦福成就考试（Stanford Achievement Test）的数学平均分数排在第 67 个百分位，即比 67% 参加考试的学生强，而阅读平均分数排在第 45 个百分位，即比 45% 参加考试的学生强。而那些体能测试记录得低分的学生的数学和阅读考试的平均排名分别是第 35 个百分位和第 21 个百分位。由此可见，鼓励孩子保持健康体能的生活方式可以让他们有机会获得好成绩。

（4）面对输赢，保持平和的心态

伦敦奥组委负责人曾说过："体育不仅教会孩子们如何在规则的约束下去赢，而且教会孩子们如何体面并且有尊严地输，赢得起还要输得起。"比赛的输与赢对孩子的承受能力是一个考验，要经得起输。赢了，孩子笑逐颜开，有点小得意。输了，就噘起小嘴，一脸不悦，甚至发脾气。胜败乃兵家常事，必须正视输赢，接受输赢的挑战。应该明确告诉孩子，优胜劣汰，适者生存，这就是竞争。比赛能赢固然好，输了也没有关系，自己尽力了就是收获。认输并不是服输，并不意味着甘拜下风，让孩子渐渐懂得爱拼、敢拼才会赢的道理。

体育运动项目丰富多彩，只要想运动，总有一项适合孩子。橄榄球、冰球、花样滑冰、乒乓球、篮球、网球、足球、田径、跑步、摔跤、棒球、游泳、空手道、羽毛球、跳绳、赛艇、曲棍球、击剑、高尔夫球、擒拿格斗、射击、跳伞、排球、体操、溜冰、跆拳道、轮滑等。除这些常规项目之外，还有下棋、舞蹈……

国际象棋属于体育运动，而我原来误认为国际象棋只是一种游戏比赛。由于国际象棋强调竞争性、策略性和纯粹的精神意志，因而与其他运动一样，国际象棋也需要感知、快速思考和策略，比赛中获胜所需要的竞争性和纯粹的技巧性非常符合体育运动的概念。国际象棋已被国际奥委会认可为一项体育运动，全世界每年举办很多场国际象棋比赛。

舞蹈是一项音乐与体育兼顾的项目。经常有家长咨询我在音乐方面，孩子应该学什么。我推荐孩子学舞蹈，跳舞既是运动，又能享受音乐的熏陶。

如果孩子开始从事某项运动的年龄大一些，也纯属正常，晚出发不代表落后，更不代表失败，还有可能后来居上，这一点需要家长有坚定的信心。

养成孩子喜欢运动的习惯应该从婴幼儿开始。不仅鼓励孩子坚持，父母更要坚持。衷心希望家长尽快带孩子动起来，体育能快速带来健康，带来快乐，带来幸福，带来魅力，只要行动起来，孩子终将成为运动的受益者。

体育锻炼的不光是我们的身体，还有我们的意志力。

三、外出旅游——会玩的表现之三

上学日没有时间，节假日带孩子外出旅游增长见识，这是有别于户外体育运动的一项内容。旅行是一种学习，是对学校学习的有益补充，可以丰富孩子的经历与阅历，陶冶情操，培养自理能力。

俗话说："读万卷书，不如行万里路；行万里路，不如阅人无数；阅人无数，不如名师指路；名师指路，不如自己去悟。"

杨玉芬老师：我们全家都喜欢旅游，每到周末，我们就带孩子在城区及周围骑自行车"观光"。北京可参观的景点太多了。我们称全家三人外出是"穷玩"，尽管收入不高，就是喜欢出去玩。每年寒暑假都会带女儿外出旅游。当年的交通不像现在这么方便，以大城市为主，北京、上海、南京、苏州、杭州，或者游览我们居住城市周边的景点。有时也鼓励孩子独自走出去开阔眼界，女儿八岁时就让她随团参加青岛夏令营活动，外面的世界更精彩。上大学后，支持她在美国境内旅行，只身到英国以及欧洲游学，到东南亚各国实习，到加拿大走访，到非洲参加志愿者活动等。

每次出去旅游前，我们会把目的地告诉女儿，让她自己查找地名，确定大致的方位和从居住地出发的交通路线，小时候需要爸爸指点，长大后独自完成外出旅行计划，这样的过程就是"玩"的过程，就是在做"游戏"。"玩"得久了，女儿不仅养成了自己看地图、查找地图的习惯，还能够从中学到很多地理、历史文化方面的知识，也会为自己的进步而感到鼓舞，自信心越来越强。

查地图、认路，能够帮助孩子迅速适应新的环境，包括认识小区周围的道路、代表性建筑物。认识所在城市的道路，找到出行路线，沉着冷静地应对各种交通路况。制订外出计划也是一种重要的生活本领。

　　外出旅行，每到一地，除自然景观以外，博物馆、展览馆是必去之地，比如英国伦敦，美国纽约、华盛顿，加拿大多伦多，德国柏林，奥地利维也纳，比利时布鲁塞尔，荷兰阿姆斯特丹，法国巴黎，日本东京、京都，新加坡，泰国曼谷，柬埔寨暹粒，乌干达坎帕拉等分别留下了我们家人的足迹。

　　我父亲有个习惯，不管到哪里出差，都喜欢购买和收集当地的城市导游图和游览过的风景名胜地的门票。每次外出回到家里，他就会拿出新买的导游图，还有家里的地图，告诉我这次出差去了哪些城市，是经过怎样的路线前往这些城市并如何回家的，他会在地图上详细指出这些路线和经过城市的具体位置，然后告诉我们这些城市有什么特点，有哪些著名的风景旅游点比较"好玩""有意思"。这在无形中激发了我爱旅游与收集地图的热情。

　　有一次上小学的我跟爸爸商量："爸爸，你都去过这么多地方了，我去的地方那么少。以后我出去旅游，我也收集导游图和门票，咱们俩一块儿收集吧！"看到我羡慕的眼光，爸爸当然很高兴。

　　旅游的收获太多了。接触不同的人，遇到不同的事，了解不同的风土人情和历史地理。孩子小时候参与旅行计划的讨论，长大后委托他们全权负责。我父母就觉得很幸福，只要他们与我一起在国外旅游，就什么都不用操心，去哪里玩，住在哪里，有哪些活动，怎么前往，吃、喝、玩、住、行，一条龙服务，全部由我搞定，他们只管享受就好啦！

　　建议有条件的家长多带孩子出去走走看看，不能出国就在国内游，不愿意出省，就在省内游，不愿意出市就在本地游，不要忽视眼前的资源，周末骑车郊游领略自然风光，生活在城市的可以多参观博物馆、纪念馆、美术馆，可以看电影，逛书店，逛商店，吃大餐，见多识广，与孩子之间交流的话题多了，关系更容易拉近，亲子关系更紧密。

孩子通过参与旅游活动的策划和准备，也可以在无形之中增强自己的时间概念，学会合理规划、精细管理。

四、社会实践——会玩的表现之四

每日计划不可缺少社会实践、做家务环节，能锻炼孩子最基本的生存能力。

1. 培养动手能力

与现在相比，二十世纪九十年代初可买的玩具屈指可数，父母就训练我自己动手制作玩具。先从折纸开始，教我叠最简单的飞机、小船，然后逐渐增加难度和复杂程度。选择的原材料包括用过的作业本、纸板、火柴盒、树枝、鸡蛋壳、树根等，都是废物利用。制作的玩具丰富多彩，有小马、小飞机、滑稽人、小鹿拉车、蝴蝶、花孔雀、胖娃娃、小手枪。有一杆秤，筷子做杆，圆形塑料盒盖做盘，小药瓶里装入大豆做砣，我特别喜欢这杆秤，经常玩卖菜的游戏，不分菜品、规格，一律3毛钱，超级便宜，我卖得开心，父母买得开心，为此经常与我开玩笑："这么便宜啊，你这样做生意太亏了。"

有一年我们在伦敦度假，父母问我对小时候的哪个玩具印象最深，我脱口而出一是小秤，二是手枪，三是画在腕上的手表。

动手能力是一种动脑能力，而且遵从用进废退原则，只有不断动手动脑，才能表达和发挥得淋漓尽致。

动手能力与生活自理能力息息相关。

女儿一岁半进幼儿园，有自己的双肩背包，装蜡笔、铅笔、作业本，还有钝头剪刀、彩纸和胶棒等。刚入园那段时间，每天临睡前，就带着她收拾第二天要用的物品，她一边往书包里装东西，一边告诉她物品的名称，让她重复并记住这些物品。早上出门再叮嘱她下午要把自己的东西找齐，放回书包带回来。周而复始，没过多久，就不用操心了。还告诉她，长大自己的东西自己收拾，自己的书包自己背。

早期练习穿衣服、系鞋带，要么周末，要么晚上，不会因为急着赶时间嫌孩子动作慢，甚至生气发脾气。

2. 参与组织管理工作

杨玉芬老师：在女儿被指定为班长后，我们郑重其事地告诉她：决不能成为向老师打小报告的班长，无论遇到什么事，包括同学们遵守纪律的情况、值日生打扫卫生的情况、早操和课间操的出勤情况、同学之间发生争执甚至打架的情况、完成作业和抄袭的情况，都要学会自己解决，不要动不动就去找老师，尤其不能在老师那里说同学的坏话。她告诉我们"记住了"。有时放学回来，她会主动告诉我们"哪位同学骂人了，她没有告诉老师，而是直接告诉这个同学，爱骂人就没有好朋友了"。她基本上能够独立处理同学之间发生的争吵、不交作业等诸多小事情，这也是她威信较高的原因。班长要在出板报、准备文艺节目、参加运动会等活动中想在同学前面、做在同学前面，不能指手画脚，要作出表率，以身作则；还有，在学习上不能掉队，假如成绩不过硬，就没有办法说服其他同学了。女儿没有辜负老师的期望，第一学期胜任了班长职务，受到同学们的拥护，以后每次竞选都是得票最高的候选人。

3. 参加慈善捐助活动

杨玉芬老师：从女儿很小的时候开始，我们就注意陪孩子到公园或广场上喂鱼、喂鸽子、喂猴子，让孩子喜欢动物、关爱动物。鼓励她参加慈善捐助活动，我们家保存了一张中国青少年发展基金会（简称"青基会"）开具的收据。当时我们从电视上得知青基会正在发起"希望工程"，号召大家"献出一片爱心，救助农村失学儿童"。具体做法是：一个家庭捐献300元钱，就可以供一个农村孩子完成小学五年的学业，就是"1（家）+1（个孩子）助学活动"。当时，我们刚给女儿攒够了300元钱，包括刚刚过去的农历新年期间收到的压岁钱，准备给女儿购买一辆自行车。看到"希望工程"发出的号召，了解到偏远农村地区的女孩子在"重男轻女"观念和家庭贫困的双重压力下，很难完成小学阶段的学习，改变命运的机会可谓少之又少，我们就跟女儿商量，先把这300元钱捐献出来，资助一名农村与她同龄的女孩子完成小学阶段的学习，等到年底，再攒钱给她买自行车。她欣然接受了我们的提议，同意捐出这笔钱，特别委托爸爸帮助她寄出去。我们真的被孩子的爱心感动了。

长大后，她参加各种社团活动，陆续在大学期间到美国残疾儿童救助站、墨西哥湾飓风灾区、波多黎各难民救济中心和乌干达黑人社区担任志愿者。我家里有很多张女儿喂鸟的照片，喂鸟本身不足为奇，但我们知道孩子的心地是善良的，不仅愿意与人做朋友，还愿意与小动物交朋友。

4. 学习做家务

家务劳动包括做饭、盛饭、摆碗筷、收拾碗筷、打扫卫生倒垃圾等。

有时包饺子，女儿儿子喜欢凑热闹，浑身上下全是面粉，我们大人还要夸他们：你包的饺子真好看，我们怎么包不出这种样子，你包的你吃，我们包的我们吃，孩子特别有成就感。

学做饭是最基本的自理能力。前几天翻看童年的日记，看到二年级有一篇短短含有拼音的记录：

10月27日，星期五，天气，少云。

今天中午，我帮妈妈做菜，做了一个白菜，可好吃了，先洗菜，qiē（切）菜，qiē cōng jiāng（切葱姜），然后再放进guō（锅）内 chǎo（炒），也就十几分钟就行了，关火的时候，先关阀，再关开关，妈妈说这叫先关阀，再灭火。

我小时候，虽然整理自己的房间，刷碗，偶尔做饭，但总体来说，家务做得不算多。母亲觉得做饭比较容易学，只要想做，就会，坚持做几年自然就会了。母亲说她也是结婚后开始学做饭的。她最拿手的清炖鱼是春节期间的必备，红烧肉、红烧鸡不加水慢火炖，入味口感好。子孙小时候，母亲非常重视我们的营养，在吃的方面下了不少功夫，这一点她特别骄傲。

除了在家里引导孩子做家务以外，我也经常找幼儿园老师沟通，让老师给孩子锻炼的机会。老师就分配给孩子很多任务，好多小事都让孩子带着干，抬饭、发碗、搬板凳，让小朋友把玩具放回原处，摆放整齐，不打人不骂人。负责看管小朋友吃饭、睡觉、做游戏、维持课堂秩序等。据幼儿园老师说，能够帮助他人，在小朋友眼里是一件特别值得自豪的事情。

五、保护孩子的兴趣点——会玩的表现之五

无论生活有多忙碌，家长都应留出时间让孩子做自己感兴趣的事，包括玩游戏，因为只有做自己感兴趣的事，才会投入热情，有热情必然专心。

孩子做自己感兴趣的事，不能缺少家长的支持。

我在耶鲁大学主攻历史专业，当时大多数国际生为了将来能多挣钱，

趋之若鹜地选择经济、金融专业，而我对那些专业一点兴趣都没有。亲朋好友知道后都说学历史有什么出息，大学毕业不好找工作，找到工作工资也不高。父母却一如既往支持我的选择，一个劲儿地鼓励我，能有几个外籍学生敢于在耶鲁大学选择历史专业啊？

耶鲁大学的历史专业可是全球数一数二的。

我记得上大三的时候，与父母讨论过一个话题，有一次我上美国历史课，老师要求当堂提问。

我说，为什么其他同学都能提出有深度的问题，而我提的问题总是很简单？

母亲说，那当然了，你用的时间少啊。你在美国生活不到 3 年，学美国历史不到 2 年，同班同学 90% 是美国人，从小学到大三，差不多有 15 年学历史的经历。从时间上衡量，根本没有可比性。你敢于攻读历史专业，还能提出问题，已经非常了不起了。

这次谈话后，曾有两个多月，我除了白天上课，其余时间全泡在图书馆，看书、查资料，了解相关历史事件的来龙去脉。每天晚上差不多都要到凌晨 2:00 才回宿舍。好在耶鲁大学有专门点对点护送学生的校车，为了安全，我经常约校车返回住处。苦战两个月，突然有一天，我高兴地告诉父母，我也能提出有深度的问题了。

近期我读了 2023 年诺贝尔生理学或医学奖获得者卡塔林·卡里科研制新冠 mRNA 疫苗的故事。她从小就喜欢生物，无论她遇到什么困难，陷入什么困境，包括中途失业，降薪降职，身患癌症，看到没有自己做得好的同事加薪晋升等，都不会分散自己的注意力，从来不说"为什么会是我"这样的话，因为这些事是自己无力改变的。卡里科总是要求自己必须把所有的精力，花在"下一步要做什么"上面。专注于自己能改变的事情。她经常安慰自己：也许我不够优秀，不够聪明。于是努力说服自己：我只需要把实验做得更漂亮。

她背后不仅有一贯支持她的妈妈，还有她对科学的热爱。

如果一个人做的不是自己所爱，如果孩子没有机会选择自己所爱，他就不可能有一心一意执着追求的状态，而这种状态才是自驱力的最好呈现。

人生路上，很多人容易被冗杂的声音干扰，动摇初心，模糊前进的方向。

殊不知，成功往往只青睐心性沉稳的人。

慢下来，打牢自身基础。

静下心，走好脚下每一步。

做个坚定的长期主义者，终将成就自己。

心有定力之人，往往业有所成。

定力受兴趣的引领。

兴趣要从小培养。

努力支持孩子的兴趣。

1. 保护孩子对梦想的快乐感受

我曾多次与家长讨论过一个话题，谁小时候的梦想与现在从事的职业密切关联？点头的家长很少，绝大多数都摇头。透过现象看本质，在如今这个高速发展的社会，用"日新月异"形容都慢了，而是"秒变"，变才是唯一的。真正不变的是什么？我认为是我们平和的心态、坚定的信念、无条件的爱带给孩子快乐的内心感受。如果你希望自己的孩子是一个眼里有光、无惧风浪的孩子，那就应该给予孩子充足的、无条件的爱。

有一个小男孩，特别喜欢做饭到了着迷的程度，而且孩子做出来的饭菜，色香味俱佳，他的妈妈也特别爱吃孩子做的饭。但这位妈妈并不支持孩子做饭，妈妈认为当一个厨师没有出息，逼着孩子上课，补课，读书，将来考大学。

　　很多家长不想做或者做不到的事情，就理所当然地认为孩子做不到。很多家长不敢做梦，也不允许孩子去放飞梦想。

　　热爱从梦想开始，年龄一天一天长大，知识、技能从少到多，一点一点，始于平凡的琐事，不断累积，变化就是水到渠成的事情，谁知道未来是什么样呢？只有那些为自己的梦想投入热情并不懈努力的孩子，未来的路才会越走越宽。

　　激情来自梦想，家长不仅要善于捕捉孩子的梦想，还要善于引导孩子想象一下实现梦想时激动的场景，给孩子描述一幅幅美丽的蓝图。例如，孩子想当农民，我们可以描绘田园式生活的闲适、走在洒满阳光的田野上的浪漫、播种时的希冀、收获时的喜悦，可以享用自己亲手种植的绿色蔬菜的愉悦感、幸福感、快乐感，还可以给孩子讲解美国、以色列和荷兰等农业大国、农业强国的现代农业、人工智能农业的发展和变化，让孩子知道现代工业、科技与农业的密切关系，然后再引发孩子思考，从而点燃孩子为梦想而努力的决心。如果我们不懂农业，可以这样表态：宝贝，太好了，你想当什么样的农民？想研究什么农作物？全世界农业科技最先进的是哪个国家？我们国家的农业技术水平与其他国家的农业技术水平存在哪些差距？

　　切记，千万不能讽刺孩子，不能说这样的话：我们每年花那么多钱送你到最好的学校，上那么好的补习班，你就想当农民，就这么点出息？我在北京一所著名中学分享时就有一位留学归来的爸爸对我说他不能接受孩子当农民，当农民地位太低了。

　　不是父母认同的梦想才是梦想，孩子也没有义务实现父母的梦想。

　　有一个四五岁的小男孩，一只手拿着妈妈刚买的烤地瓜，另一只手牵着妈妈。"妈妈，如果我以后考上了清华呢？"小男孩抬起稚嫩的小脸问道。

"妈妈为你骄傲。"

"那我考上北大呢？"

"也会很骄傲的。"

"那我烤地瓜呢？"

"如果你把地瓜烤得又香又软又甜又美味的话，我也会为你骄傲的。"

"那以后我就当个烤地瓜老板吧。"

"好呀，恭喜宝贝有了新的愿望。"

在冷冽的冬日里，这个孩子开心地笑着。

梦想不分大小，无论高低贵贱，心中有梦的孩子，被父母爱着，被梦想拥抱着，能乐观充实地过好每一天。

巴西作家保罗·科埃略（Paulo Coelho）说过：当一个人知道自己想要什么时，整个世界将为之让路。（When you really want something, the whole universe conspires in helping you to achieve it.）

让孩子选择自己所想，做自己所爱，多鼓励多夸奖，激发孩子的内驱力，孩子才会出于自身的渴望，自发主动地把事情做好。激发孩子的内驱力，是父母送给孩子最好的礼物。研究 35 年上进心的斯坦福心理系教授凯萝·杜艾克（Carol Dweck）提出："父母给予孩子最好的礼物，就是帮助他们找到真正热爱与感兴趣的事情，享受努力的过程，保持强烈的求知欲。"

2. 支持孩子看起来不起眼的兴趣

有的孩子喜欢唱歌，有的孩子喜欢运动，有的孩子喜欢阅读，有的孩子喜欢演讲，有的孩子喜欢拼乐高，有的孩子喜欢美食，有的孩子喜欢养宠物，有的孩子喜欢动漫，有的孩子喜欢电竞，有的孩子喜欢登山，有的孩子喜欢收藏，孩子兴趣不同，爱好五花八门。有些东西孩子觉得有趣，家长则不以为然。我支持孩子在喜欢的事情上多花一些时间，日积月累，变成痴迷的爱好，成就美好的热爱。

认识到兴趣的无限可能，认识到孩子的独一无二，针对孩子的实际情况，支持孩子。

孩子的思维很简单，只要爸爸妈妈允许孩子做他喜欢的事情，不用怀疑，心情一定是愉悦的，投入到自己喜欢的事情上，专心程度都非常高。

【案例1】喜欢收藏钢笔的初一孩子

有一年，妈妈带着初一的儿子来到我家，儿子说他喜欢收藏钢笔，妈妈认为孩子的这个行为纯粹就是浪费时间，浪费金钱，从来没支持过孩子的爱好，不停地抱怨孩子只知道玩，不知道学习。

十二岁的儿子说："我怎么不爱学习，老师布置的作业都做完了。"孩子说："我妈妈只认识分数。"三年级的时候，有一次数学测验考97分，全班第一，他异常兴奋地回家报喜。而妈妈却一盆冰水从头浇到脚："有什么了不起，还差3分才100分呢。"孩子很沮丧，气得两天没理妈妈。小男孩说他从此对学数学的兴趣大打折扣，辅导班没少上，成绩就是不见长。我问孩子妈妈："3分有那么重要吗？"她说："3分也是分啊。"我又问孩子妈妈最关心什么。她说："就是成绩呗，学生不就是看成绩嘛！"孩子还喜欢下围棋，妈妈偏不让他学，却报了两个数学补习班。

【案例2】喜欢还原魔方的四年级男孩

妈妈说大儿子近期迷上了还原魔方，妈妈认为孩子玩魔方特别专心，但花费时间太多了，如果在学习上也能专心这么长时间就好了。她和孩子爸最近很为大儿子的学习发愁，虽然孩子听话，但那是在我们的严厉要求下完成的，孩子本人学习意愿度不高。孩子学习不好，上课坐不住，专注力不够，自律性也不太好。一到学习时间就犯困。上课走神，下课就要花费不少时间去复习课堂内容，完成后就不早了。孩子的阅读量与阅读时间都不够，每天都不到 1 小时。有时她和孩子爸会因为孩子表现不好打孩子。

我告诉这位妈妈，一定要保护孩子玩魔方的热情，只要她允许儿子玩，儿子就能把专注于玩魔方的状态以及玩魔方获得的自信，转移到学习上来。

人们通常是先对某项活动产生兴趣，然后再把其兴趣和专注力转到学习上的，不是从学习转到其他方面的。

我让这位妈妈大胆鼓励大儿子："真没想到，你竟然能通过自学，就把魔方还原了，速度太快了，不到 2 分钟就能把三阶魔方还原出来，口诀那么多，你是怎么记下来的？"

另外，我强调了阅读、运动、早睡早起的重要性。

妈妈不得不承认她儿子迷上魔方后，自信心提高了很多，还原魔方时特别专注、特别快乐。

【案例3】从小学习做美食的孩子

人人都喜欢品尝美食，但能支持孩子以美食作为兴趣的家长并不多，其实，做美食不只是兴趣，也是日常生活不可缺少的基本技能。

家有小脑萎缩的孩子，愁不愁？

一个孩子两岁多，爸爸过于疼爱，每天举高高，有一次把孩子抛上去，却没接住，不小心头朝下碰到桌子角而导致小脑萎缩，因小脑萎缩又导致身体左右两侧发育不平衡。爸爸非常内疚，总是陷入强烈的自责之中，但妈妈没有过多地埋怨，她说反正已经这样了，不如想办法帮助女儿，不能养成残疾人，要帮助孩子成长为自食其力的正常人。妈妈明白无论多有能力还是多爱孩子的家长都不可能照顾孩子一辈子。

自食其力，从学做饭开始。上小学了，妈妈坚持让孩子学做饭，做不好，没关系，多做多练，熟能生巧。妈妈的要求不高，只要孩子长大后能自己照顾自己，找一份比较轻松合适的工作，自食其力就行。

这位妈妈还有另外一个目标。

帮助孩子锻炼，恢复身体机能，从不平衡到平衡。孩子摔伤以后，先是住院治疗，度过危险期出院后，每天坚持给孩子按摩，让孩子练习抓举，锻炼力量弱的一侧，六七年以后，孩子走路的姿势逐渐趋于平衡，不仔细看，几乎看不出任何异样。

对成绩的态度非常淡定，从来不看重成绩，只要努力就好。在陪伴孩子成长的过程中，这位母亲始终坚持以鼓励为主，无论她被请到学校多少次，无论老师怎么评价她的女儿，她始终面带微笑夸奖女儿的努力，初中以前她告诉女儿成绩能及格就不错，但经常不及格。即便这样，有了妈妈的认可，女儿仍然享受着学习的过程，精神状态始终很好。

就是这样一个女孩子，高中毕业后出国留学，主攻会计专业，大二暑假，她为自己找到一家实习公司，她在工作中非常用心和努力，与同事友好相处，经常邀请同事去自己租住的公寓品尝她做的美食。她会做的美食品种多，味道好，色香味俱全，非常受同事的喜爱，朋友越来越多，后来老板知道了，也喜欢到小女孩家吃她做的中国美食。

很多学生大学毕业、硕士毕业、博士毕业还找不到工作，但这个女孩子第一次实习就得到了这家公司的高度认可，大学毕业前夕她跟这家公司顺利签订了工作协议。

孩子患有轻度小脑萎缩是不幸的，然而有头脑始终清醒的父母是幸运的。

【案例4】我的小爱好

我的爱好有很多，以至于填同学录的时候不知道该在爱好栏里填什么，原因是无法割舍，我涉猎之广，个个都爱。妈妈才会说我"十八般武艺，样样精通"，爸爸才会教导我"学习要精钻一门"。不过他们毕竟十分尊重我的选择，也鼓励我的爱好。

我一直以来都认为我是个不平常的小孩儿，虽然这样说有些自负。班里大多数同学都喜欢紫色，除了我，我的理论是，紫色有什么好的，人云亦云罢了。本来嘛，大千世界多姿多彩，颜色丰富，可爱者甚多，最后搞了个小调查，居然没有人和我的意见相同，我还是固执己见，甚至造成孤立无援的下场，或许这是我和他们的不同之处吧。

明天就要考试了，下午放假，同学们都说要回家复习，我却没有这样做。我的理论是，难得放假，要干自己喜欢的事儿。本来嘛，这几天做卷子头都大了，这个假期还是得好好休息一下。回到家，我就用汗水浸湿的手捧起《金庸作品集》埋头耕耘，看得如此专注，竟然没料到3个小时的时间已经飞快地流走。我知道从某种观念讲，我看的是一种"禁书"性质的读物，然而，就是这种"禁书"令我爱不释手，给我带来深刻的印象。一个电话打来，是同学侦探我复习的情况。我不是个爱撒谎的人，但我却必须有鼻子有眼地编出一个复杂的谎话。我不是个爱张扬、爱骄傲的人，但我不得不制造这样的故事去应付他们的盘问，因为已有无数次经历表明同学们不相信我这样考试不错的人不在刻苦学习，大量复习，他们更不相信我会看那种老师明令禁止的书。

可是这就是我的爱好。

我像是一个笔耕不辍的好学生，再也不把我弹琴、画画、看电视、跳舞的故事告诉他们。我像是一个地下工作者，顶着压力追求我爱的一切。我可以冒天下之大不韪，在考试前一天晚上唱歌到深夜。我可以想尽一切办法，在学校放学、商店关门之前短时间内飞奔得一头大汗，只为了看见我心仪娃娃的新造型。我甚至可以在被窝儿里蒙起台灯，研究"武学"的精髓。

我要感谢我的父母，正因为他们的理解，才有了我的诸多爱好，才给我的生活增添了丰富的色彩。

经常有家长说孩子不专心，但又不得不承认，孩子做自己喜欢的事情，真的很专心。

我爱好比较广泛，学素描的第二年，专心致志创作的"金山塔"习作，受到老师的高度称赞，老师说这孩子有绘画天赋，能发现与众不同的素材。

一旦发现孩子对某件事有兴趣，我极力建议一定要支持孩子做他感兴趣的事。包括电子游戏。电子游戏也有其发展前景，比如，北京部分重点中学已成立电竞社团，粤港澳大湾区个别头部学校甚至给高中生提供电竞行业的实习机会。可见，电竞虽然小众，但已成为被人们承认的一种热爱。

家长需要用心甄别：孩子玩电子游戏是真正的热爱，还是在虚拟的世界寻找现实生活中得不到的成就感与价值感的替代品。

3. 培养孩子兴趣爱好需要耐心

有两个家长分享了陪孩子练琴的感受。

一位妈妈说：我陪孩子练琴，她不肯弹或者觉得难的时候，我就让她跟我按节奏唱谱，我弹几遍孩子就唱几遍。演出时会出现卡点，一边合奏一边唱歌，孩子就不知道什么时候合奏，什么时候唱歌。合奏需要反复排练，上场的次数多了，锻炼的机会多了，配合度会慢慢提升的。我相信经历得多了，会慢慢理解的，以平常心，鼓励为主。

另外一个妈妈说：我家孩子练琴遇到卡壳的时候，就让她暂停，放慢速度，先复习以前的内容，增强孩子的自信心。增强自信心后，孩子当小老师教我，在卡壳的地方一起分析五线谱音，把曲谱唱熟，再一节一节过，反正就是哄着孩子，耐心引导。

从小培养兴趣，乐在其中，有兴趣才有乐趣；一点一点积累，坚持不懈；乐趣发展到一定程度能变成人的志趣，这是爱好的三重境界。将兴趣变成志趣，把事情做到极致，做的过程体会快乐，获得成就感。

六、睡足睡好——会玩会学的前提

每日时间规划表要体现早睡早起睡足睡好。早睡早起睡足睡好，一个看起来简单、做起来难、的的确确又是非常重要的生活习惯。睡觉，看起来事小，对成长的影响可不小。接触的家长和孩子越来越多，确实有睡得晚、睡不够、睡不好的孩子，已经严重影响到学习效率和学习成绩了。睡得晚与睡不足，早上又不得不起，一天都迷迷糊糊的，情绪低落，想学学不进，想记记不住，这已经成为困扰很多初高中孩子的大问题。我接触的家庭中，但凡学习效率低的，做不完作业的，听课不专心的，大多都与睡眠有关。调整过来的孩子真的很受益。

1. 为什么要重视孩子的睡眠

杨玉芬老师：我本人就是高中睡眠不足的受害者，睡眠不足身体虚弱，病毒感冒反复发作导致心律不齐，虽然高考分数过线，却因第一年体检不过关，不得不复读。

复读那年，几乎每个周末，我父亲都要骑自行车给我送大白菜炖羊肉，大保温桶装得满满的。复习一年后参加高考，答完高考试卷，放下笔，父亲已经在考场门口等我了，接上我直接去住院，继续接受治疗。又是一个月，也没有效果。后来听说徐州有治这种病的药，也不记得是什么名字了，班主任和我哥哥专程到安徽淮北中心医院去买药。非常感谢班主任和我哥哥大老远买来的药终于让我的心率变整齐了，但心动又过速了。体检时的心率是每分钟 140 次，也许当时考大学太难了吧！负责体检的主任，重新帮我检查一遍，感觉我也不像一个生病的人，再加上我父亲提前找主任（父亲所在单位领导的好朋友）介绍过我的情况，第二次体检才算勉强过关。然而，我彻底失去了上军校的机会，当军人穿制服是我的梦想，没有梦想的生活，多多少少是遗憾的。

大学入学体检也是有惊无险，教导主任是我高中数学老师的同学，也已经打过招呼了，这样才晃晃悠悠地进入大学。后来又住了两次医院，最后一次是大学刚毕业，住在徐州四院，主治医生是从日本留学归来的大夫，一个多月，他对我说，以后不要再住院了，你的症状完全没有必要继续治疗，而且这种状况完全不会影响你以后的生活，不影响结婚生子，不影响锻炼，只要注意休息即可。

因为这病，住过四次医院。住院的感觉真的很糟糕，身上挨针扎，心里受煎熬。幸亏，最后一次住院遇到了内行且医术高明的医生，我记住了他的话，从此我的生活变得更有规律。不齐的心律一直友好地陪伴我。

这就是为什么我小时候，母亲会格外重视我睡眠的原因。现在我也重视自己一儿一女的睡眠。只要一天看到孩子睡得晚，母亲都感觉不舒服。

哈佛大学劳伦斯校长在 2018 年新生开学典礼上说：希望同学们尝试每晚睡 8 小时，并且强烈建议你们这样做。充足的睡眠不仅是确保身体健康的重要因素，还是减压的最好方式之一。

睡足觉，睡好觉，头脑清晰，精神好。做事专注，速度快，效率高，完全不需要通过拼时间、熬夜式学习。

有调查显示，真正拉开人与人之间差距的，不只是智力因素，还有非智力因素，非智力因素就包括对时间的管理。

您的孩子有睡得晚、睡不足、课堂打盹的经历吗？

真正聪明的学生，上课专心。如果上课犯困，打盹，听不进，看不见，无法思考，讲不出来，学不会，怎么能考高分呢？

每个孩子都想考高分，想考高分，就支持孩子睡足觉吧。

作业也要为睡觉让道。

2. 睡得晚或睡不足的原因

第一种情况，作业太多，无法早睡觉。

确实有些孩子作业太多了，每天都要写到十一二点，甚至更晚，写不完，就不睡觉。

我刚上初中的时候，语、数、外三门主科的作业真的很多，经常23:00多才写完作业，不做完不睡觉。母亲不让我做，我坚持做，说不做不行。我做作业的速度还算是快的。然而做不完作业，不睡觉的同学非常多，因为大家都很要强。

我曾与七年级的同学交流过作业多与睡眠时间、睡眠时长发生冲突怎么办。八九个孩子，都说要把作业做完才能睡觉。有一个孩子被妈妈强制着22:30睡觉，刚开始，经常假睡，等妈妈睡着以后，还要偷偷爬起来做作业。有时实在太困了，既然妈妈让睡，就睡吧，睡醒后，发现精神特别好，听课和做作业的效率有明显提升，做作业的时间自然就减少了。尝到甜头后，现在开始每天到点就睡，睡眠超过8小时了。

初中、高中的孩子作业多，晚睡比较常见。

写作业时间过长睡得晚的小学生，多与家长的要求有关。

【案例 1】三年级女孩

妈妈说孩子的情绪状态不好，身体状态也很差，经常生病，晚上基本

23:00前没睡过，她说22:00不管作业有没有写完必须睡觉，写不完自己给老师交代。但孩子爸爸却坚持啥时候写完啥时候睡，两周前第一次发现孩子藏作业漏写作业，他甚至要求孩子写到凌晨3:00，第二天早上照常上课。爸爸眼里只有成绩。有一次孩子放学回来告诉她：妈妈，考试前我紧张得头都是蒙的，大脑一片空白。妈妈很诧异，这么小就对考试这么紧张。为什么？孩子说怕爸爸吵她。

【案例2】二年级的男孩

杨玉芬老师：妈妈说她儿子二年级，作业多（注：虽然2021年4月教育部曾发文要求学校要确保小学一二年级不布置书面家庭作业。然而，据家长反馈，仍然有一些学校给二年级的孩子布置作业），做不完，睡觉太晚，怎么办？

杨玉芬老师：嗯，孩子年龄小，睡得晚让你着急，非常理解你。是不是孩子写作业太慢了？

妈妈：写作业的速度不算慢，在班里属于正常速度。

杨玉芬老师：他的同学大多也都要写到很晚才睡觉吗？

妈妈：不是的，有些同学睡得挺早的。

杨玉芬老师：那老师布置的作业要求学生都做完吗？

妈妈：不是的，可以有选择地做。

杨玉芬老师：你是让孩子自己有选择地做作业还是都要做完？

妈妈：我要求孩子必须都写完。

说到这里，妈妈说看来是我的问题，我知道该怎么办了。

这是第一种情况，作业多，做不完，就无法早睡觉。

第二种情况，成绩下降，心里不踏实，睡不好。

这类情况经常发生在成绩优秀的孩子身上。往往成绩好的孩子压力更大，情感更脆弱，更怕失败。成绩稍有下降，就怀疑自己，当成绩连续几次下降以后，更加心慌，即便仍然排在第一梯队，也感觉天要塌下来一样。我遇到过几个成绩好的孩子，在大考来临前的一段时间内，有的吃不下睡不着，异常敏感，喜欢观察同学的表情、老师的表情、家长的表情，爱琢磨同学说了什么、老师说了什么、家长说了什么。他们特别需要被父母看见，被父母关心，若这种情绪不被父母看见，或者父母无意间在眼神中流露出一丝丝怀疑，就有可能被误解成失望。消极情绪严重的孩子有患抑郁症的，还有走极端的，吃不下睡不着还算轻的。

前面提到过的一个女孩子中考全市第一，进入重点高中重点班，因为自己和父母的期待高，偶尔排名下降，就自我怀疑，害怕考试，有一段时间因为过于担心成绩，成绩连续下滑，到了年级二十名，因为焦虑，吃不下，睡不着。

这是第二种情况，成绩下降，心理负担加重，影响睡眠质量。

第三种情况，不适应新环境，压力增大，入睡困难。

【案例3】乡下的女孩

父母为了给女儿创造一个更好的学习环境，高一那年暑假，费了九牛二虎之力，最终把孩子从农村转到大城市读高中。

这对父母万万想不到，曾经品学兼优，老师和同学心目中的好学生，转学后却陷入痛苦之中，最强烈的感觉是孤独。这种孤独源自内心深处的自卑，来自乡下，说话有口音，怕被讥笑，上课不敢举手。刚转学时，还寄希望于成绩，偏偏考试那天生病了，胃疼得难受，虽然强忍着坚持考试，但成绩并不理想，让她更恐怖的是，每次考试都会出现要么胃疼要么发烧要么例假突然提前等状况。为此，成绩一路下滑，全班倒数，以至于无法入睡，即使困到了极点也睡不着。

　　她曾向父母求助过，然而只要谈到这些不愉快，父母就打断她，轻则抱怨："想那么多干吗，把学习搞好就行了。"重则训斥："你知道我们为了把你转到这所学校花了多少钱？找了多少关系？你以为容易吗？那些钱，都是我们的血汗钱，还不专心学习？"连续几次向父母倾诉，均遭遇打击，得不到应有的回应，只好独自承受超出自身能力的痛苦，终于有一天她忍不住了，精神崩溃，在上课的时候大哭大闹，被学校要求领回去看精神病医生，后来不得不休学。

　　家长努力为孩子选择更好的学校，却忽视了刚转入新学校可能带来的压力，也理解不到孩子处于新环境会产生的挫败感，没有及时帮助孩子认识自己，缓解孩子的心理压力，这是非常令人惋惜的。

　　这是第三种情况，突然来到陌生的环境，成绩上不去，心理落差太大，导致入睡困难。

　　第四种情况，父母睡得晚，影响孩子。

　　不少年轻的父母有熬夜的习惯，当然，有客观原因，经常加班，回到家确实累了，希望刷刷手机，看看抖音，吃点夜宵，放松放松，如果没有孩子无可厚非。有了孩子以后，回到家，就想和孩子玩一会儿，没有时间观念的父母，玩一会儿，一两个小时，两三个小时，甚至三四个小时就过去了。孩子越玩越兴奋，自然就睡得晚。有些年轻父母认为，孩子不需要早睡，早上晚起就行了。我们居住的小区，几个月的孩子22:00—23:00睡觉的不在少数，有家长听说我家二宝18:00—19:00睡觉，会吃惊地说睡得太早了吧。我见过家长一大早不得不把深睡中的孩子送到幼儿园的。一旦孩子晚睡晚起的生物钟形成，上学以后，怎么适应呢？

　　孩子睡得晚，睡不足，睡不好，入睡难归根结底都与父母有关。

3. 睡得足与睡不足有区别

《世界名校学生家庭教育手记》主编"哈佛爸爸"王建军老师写道：因为过敏睡不着，昨天晚上只睡了 5 个小时，今天整个人都没精神，别人看到我会说，病了？脸色这么难看。和别人说话跑神，记不得说了什么，也忘了对方让我做什么！

实际上王老师说他当年是睡好觉的受益者，高中前是市级冠军队的运动健将。每天运动完，都非常困，到点就睡，身体好！上高中后，他在他们班按中考成绩排在最后面。当时，他已下决心考重点军校，于是开始发力要学习。全班同学，除了班长和他以外，其余同学都在耗精力熬夜学习。他每天 22:00 准时睡觉，早 6:00 准时起床跑步。女班长也一样，放学前作业基本做完。王老师靠他充足的体力与学习方法，半年时间就从最后一名跃进前十名。

有一年夏令营，三年级的孩子写过一篇作文《每天睡得多了，还是少了呢？》：

"我们每天的睡眠标准超过 10 小时了吗？对于睡觉这些事我深有感触，有一次我夜里 12 点才睡觉，第二天却因为有课外班，凌晨 6 点就起了床，起来后我一直无精打采，腰都直不起来了。但有一次我晚上 9 点睡，第二天早上 7 点起，足足睡了 10 个小时。起来时，我精神十分饱满，而且还是自己起来的。这足以证明睡觉对我们很有帮助。我们一定要早睡，不熬夜、按时起床。睡足觉以后的感觉好极了。"

有一位家长说睡眠对孩子太重要了，睡得好，第二天上课效率就高。

初一女生：睡足觉的好处太多了。睡足觉，就是让你第二天有一个很好的精神去对待所有的课程以及知识点。以前作业老是写不完，但是妈妈又让我 22:30 睡觉，所以我就只能先假装睡觉，然后妈妈睡着以后我再偷偷爬起来写作业，这样导致我的精力消耗非常大，所以到第二天早上我很可能会醒不来，醒来了，脑袋也是昏沉沉的，上数学课及其他课程的时候，会睡着，或者打盹。近期，按照我的时间计划表，晚上上完研习大课堂以后直接洗漱睡觉，不耽搁任何时间，就算偶尔有写不完的作业，我也会在 22:30 睡觉，且晚上不会偷偷起来写作业，我会在早上稍微早一点起床，再将我没有完成的作业写完。晚睡早起，睡不够会影响到自己的精力，产生精神内耗。睡足觉，精力充沛，才能高效地完成作业。因为我晚上按时睡觉，所以这一周我的精神都非常地好，上课也不打盹了，老师讲的知识都能听明白。我也不知道是不是因为睡好觉的原因，我的数学考试直接提升了 37 分，由此证明，睡足觉是非常重要的，以上是我对睡足觉的见解。

这个女孩的睡眠习惯非常好，基本能做到头挨到枕头就睡着的程度。她说过一句特别有趣的话，没体验到早睡早起的好处之前，经常做白日梦，白天光做晚上睡觉的梦了。

五年级男生：早睡早起，可以让我睡足 9 个小时，第二天有清醒的大脑，精力充沛，上课可以认真听讲，及时消化与吸收老师讲的每节课的知识点，早睡早起的前提就是合理规划时间，谢谢杨老师的时间管理课程。

三年级男生：早睡觉的前提首先要把作业写好一点，要快点儿写完作业，这样写作业占用的时间就比较少，自己的睡眠会充足一些。如果超过 22:00 还没把作业写完，就会影响睡眠，最好申请明天再写。多睡觉的好处是明天精力充沛。

三年级女生：以前我家离学校很远，回家路上会睡一会儿，但是到了晚上就不想睡了，睡得很迟，作业也做得非常慢，迷迷糊糊的。后来搬家搬得离学校近了，做作业的速度还是很慢，还是睡得迟，就和爸爸妈妈一起找原因。现在每天回家把要做的事情列好，预估出每一项需要的时间，每一件事都专心做，现在不但能高效完成作业，参加大课堂研习班，练琴，还能在 21:30 前上床，看看书。每天 22:00 睡觉，早上 7:00 起床，每天有 9 个小时左右的睡眠时间，这样白天也不迷糊，形成了良性循环。

还有同学说虽然上床不算晚，但是总要过一会儿才能睡着。有的同学说自己喜欢思考，有时辗转反侧到凌晨 4:00 还睡不着，总有要惦记的事。问惦记什么呢？惦记学习，为明天做或好或坏的打算。

早睡觉、睡足觉的重要性是不言而喻的，有一个同学在《致神十四所有宇航员的一封信》中写道：

在酒泉卫星发射基地参观历史展览馆的时候，听老师讲，第一位飞上太空的宇航员杨利伟老师，飞天前一天，睡得特别好，居然是被叫醒的才起床，如果是我，应该会很紧张吧！但是我也知道了，任何事情前，都要冷静，都要好好休息，好好睡觉！

晚睡早起，早上有起床气，白天昏昏沉沉的。

晚睡晚起，越睡越困，白天没有精神，这种状态会持续。

晚睡早起，晚睡晚起，都属于不规律的生活习惯。

有人说晚上睡不够，中午补一觉，午觉能适当地缓解疲劳，一般情况下，午睡不宜太久，最好不要超过 30 分钟，进入深度睡眠，会使下午更疲劳。我自己就有这样的体验，晚上睡不够，午睡几分钟、十几分钟，甚至打个盹，头脑很清晰。偶尔中午有时间躺在床上大睡特睡，要不醒不过来，醒来更疲惫，睡得越多越困。所以晚上睡得少，依靠午睡是补不回来的。

如果您的孩子睡得晚，请支持孩子早点睡觉，最初几天也许有强迫的感受，一旦尝到早睡和睡足觉的愉悦，就不用家长催了。当然，也真诚地奉劝家长，如果到了睡觉时间孩子作业没做完，千万要忍住，不要说"作业没写完，怎么好意思睡觉"等风凉话。

我特别强调上课要认真听讲。不少学生认为上课不认真听，自习时再认真复习，同样可以搞清楚。殊不知这是一种效率极低的学习方法，最后的结果是花了至少三倍的时间，只掌握了三成的知识。要想学得好，学得轻松，一定要睡足自己年龄或者自己生物钟需要的时间。认真听课的前一天准备工作就是睡足觉，不要管没完成什么，先睡足，开始一轮正循环。

有一群家长聚在一起专门讨论孩子的睡眠问题：

杨玉芬老师：家长1：孩子一年级，现在每天要求6:00点就起床，下楼运动打卡，回家早餐阅读。本来是一个很好的习惯，但她特别焦虑，早上晚于6:05起床就很不开心，有时候大哭，我们希望她保持习惯的同时能保持心态平和，却不得其法，往往是讲了一通道理她都给顶回来。不知道哪里出了问题，请老师指点一下，多谢。

杨玉芬老师：不要给孩子讲道理，只需要接受孩子起晚了不高兴这种感受就够了。

家长2：我们家之前也是起不来，后来睡够了就起得来了。

家长1：杨老师，我想解决她焦虑的问题。不知道她为什么这么焦虑。睡眠够了的，20:30—21:00睡。

家长2：好像小学普遍是10个小时，主要看孩子，能睡到自然醒就是睡饱（够）了。

家长3：我们也是一年级，20:30—21:00左右睡，第二天早上6:50自然醒心情才好，偶尔早一点叫醒，心情就不爽，也会哭，早饭也吃不开心。现在都是让她睡到自然醒，每个孩子睡眠需求不一样。我们原本约好，先起床运动早读，现在运动就安排在放学后，早上让她睡够。起床我就放英语给她听，她刷牙洗漱然后吃早饭。

杨玉芬老师：我上初中的时候，都是我妈喊我起床，然后每次她喊晚了，我就会特别不高兴，我就是担心晚，但我妈啥也不说，就抓紧帮我准备东西，然后呢，送我出门儿。就这么简单，其实我觉得父母给的这种力量，就是父母不焦急。每个孩子不一样，有的可能睡得少，有的睡得多。但是孩子该醒不醒，父母有时候就不高兴，对吧？还是要多听孩子说，到底是因为什么，是他没睡够不高兴啊，还是他确实担心晚了不高兴，只要把耳朵用好了，都能听出原因的。

家长3：孩子刚从幼儿园过渡到一年级还没有完全适应。任何的方法和计划，都是要根据孩子的现状做相应的调整。

睡足觉与睡不足有很大的差异，前者神清气爽，后者头昏眼花。对比十分强烈。

有一次二宝连续发烧好几天，孩子生病，大人着急不是主要的，关键是无法安心入睡，睡不够，还要看着孩子，我的身体免疫力下降，生病了，眼眶发酸，发疼。强烈建议有时间睡觉的人，一定不要无谓熬夜，得不偿失。

每天早上都能看到小区被扛着去幼儿园的孩子。孩子奶奶说孩子晚上也困，就是睡不着。估计与晚上安排的事情多有关，因为过于兴奋而睡不着。要量力而行，不要贪多。

4. 早睡觉睡好觉的好处与建议

早睡早起的习惯应该从小培养。

第一种情况，睡前故事有助于幼儿早入睡。

几乎所有的孩子都对故事感兴趣，甚至可以说，孩子的童年就应该是在讲故事、听故事的过程中长大的。通过故事，孩子开始认识周围的人、事、物，开始学习说话、组词、造句，开始懂得应该做什么、不应该做什么，明白各种道理。

本来，孩子爱听故事是好事，如果临睡前要求讲 N 个故事，或者重复 N 遍讲同一个故事呢？

我确实遇到过这种情况。

女儿两岁半，精力过剩，晚上不睡觉爱看书，特别喜欢《小兔汤姆的故事》，我们给她讲故事，不厌其烦地听。三岁半，每天临睡前讲故事，能累死人，有时非要把一本绘本或者两本绘本讲完不可。工作一天本就疲惫不堪，有时事情多还要加班，有时忙完家务太晚了，偶尔也有带情绪的时候，如果一味满足孩子的要求，没有时间节制就过度了，这时候就要考虑给孩子立规矩了。我记得那时女儿三岁多，有一天晚上她要求讲五个故事，我还有没做完的家务，第二天要早起上班，讲完五个故事实在太晚了，我就与她讨价还价。

"宝贝，你想听五个故事？"

"我要听完五个故事再睡觉。"

"宝贝这么爱听故事啊，可是妈妈明天还要早起上班呢，就讲两个故事，行不行？"

"不行不行，太少了，讲四个故事吧。"女儿连连摆手。

"噢，就讲三个故事，好不好？"我让了一步。

"好，今天就讲三个故事。"女儿也让一步，成交了。我讲完三个故事，她乖乖地睡觉，我再去忙别的事情，双方都高兴。

还有阅读完毕把书放在书架上，也是规则的范畴。

三四岁的孩子，特别容易建立规则意识，形成习惯。有规矩的孩子长大后将会享有更大的自由。

第二种情况，多运动，有助于提高睡眠质量。

我有运动的习惯，有时睡前浑身乏力，反而睡不着，干脆活动一会儿，让身体累一些，一是能快速入睡，二是能深度睡眠，第二天醒来，精气神特别足。

高年级孩子如果真的忙到没有时间锻炼，建议睡前在床上翻筋斗，做仰卧起坐，效果也不错。

坚持每天锻炼 1 小时，做到有氧运动。有氧运动的心率一般要保持在每分钟 140—160 次的范围内。也可通过公式估算：普通人，可以用 200 减去年龄，再乘以 60%—80% 范围内的某个数值；身体素质较好的，可以用 220 减去年龄，然后乘以 60%—80% 范围内的某个数值，找到适合自己的有氧运动心率。

睡眠与生物钟有关，与运动的关系更密切。

孩子们每天的运动时间要从长计议，每天锻炼 1 小时，有助于深度睡眠，睡足觉，精神好，专心做事，效率高，事半功倍。

第三种情况，保持良好的心态。

杨玉芬老师：我的心态好，与父母对我的信任有关。

时隔 1 年 8 个月重新走进教室复读初二（当年还没有初三），第一天考 4 分被老师赶回家，父母不焦虑。高考分数过重点线但体检不过关，父母不焦虑，一如既往地相信我、关心我、支持我，让我的心境如此安稳，这是我坚持下来的基础。

后来，我专门问过父母，为什么我考 4 分，还让我上学？为什么考不好也不训我？他们说你想学，我们就支持你。你考不好，又不是不想考好。再说我们也不会，为什么要训你？

父母的语言真切朴实，给我如此大的信心，也从此改变了我的生活轨迹。

现在的很多家长，远没有我父母的底气足。

我曾与七年级的同学交流过时间管理方面的问题，重点交流了时间管理中作业多与睡眠时间、睡眠时长发生冲突怎么办。交流过程，明显感觉孩子是睡不够的，有的孩子为了考重点高中，有的孩子为了避免受惩罚，有的孩子写作业慢，导致睡眠不足。

想当年，因为女儿作业多，睡觉晚，我专程去找校领导，希望少留一些作业，让孩子早点休息。校长说就你的孩子特别，别的孩子行，为什么你的孩子不行？

虽然校长不理解不支持，但我支持女儿作业写不完也要睡觉，难题不会做就不做的态度，至少会让她内心的压力减轻很多，感觉也会轻松很多。

良好的心态是自信的源泉。

第四种情况，睡眠时长要考虑个体差异。

睡足觉的时长因人而异，孩子之间的差异很大。有的人天生觉少，有的人天生觉多，按照自己的生物钟，只要早上起来，头脑是清醒的，一天下来，不疲惫，应该是睡够了的。

我有一个好朋友，每天比我少睡两三个小时，精神特别好，吃得也少，身体一向很好，也很聪明，博士毕业，工作也做得不错。我家二宝，比同龄孩子觉少，同样精力十足。

判断一个孩子睡得足不足，多观察孩子的精神状态，尤其是孩子的眼睛，睡不足，眼光无神，爱闹情绪。一大早有起床气，孩子情绪不好大多与没睡够有关。睡足觉，早上醒来，眼睛有神，睡好了，脸像花一样美丽，笑起来真好看。

比如，一个十岁的孩子早上不得不起床的时间是 7:00，每天要睡够 9

小时，倒推头天晚上应该睡觉的时间是 22：00。

这样引导孩子早睡觉，基本能做到心中有数。

睡足觉，是专心、高效做事不可缺少的前提。

坚持早睡早起，睡足睡好。

成人睡好了能提高免疫力，身体健康，有更多时间陪伴孩子，享受天伦之乐。

孩子早睡觉、睡足觉，不只是身体健康，早上醒来没有起床气，心情舒畅，精力充沛，而且早睡睡足是孩子有积极的心理体验的基础。积极的心理体验是孩子专心听、专心看、专心想、专心表达的基石。

技术进步了，晚上如同白昼，但日出日落，宇宙的运行规律并没有改变。灯光、电视、电脑、手机、游戏，硬性地改变了我们的生活习惯，破坏生物钟，导致很多疾病。近视的孩子越来越多，与晚睡和早上不得不起有关。深睡中突然被叫醒的孩子，看到的强烈的光线对他们的视力也是有伤害的。

家长不只是支持孩子睡足觉，自己也应一样。

有家长会说，晚睡晚起是一样的，同样能保证睡足觉。

晚睡晚起又能保证睡足，只适合于两种人，一是没上幼儿园之前的小孩子，二是退休很多年以后，完全没有事可做的老年人。上学的孩子和上班的家长，周末和假期也难以保证睡足觉。很多孩子周末假期比上学日还忙。

一个五年级的男生说他假期的课程安排比上学日还满，我问他为什么。他说要参加很多补习班。我说他成绩已经很好了，为什么还上补习班？他爸爸说其他同学都上补习班，他不上，怎么行？

坚持让孩子早睡早起可以通过时间计划表做到，在时间计划表上标明晚上睡觉和早上起床的时间。

5. 早睡早起已得到更多家长的重视

小学高年级学生、初中生、高中生，作业多是事实。然而，同样作业多，并不是所有孩子都熬夜。

熬夜写作业有几种情况：有的孩子写作业慢，有的家长要求孩子不写完作业不许睡觉，有的孩子基础不扎实，有的孩子边写边玩，有的孩子精神状态不佳，有的孩子思维不灵敏，有的孩子为了考重点高中需要刷题，有的孩子为了避免受惩罚不得不完成作业，明显感觉他们是睡不够的。

建议多了解孩子的实际情况，有针对性地帮助孩子提高写作业的速度，尽量增加睡眠时间。

我曾与七年级孩子交流过两个问题：

第一，你们有没有这样的底气，作业做不完就不做？早睡觉，睡足觉，然后通过上课专心听讲，打好基础，提高写作业的效率，从而节省时间，经过一段时间的体验，进入良性循环阶段。同学们都说不敢尝试。

第二，你们的心理承受能力是否足够大，宁愿受罚，宁愿不上重点高中，什么也不想，该睡觉就放心大胆地睡觉，无论将来考上什么样的大学，你们照样是优秀的。同学们都说不敢尝试。

针对这两个问题，我也问过家长，当孩子作业与睡眠需求发生冲突怎么办？如何让我们的孩子早睡觉，睡足觉？

有家长说：这两个问题，非常值得深思。

实际上，这两个问题考验的不是孩子，而是父母的心态，是不是相信自己？是不是相信孩子？

请看以下几位父母是怎么做的。

第一位家长：这两个问题放在以前我也会纠结与茫然，取舍真不是几句话能说清楚的。但现在很坚定：肯定是选择到点就睡觉。培养"优秀的孩子"是根本，而不是培养出貌似学霸的考分机器人。这份底气和自信也跟我自身的经历有些关系，今天孩子问了我这样的问题："如果我没有考上理想中的学校，妈妈你会不会失望？"我很坚定地告诉孩子"我不会"。学习精心散养理念，有几位老师这么用心地陪伴，我们经历过从"差等生"到"现在中等生"的心路历程，我们通过指导改进了"学习方法"，我们通过实践"调整了时间管理"，我们通过对比复盘"扭转了思想"，同时通过踏踏实实的研习找到了自己缺失的部分。我们每日实践、反思、总结，坚持两个月，突然发现"我们走入正循环了"，睡觉起床的时间能正常按点了，学习的质量提高了不少，在数学课堂上原来听"天书"的状况改善了不少，有好几次孩子兴高采烈地回来告诉我受老师表扬了！虽然我们进步的空间还很大，但是孩子像装了马达似的，这个小电动机拥有了"无限的马力"，每天她都期待着"研习大课堂的来临"。

第二位家长：我家老大上初中时，我从不关心她写没写完作业，只是要求必须在22:00前睡觉，别的家长说孩子每天很晚才睡，有24:00多才睡的，我家从没有发生过，但是她会早起写作业，效率极高。另外我家孩子初中以后一直运动和跳舞，课外活动很丰富，所以她必须抓紧时间写作业。另外一点就是一定要给孩子解压，别让她跟别人比，不去争第一，只要保持在班级前列就行了。我们一定要承认孩子先天的差距，有些目标不是多努力就可以达到的。所以我特别赞同让孩子运动和学艺术，这些都是最好的解压方式。我宁愿让孩子花20%的努力去学习，80%去发展其他方面，也不希望她100%的时间花在学习上。我的孩子永远不可能成为成绩最好的那个，但是我希望她能做她最喜欢的事。在她成长过程中我曾犯过好高骛远、急于求成的错误，希望孩子好上加好，后来发现不仅没有变得更好，孩子的成绩反而变差了。所以家长们要放平心态，静待花开。学校老师给的压力已经很大了，我们父母还是多解压吧！如果10年前多学习，能遇到王老师、俞老师、杨老师就好了（注：王建军老师、俞雨蕾老师、杨玉芬老师）。

第三位家长：我之前是不敢，也放不开的！就像大家说的摆脱不了世俗眼光！但是跟着大课堂，受老师们的启发，我现在内心深处对孩子的愧疚少了很多！上个星期孩子学校进行全县统考，孩子考试成绩平均总分仅高于平均分2.5分，但我的内心特别满足，对孩子大夸特夸：没有报任何辅导班，没有任何刷题还能考出这样的成绩，妈妈太满足了！孩子疑惑地问：妈妈说的是真心话吗？我回答千真万确！得知孩子学校这次给考试成绩好的同学都发了书包、笔和笔记本，我也给孩子买了新书包、笔和笔记本。这样做，孩子心里的落差有妈妈的爱做填充！孩子说：我有天下最好的妈妈！买书、书包、笔其实就是孩子的本意，但是孩子没有考到所谓的理想成绩，不敢直接说出来，我引导她说出来的，然后满足了孩子内心的需求。孩子现在每天回来都汇报学校的好事，比如今天在学校答对了一道拓展数学题，得到数学老师的夸赞，做数学难题越来越有水平，我向孩子重申妈妈不是为了你能有多好的结果，只是希望你每天都是在快乐地努力！孩子表示悟到了妈妈的意思，表示豁然开朗！

三位妈妈的分享，让我坚信，作业多，也可以早睡觉，睡足觉，主要看我们家长要什么，有没有底气去爱面前那个成绩不理想、不完美的孩子。

睡眠与作业，看似难以平衡，实则可以平衡，前提取决于我们的育儿目标与育儿意识，取决于家长的心态与自信。

我建议逼孩子写完作业才睡觉的家长，改为逼孩子早睡觉、睡足觉。孩子精神好，心情愉悦，才有可能提高写作业的速度。熬夜写作业，专心程度和书写速度都会受到影响。

下面是部分一年级孩子睡眠时长的打卡记录：

睡足 10 小时。

睡足 9 小时。

睡足 9.5 小时。

睡足 9 小时。

睡足 9 小时。

睡足 9 小时。

睡足 9.5 小时。

睡足 10 小时。

睡足 9.5 小时。

一名四年级孩子的作息时间：早上 7:20 自己起床，头天晚上 21:50 关灯睡觉。

一名五年级孩子睡足 9.5 小时。

一名六年级孩子昨天晚上 22:00 睡觉，早上 7:00 起床，睡足 9 小时。

一名八年级孩子 6:45 自己起床，很开心，昨天晚上 21:10 关灯睡觉。

祝福这些已经行动起来的家庭。

家长在孩子小时候所做的每一件事，都会为孩子后来成为德、智、体、美、劳五育并举全面发展的少年产生深远的影响。

第五章

效率训练中常见的问题与解决办法

一、寻找工作与家庭生活的最佳平衡

不少家长认为生活被工作、育儿、家务这些琐事搞得一团糟，时间不够用，无法平衡工作、生活与育儿，怎么办，怎么办？

没有时间与时间少是有区别的。

1. 时间是挤出来的，充分利用碎片化时间

碎片化时间，不一定时间短。

职场中的人工作日没有时间可以理解，周末和假期呢，如果说周末和国家法定节假日也没有时间，我是不会相信的，每天1小时还是有的吧？

我见过宁愿玩手机宁愿睡觉，醒来继续看手机，也不愿陪孩子的父母。有些年轻人每天看手机的时间，至少有几个小时。被浪费的时间真不少。我不相信陪孩子的时间，连1小时都挤不出来。我们这一代父母独生子女多，虽然工作压力大，但所幸大部分都有老人帮忙，我在小区带宝宝，碰到的大多是姥爷姥姥、爷爷奶奶，只有少数的阿姨。不像我父母那一代人，完全靠自己。当年父母只能把十个月的我送托儿站，我撕心裂肺地哭了一个多月，每天鼻涕眼泪，孩子流泪父母也流泪，但没办法，父母需要工作，只能想办法挤时间。我喜欢锻炼，有了孩子后，我就利用上下班的时间锻炼，上下班不坐电梯爬楼梯，爬楼梯强身健体，不需要再额外找专门锻炼的时间，省出来干什么？陪孩子。

确实如此，很多时间是挤出来的，比如吃饭、洗澡、做家务、上下班的路上听书，不让耳朵闲着等。

2. 学会提前思考，提前规划，善用资源

宝妈工作已经很忙了，一个孩子，两个孩子，三个孩子，甚至还有六个孩子的"80后"妈妈，孩子的教育问题，相互争宠的问题，家庭关系问题，宝妈的时间越发不够用，愁啊，烦啊，不知道怎样平衡。

如果宝妈遇到这种情况应该怎么办？

我给她们的建议是：要把家人充分利用起来，家人是家庭教育最重要的资源。虽然在家庭教育中，父母应该同时承担责任，然而，现实情况却是：不少家庭，母亲承担得更多，不少宝妈为了孩子不得不放弃工作回归家庭。

（1）第一人力资源是父母自身，父母是最重要的资源

宝妈对自己的角色定位特别重要，有的宝妈是合格的 CEO，有的宝妈把自己活成怨妇。

CEO 与怨妇的区别是什么？

就是思维方式与站位不同。

CEO 站位高，把自己当作家庭的领导者，策划、统筹、分配任务，哪些是孩子要做的，哪些是孩子爸要做的，哪些是老人要做的，哪些是阿姨要做的。

有序而不乱。

怨妇站位低，把自己当作无所不能的执行者，事必躬亲，插手别人的事，排斥家人，抱怨孩子。

又乱又烦，把自己搞得疲惫不堪，把家里搞得一塌糊涂。

母亲的上一本书《培养面向未来的孩子》提到教育孩子需要思考的三个维度。

第一个维度，孩子的教育是一项系统工程。

第二个维度，孩子的教育像一场马拉松。

第三个维度，孩子的教育就是成就一番事业。

无论哪个维度，教育孩子是团队作战，是一支客观存在但又经常被误用的特殊团队，不是宝妈一个人孤军奋战。

宝妈作为家庭的 CEO，手下有一伙人呢，孩子、孩子爸、老人、阿姨，都是宝贵的人力资源。而且每个人的思维模式、做事风格都不同。

CEO 的职责之一就是了解他们，把这些人用好。

为了用好他们，CEO 需要提前策划，提前思考，设定大目标。家庭和谐，孩子健康成长，这是每个成员的共同目标。大目标确定后，还要提前分解成每天可执行的小目标，越具体越好。

比如手机的使用与管理。

有一个家庭，三个孩子，宝妈负责召集全家五口人开家庭专项会议讨论手机的使用与管理，他们认为手机也需要休息，也要给手机找到家。最终形成决议，每当全家人吃饭、睡觉、读书、学习的时候，要让手机回家休息，妈妈吩咐爸爸制作一个特殊的存放盒作为手机的家。

宝爸是宝妈最优质的资源。

资源就要被利用，不能让他闲着，闲置是浪费。如果孩子爸不主动，那宝妈们就要多操心，在他参与后再多给些鼓励，效果真的挺好。我母亲年轻的时候，把我父亲用得挺多的。那时他不爱做家务，喜欢运动，母亲就策划让他带我打羽毛球、打乒乓球、打网球、骑车、爬山等。在家里，就让他陪我玩，比如一起拼天干地支，一起查地图，刻木头手枪，下跳棋，做了不少事。我老公也很给力，由于我的工作时间与孩子上下学时间完全重合，我老公每天负责小孩的接送，是孩子学校为数不多的接送宝爸。

有一个学员了解到这一点，也成为利用资源的高手，把孩子爸充分利用起来了。她有两个娃，把娃户外玩的时间交给孩子爸管理，自己在家做早餐。把晚上阅读的时间交给爸爸，自己省出很多时间思考，为孩子准备教具等。

有一个宝妈说孩子爸是工作狂，早出晚归，整天待在实验室，完全不管孩子，意识不到培养孩子的重要性。

我告诉她可以理解宝爸的各种忙，但他无论多忙，也有在家的时候，毕竟有周末和节假日啊。他不知道生活与培养孩子重要，这是他的认知。想改变他的认知，就要告诉他，真诚地沟通，说自己的感受，让他从不知道到知道，这是第一步。光知道不行，还要让他参与，你希望他配合你做某件事，或者带孩子做某件事，就提前策划，提前和他商量，确认日程和他要做的事。比如下个周末，安排他陪孩子参加英语口语比赛，在哪个地方，从几点到几点，需要多长时间，他要做的是什么事，越具体越好，让他从知道到做到，这是第二步。这就是提前策划提前安排的价值。我在时间管理课程里特别强调提前策划的重要性。策划完第一件事，再策划第二件事。这样就把事后抱怨的时间挪到事前的策划上来，根本犯不着生气，更没有时间吵架，这就是智慧。

（2）第二人力资源是孩子们自己

孩子自己的事情自己做，家长尽量不代劳。从资源利用的角度，多子女有独生子女不具备的优势与条件。

①以大带小，培养责任感

【案例1】三宝家庭

三个儿子，老大学围棋，踢足球，老二老三的围棋、足球，都是大宝教会的。

当小老师意味着什么？

锻炼专注力、语言组织能力、责任心、被崇拜产生的自信心、自豪感、成就感、愉悦感。

为了教弟弟，老大必须复述学过的东西，他课内必然专心听，认真记，复述就是重复，重复即记忆，胜过上任何补习班。教弟弟有自豪感，有主动性，不用妈妈扯着嗓子吼着练、催着练。

老大替爸爸妈妈分担，让妈妈有时间做饭，有时间处理家务，有时间思考更多的事情，自然而然就会产生一份责任感。尤其是被妈妈欣赏、鼓励、肯定的时候，他会竭尽全力把自己学到的东西传给两个弟弟，两个弟弟崇拜的眼神是更大的动力。

　　老二老三佩服哥哥，哥哥是他们的榜样，学得认真，学得开心。他们跟哥哥学，比宝妈逼着学，更有自信心，年龄差距小，哥哥能学会，他们也相信自己能学会。兄弟姐妹之间相互学习，类似同学之间的交流小组，心情是愉悦的，情绪是高涨的，学习是高效的。

　　【案例2】三宝家庭

　　老大十四岁、老二十岁、老三十个月，两年前，这位三娃宝妈向我诉苦，两个大孩子都不喜欢阅读，晚上要陪他们做作业，还想给老三读故事，时间分不过来，不知道怎么办，非常焦虑，脸色蜡黄。我是这样建议的：吃完晚饭，或者临睡前，找一个共处的时间，妈妈同时陪三个孩子，鼓励老大、老二用指读的形式分别给老三读5到10分钟的绘本故事，中文、英文读本都可以，老大、老二自己选他们喜欢的读物。讲好规则，老大读一天，老二读一天，老大读的时候，老二听，老二读的时候，老大听。定期奖励。坚持读四五年，不仅有助于建立良好的亲子关系、手足关系，还在无形中培养了老大、老二的阅读能力、语言表达能力和专心做事的能力，同时在故事中长大的老三也锻炼了记忆力、专注力，识字问题也解决了，可谓一举多得。妈妈欣然接受我的建议。

　　【案例3】二宝家庭

　　老大七岁，老二四岁。宝妈说老大处处和妹妹争执、比较。老大每天有口算作业，又经常忘记写作业，提醒她，她会说："为什么妹妹不用写口算作业？为什么妹妹可以玩橡皮泥？为什么妹妹不用刷饭盒？我要是妹妹就好了，我太不幸了。"

建议这时候，先接纳老大的情绪，然后鼓励老大教妹妹口算，教妹妹写字，教妹妹刷饭盒，教妹妹捏橡皮泥等。

老大嫉妒妹妹，还有一种可能，就是父母更偏爱妹妹，不一定表现在行动上，有可能表现在语言上，比如你长大了，这是你的作业，妹妹还小，她没有作业。或者有了妹妹，妈妈的陪伴少了。建议找时间跟老大独处，让大宝拥有独占爸爸妈妈不被妹妹干扰的一点小时光，比如吃完饭单独跟孩子遛弯听听她在校的趣事见闻，孩子有可能只是需要倾诉，需要爸妈分时间给自己。不要生硬地给孩子讲道理，孩子不需要道理，孩子求关注，求赞美，求父母多爱她。

我认识多子女妈妈（两儿一女全是耶鲁本科毕业生）和多子女爸爸（两儿一女，大儿子三十多岁就成为亿万富翁，二儿子是哈佛毕业生，小女儿多才多艺）的分享，他们经常创造条件并授权，让小弟弟小妹妹听老大的话，让大的带小的。若发生争执，由老大最后决定，树老大的权威，父母不参与，看不见，忍得住。

②变不利因素为有利因素，培养社会能力

孩子多免不了争吵、打架。

"妈妈，哥哥拿我的玩具了！"

"妈妈，我没有拿！妹妹乱说！"

"妈妈，我没乱说，哥哥不和我商量，就拿了。"

两个以上的孩子，这样的场景常见。看到这种场景，很多家长很烦。

为什么烦？因为宝妈们不知道争吵能培养孩子的社会能力。

社会能力包括人际交流能力、问题解决能力、语言组织能力、逻辑思维能力、谈判能力、沟通能力、协调能力等，不要剥夺孩子培养这些重要能力的好机会。

我看过一篇文章：《别阻止孩子吵架，反而要教他们怎么吵！》，提到

两个案例:

【案例1】幼儿园的和平桌

我在国外工作期间,在幼儿园看到两个小朋友为了一支铅笔闹得不可开交。老师看到两个孩子吵架,笑眯眯地说:亲爱的玛丽和汤姆,你们两个对彼此有意见,意见不合很正常,老师很高兴你们有机会可以学习处理争执,现在请你们两个到教室后面的"和平桌",自己把事情谈妥。

两个圆嘟嘟的五岁小孩蹦蹦跳跳到了教室后面,教室后面有一张铺着红格子桌布的小圆桌,桌上放置了一个小地球仪,象征世界公民,地球仪旁边还放着一只纸鸽子,象征和平。

玛丽先开口:你抢我的铅笔,铅笔断了,这是我爸爸给我的生日礼物。

汤姆:我喜欢你的铅笔。

玛丽:我的铅笔断了,我很难过。

汤姆:你的铅笔很漂亮,我们两个都很喜欢,我只是想看看你的铅笔而已。

玛丽:我们两个人都同意我的铅笔很酷,如果你想看我的铅笔,请跟我说,不用抢。现在铅笔断了,我很伤心。

汤姆:对不起。

玛丽:这次没关系,下次请跟我说。

汤姆:好的。

玛丽:你的黏土玩具很好玩,下次可不可以借我玩一下?

汤姆:好的。

整个过程不到两分钟,两个孩子手牵手回来向老师报告:"解决了!"

老师笑眯眯回应:好的,欢迎你们回来上课!

老师没有大动肝火、没花长时间干预说教、没有处罚学生。

短短两分钟内，孩子学到：表达情绪、同理心、解决问题、道歉、接受道歉和沟通协商。

有不同意见是人与人交往的必然，要做的是学习如何自己直面问题和解决问题。

【案例2】三宝家庭

这位妈妈回到家，对三岁、四岁、五岁的三个孩子说："你们听好，以后你们吵架，妈妈是不会管的。意见不同，我会把你们请到房间，门关起来，吵完才能出来。"

妈妈教孩子吵架的步骤：

第一，每个人轮流讲自己的看法，除了说话的人可以发表想法，其他人只能听，不能开口。

第二，说话时，要把各自的感觉说出来。解决纷争，最重要的是倾听他人和表达自己的情绪，吵架的最终目的是找出解决的方法，不是谁输谁赢。

第三，都说完了，再协商。

第四，协商不只是解决当天的争执，还必须商量以后遇到类似情况的解决方法。

第五，谁也不准让谁，我们家就是要没大没小，我们也不爱吃梨，也不用"孔融让梨"，所以，要是三个人没有达成共识，不算吵完，继续吵。不用告状，不用哭诉，妈妈听不到也不想听。

第六，吵完后，一起过来跟我汇报结果。

后来专门让他们练习了几次，孩子虽小，但是做得有模有样。

有一天，孩子们为了玩具的事吵架。妈妈把三个孩子请到一个单独的房间里，把门关上。

趁他们吵架时，妈妈泡壶热茶，独自享受下午茶时光。

没想到，不到几分钟，三个孩子就从房间蹦出来了，向妈妈报告吵架结果。以后姐姐要借我的玩具、借哥的玩具，需要事先跟我们说，而且玩的时间不能超过半小时，因为我们也想玩。

从此之后，孩子练就一身吵架本事，三人商量的时间越来越短。经历几次以后，孩子们发现被关在房间吵架很无趣，远远不及出来玩玩具、吃东西有意思。

另外，他们对彼此的"战术"也越来越熟悉，三两下就能抓出彼此的"破绽"，对于彼此的底线也有默契。就这样，三个孩子从小到大，吵架的次数寥寥可数，感情非常好。

其实孩子之间出现争吵是再正常不过的事，家长的做法是把孩子的事留给孩子，除非特殊情况尽量不要介入。介入剥夺了孩子的学习机会，有时甚至会越弄越糟。

家长参与评判，结果多半误判。哥说哥的理，妹说妹的理，弟说弟的理，家长被搞得晕头转向，被冤枉的孩子觉得爸妈偏心，侥幸开脱的孩子觉得父母其实也傻傻的搞不懂状况，下次照样如法炮制、故技重施。一轮下来，全家都输了。

会吵架，会处理吵架，教孩子解决争吵，这也是一种能力，四五岁就可以开始训练。

③互帮互学，培养协作精神

很神奇，现在多胞胎的家庭越来越多了。

双胞胎，三胞胎，四胞胎，我都见过，有单一性别的，也有男孩女孩都有的，看着那些孩子，开心又羡慕。

要充分利用这种特有的优势，互帮互学。

什么意思？到了上学的年龄，孩子都有很多作业，各自做自己的作业，特别费时间。

怎么办呢？双胞胎不必把各自的作业全部做完，学会才是目的。每份卷子让他们各做一半，比如老大做1、3、5、7题，老二就做2、4、6、8题。三胞胎四胞胎就更容易了，需要做的题目更少了。

任何一门课都可以这样做。比如语文作业，让孩子们自己选择要做哪些题，各选一半，各自讲自己做过的题。谁先挑谁后挑？石头剪刀布，扔硬币，掰腕子，或者其他孩子喜欢的方式，都可以决定先后顺序。

做完以后，各自把做过的题讲给其他兄弟姐妹听，不会做的就一起讨论，这样做的好处，节省时间，增加记忆，友好协作，又锻炼逻辑思维、语言组织能力、口语表达能力、沟通能力等。

两个及两个以上的孩子可以开展家庭辩论赛，提前准备辩题，自己决定正方、反方，家长做评委。

尝试的次数多了，能力自然就提高了。小场得到练习，大场得以展示。

真的不难。

（3）第三人力资源是老人或阿姨

有老人帮忙最划算，大部分老人是倒贴钱的保姆，感恩他们不是委屈他们，用老人是用感情换时间。

请阿姨是用金钱换时间，全职工作的宝妈把自己做家务的时间省出来陪孩子。尊重阿姨，以真心换真心。

我们的一言一行，孩子都看在眼里，记在心里。

（4）第四人力资源是孩子们的老师

老师虽然不是家人，却是非常好的人力资源。

我喜欢与老师沟通，与老师沟通，能更快地了解孩子。我自己也是老师，是校长，新生入学第一节课，只要眼光扫视一圈，基本就知道每个孩子什么性格，处于什么状态了。虽然有些夸张，但因性格差异产生的不同状态是确实存在的，家长应与老师携手，通过老师了解孩子，同时更有针对性地配合老师，节省时间。

家长也要学会听懂老师的话外音，积极解读老师的语言，做到这一点，那可太了不起了。两个孩子的妈妈是这样做的，她经常借老师之口，说自己想说的话；借老师之手，送孩子好书；借老师之笔，给孩子写信。以老师的名义，做家长想做的事，效率更高。老师在学生尤其是低年级学生心目中，有举足轻重的地位，被老师欣赏的孩子，自信心爆棚，哪有不主动学习的。

宝妈作为 CEO，只要擅于策划和思考，所有家人都愿意协助 CEO 完成目标，服从宝妈的统一安排，助力孩子健康成长。

3. 杨玉芬老师：我是这样管理时间的

（1）做好工作中的时间管理

1985 年大学毕业留校，2002 年到清华，一直从事自然科学研究，很多人都知道纳米科技，我们研究的就是微纳米颗粒的性质，这些颗粒是肉眼无法分辨的，只能借助几万、几十万倍的电子显微镜才能观察到，不同的形状，不同的性质，属于高科技领域，非常有意义。我很喜欢。

课题很多，时间有限，怎么办？

按照轻重缓急，敢于取舍，抓大放小。

重要紧急的事抓紧做。

重要不紧急的事坚持做。

如果实在没有时间，先把不重要不紧急的事情放下，抽空做，紧急不重要视情况而定。

梳理目标，分解任务，分工合作。

我的目标感比较强，这一点给同事以及合作者留下了深刻印象。接到一项新任务，第一时间就是进行详细的梳理，先梳理总目标，再对任务进行分解，细化分工，把大任务分解成小任务，在哪个时间节点完成，自己要承担的具体任务是什么？哪些是需要别人协助完成的？合作者需要做的事情是什么？需要别人配合的，要想方设法提前安排出去，给合作者留出足够多的时间，合作期间经常与合作者保持联系，了解进展。当某一天需要某份材料的时候，不需要等待。与我合作过的人，都很愉快，公认我做事有条理。任务分解后，条理清晰，心态放松，从容踏实，基本能在规定的时间内保质保量完成项目。

习惯于前紧后松的做事节奏。

什么意思？接到工作任务后，先把大任务分解成小任务，然后按照项目提交日期，倒着估算完成每个小任务需要的时间，再估算小任务整合成大任务需要的时间，最后再估算调整修改完善需要的时间，不要忘记留出至少两天机动时间，预留两天，可以应对突发事件，比如孩子生病、老师打电话要求家长去学校等情况，不至于措手不及。这样分解后，大目标与小目标以及完成时间都是非常清晰的。

早开始，不拖延，前期时间安排紧凑一些，甚至加班，把任务往前赶，后期相对宽松，有充足的时间进行完善、调整。我习惯于这种工作方式，非常受益，虽然忙碌，但几乎不用熬夜，在规定的时间内保质保量完成任务，心情愉悦。

我做过八年院士秘书，工作琐碎，充分体现前紧后松的工作态度。秘书工作之一，就是经常到财务科报销费用，为了合理规划时间，我要求自己每次都是第一个到财务科。为了第二天能第一个到财务科，头一天下午下班前一定要把账目整理好，带回家，给领导打好招呼，第二天不用先去办公室打卡，而是直接去财务科。我的想法很简单：等待财务人员上班比等待前面报账的人能节省不少时间。财务人员正点上班不会迟到，而排在我前面报账的人，有账目混乱的，有手续不全的，有账目特别多的，财务人员审查他们的账目花费的时间比我提前几分钟到财务科等待的时间长多了。而且在自己可支配的时间内心情是自由舒畅的，在等待别人的时间内是不自由的，有时只能干等。等待总是被动的，不想被动就要主动。

　　我见过很多人的工作方式是前松后紧，不到点不做，不得不做的时候，时间就不够用了。后期匆忙赶任务、没有时间修改是很难保证高质量完成项目的。如果是自己单独执行一项任务，还相对容易一些。如果与他人合作，更要分解任务，协调时间，统筹管理。

（2）做好日常生活中的时间管理

　　前紧后松的做事风格，体现在孩子教育方面，就是早起步，凡事提前一点点。我比较重视早教，把幼儿期的每一天都当作敏感期，经验证明早开始要比晚开始强。虽然我重视早教，但同时强调重在体验过程和培养能力，不求看得见的结果，早教既有应该坚持的原则也有应该避开的误区。

　　坚持早教，用心引导，女儿二年级以后，我基本就没事可做了。省出时间提升自己，四十一岁才有时间攻读全职博士。

4. 智慧的宝妈们也是这样平衡时间的

　　第一位：早教专家高玉萍老师

　　提前规划，挤掉自己的娱乐与休息时间。没孩子之前晚上22:00睡觉，有孩子后，只好延长到22:30。

　　提前准备饭菜，确保孩子能及时吃上既有营养又有温度的食物。头天傍晚下班的路上顺便买第二天的菜，晚上收拾，把肉切好过油，鱼收拾干净，蔬菜也收拾干净备用。第二天早上，比孩子至少早起半小时，葱姜蒜和蔬菜切好，与肉或鱼搭配好，放在冰箱里。出门前电饭锅做上米饭。中午通常11:00下班，十几分钟到家，因为头天晚上和早上已经提前备好料了，进门后赶紧炖鱼，炒菜，等儿子12:15左右到家的时候，饭菜已经摆在桌子上了。这样安排，孩子进门洗手就可以吃饭，吃完饭，爸爸陪着睡午觉，再把厨房门关上，清理碗筷。从来没让孩子等过饭，都是做好饭等孩子。这样能给孩子节约大量的时间，保证孩子睡午觉，冬天睡1.5小时，夏天睡2个小时。因为午睡，孩子下午精力特别充沛，从不犯困。

除了做饭，一般情况下，早上还要把前一天的衣服洗出来，晾好。

如果晚上有时间，还要做第二天跟孩子玩游戏的教具。

区分重要和不重要的事情，提前过滤哪些重要哪些不重要，吃饭、睡觉、玩游戏、阅读不能少，家庭的重中之重，必须保证。擦地板、洗衣服可能推到第二天。今天没陪孩子做游戏、没陪孩子阅读，只能留下遗憾，即使明天把全世界的钱都给您，也买不回孩子的昨天，孩子的一天相当于成人的一年。

高老师作为家庭的 CEO，统筹安排时间，她儿子上大学前的 14 年中，从没有晚起过，星期天也不例外。

不仅孩子的事情处理得好，工作也没受影响，从来不迟到，每天都是第一个到岗，年年被评为先进工作者。守时、律己、不向困难低头、身体力行对孩子有积极的影响。

第二位：用耳朵学英语的践行者俞雨蕾老师

人闲脑不闲。作为单位中层领导，工作任务多，上班时无法陪孩子，脑子时时想着更好的招儿，如何能在回到家以后让孩子行动起来，学英语、写作文、培养计算能力？只要是对孩子成长有利的，都会思考。

充分利用寒暑假。学新概念，学奥数。并且提前跟老师打招呼，不做假期作业，让孩子有所为有所不为。

善于利用碎片化的时间或者挤时间，在孩子吃饭、玩乐高的时间听英语。走在路上，坐在车里，引导孩子观察，为写作积累素材。与孩子一起想作文主题，并亲自修改。儿子不肯在幼儿园睡午觉，就每天坚持接送，一接就是 3 年，虽然辛苦，但回家可以学英语。小时候，在孩子的书包里常备牙签和扑克牌，培养孩子的口算、心算能力。随时随地，处处都是课堂。

第三位：宝藏级妈妈冬儿老师

冬儿老师有自己的事业，两儿一女都是耶鲁大学校友，育儿经验非常丰富，世界这么大，能有几家呢？她在时间管理方面有独特的方式，我曾专门采访过冬儿老师。

第一问：作为全职妈妈是如何平衡工作、生活与育儿的？

要把自己的工作安排好，给孩子树立榜样，做具有责任感的优秀的职业者，在孩子心中牢牢树立责任和担当的精神。

提高工作效率，工作的事情在单位做完，尽量不把工作带回家。在家的时间就是亲子时间，陪伴孩子一起玩，接送孩子课外活动，尽可能全部参与家长可以参与的亲子集体活动。

提前安排好孩子的活动，让自己的工作安排和孩子的活动做到最大程度的配合。

第二问：如何通过时间规划体现孩子成长目标？

分解目标，把大目标分解成阶段目标，再把阶段目标分解成小目标。孩子出生后，作为家长一定对孩子的未来有规划和期待，希望他们以后上什么样的大学，甚至会想到他们未来的职业。让他们成为一个什么样的人？希望他们在哪个方面成长？这只是心中的一个宏图，大目标。在孩子成长过程中，会根据年龄阶段有中期目标，比如小学、初中、高中等阶段都会有目标，并且特别用心提供信息，通过谈话和交流，进行倾向性的引导，让孩子知道父母的想法，但又不过分强调自己的观点，以免孩子因年龄、知识层面和性格等引起逆反心理，适得其反。最后是小目标，从孩子的兴趣开始，和孩子一起讨论，掌握量和度，既让孩子感受到父母尊重他们的兴趣和爱好，又要考虑时间的分配。基于孩子的兴趣，和孩子产生共情共鸣，其他方面的安排就容易达成共识了。小目标是为了中期目标，中期目标又是为了大目标，孩子能看得见摸得着，不是漫无边际和遥不可及。这样处理，孩子更可能在成长中一步步向着大目标前进。

第三问：如何引导三个宝贝建立时间观念？

时间规划对我来说永远是一个既物质又抽象的东西，是有形的，需要严格遵守；又是无形的，孩子可以在无形的边界内自由挥洒。使用时间规划，不是为了束缚孩子，而是让孩子提高效率，从而可以有更多的时间做自己喜欢的事情。

父母对孩子感兴趣的事情要表现出极大的兴趣、尊重和支持，投其所好。既要做时间规划，也要先亮出姿态，而且让孩子感受到哪些是必须做的事情，哪些是可有可无的，自然会在你商我量的讨论中列入时间规划。孩子比我们想象的更聪明，投我以木瓜，报之以琼琚，该懂的他们都懂。规划好以后，执行中也要讲究方法，不能太强势，不能让孩子感觉用规划来胁迫，也不能不监督，让规划成为虚设。当然，规划的目的是给孩子养成良好的习惯，培养责任感。作为妈妈，我会以身作则，尽量做好规划中自己承担的工作，也会和孩子提前准备，提前规避一些实施中可能出现的问题。孩子拖拉不守时口头批评，效果并不明显。有时就选择孩子比较有兴趣的活动，略用一些小计谋，比如故意迟到，让他们感到没有时间观念导致的后果，体验到没有完成任务的遗憾和失落，从而建立更好的时间观念。当然我会道歉，由于自己前面的时间没掌握好，时间拖延效率低，造成迟到，同时也趁机再强调一下遵守时间的重要性，提高效率更重要。当然，我会在以后的活动中，严格按照约定时间到位。父母的自我检讨和自我批评，其实是用实例教育孩子，能更加有效地让孩子体会到时间管理的重要性。

第四问：时间管理的目的不是规划，而是高效，如何引导孩子高效利用时间？

作为父母，既不要替孩子做得太多，又要做得及时恰当。时间管理与其是说规划孩子的学习和课外活动，倒不如说是通过规划拿出更多的时间让孩子得到足够的休息和娱乐更确切。做时间框架，把时间分块，在细节上替孩子考虑多一些。不是非黑即白，而是高效守时。比如送孩子参加活动特别是去比赛的路上，尽量让孩子睡觉，补充能量。车上读书做作业不仅不方便，也伤害眼睛。所以三个孩子都养成了习惯，上车就休息，到了活动地点能够全力投入。有时双打比赛，因为赛制，两项比赛之间有1个小时或者更多时间间隔，就引导孩子利用这个时间完成作业，这样就不用熬夜。每个赛季，孩子几乎每个周末都要打比赛。如果没有家人和孩子的共同努力，合理分配时间，高效管理利用时间，保证好的学习成绩几乎不可能。比如我儿子作为队长和球队主力，有一次必须参加学校一场非常关键的比赛。而比赛结束不到半小时，他又要到另外一个地方进行钢琴演奏。这种情况下，我会把他弹琴的服装等准备好，提前把车子停在体育馆外，他比赛结束，立即坐进车里，路途中换衣服，做好准备。虽然紧张，但两项重要的活动都得以完美呈现。像这种特殊情况，父母一定要站出来，为孩子做点什么。无论多忙，我都会提前安排好工作，亲自接送。而大部分情况下，他们可以有条件自己做到的，我绝不会过多干预，越俎代庖。对活动多的孩子来说，短时休息，能快速恢复体力。孩子小的时候，父母要多和他们一起玩，把控好时间。这样，家长的观念、想法、做法等有形又无形的东西，潜移默化地就会传给孩子。时间管理，看起来是平衡时间，实质上是平衡关系，考虑孩子的接受度，父母的配合特别重要。

第五问：允许孩子有自由支配时间吗？每天每周多长时间？

我一再强调，时间规划不是为了限制孩子，而是为了更大限度地给予孩子自由的空间和时间。做好时间规划，做事效率高，孩子就会有更充分的时间睡觉和做自己喜欢的事情，包括打游戏等。

对于每周或者每天，我没有具体规定。根据孩子的年龄段，只要把该做的事情做好做完，就可自由支配。

第六问：阅读、运动、睡觉非常重要，孩子高年级以后，如何保证繁忙的学习之余还能坚持运动、坚持阅读、坚持早睡早起？

前面提到过，我把孩子活动之间在车上的时间都变成了睡眠时间。我家离学校较远。虽有校车，但校车到处接学生会在路上花费很多时间，而且在校车上很难睡着。我们就和朋友拼车，轮流接送。这样孩子上车就可以睡觉，父母的压力也减轻一半。

孩子很多活动包括打比赛拖的时间长，这就要充分利用间隔时间进行阅读和写作业。特别是阅读，孩子无论何时，包括旅行，包里总是装着书，随时随地可以看书。这个习惯，即便现在都工作了，也仍然保持着。做作业不像读书方便，所以尽量预先规划好，找出合适的时间和方法处理作业。有的作业，比如写作文，可以先构思好，写的时间就缩短了。

我家孩子的经验，越是赛季，各方面的节奏把控就越好，学习成绩不但没有受影响，而且更好。非赛季，虽然多出很多时间，反而会忽略时间规划和做事效率。这从另一方面体现了时间规划的重要性。时间紧，任务多，所以更加注重时间管理。

第七问：不少家长爱吼孩子，如何从时间管理的角度解读吼叫行为？

作为职业者，工作忙，家务也忙，有情绪很正常。要学会调整自己的情绪，特别注意不要把工作中可能产生的负面情绪带到家里来。在没有把自己的情绪调节到正常、良好的状态时，不要面对孩子有待解决的问题。因为负面情绪有可能会让我们对孩子或事情产生误判，更容易让自己吼叫。这种误解和态度会让孩子接受不正确的信息和情绪，不仅没有达到解决问题的目的，反而引起孩子的不满和对抗，而孩子的表现只会离家长的期望越来越远。

还有非常重要的一点，不要看到孩子提前完成任务了，就又给孩子增加更多的任务，总想让孩子多做一些，减少玩的时间。这样会降低孩子做事效率与能动性，产生抵触情绪，做事拖延，浪费时间。因为孩子的高效没得到奖励反而加重工作量，孩子觉得这是惩罚。所以，当孩子提前完成任务时，父母应该给孩子一个大大的拥抱和赞许，然后让孩子做他们想做的任何事情，直到下一个项目开始。我们知道一旦形成拖延的习惯，会严重影响时间规划的执行效果。

另外，规划时间框架，不要细到分分秒秒，不能把孩子框住，有一定的自由度，要让孩子在一个时间范围内，掌握节奏、效率和进度。

比如弹钢琴，对于初学者来说，非常无聊，孩子很难坐得住。与其让孩子消费 1 小时去完成所谓 1 小时的练琴任务，不如把时间分成几个时间段。15 到 20 分钟内专心弹，5 分钟自由活动，然后重复。根据孩子的年龄和性格，掌握时间划分长度。这样既能保证在一定时间段的高效和专注、良好的精神状态和愉悦的心情，还提高了练琴的效果。表面上少了几分钟，但事半功倍。一旦孩子对弹琴和音乐有了兴趣，父母也就做个忠诚的粉丝欣赏就好了。这样规划时间，也减少了父母和孩子的冲突和压力，自然也不需要吼孩子啦。

通过与三位老师的交流，我深有体会，智慧的父母虽然生活在不同的地方，但管理时间的策略基本是一致的。

二、帮助孩子建立时间概念和效率观念

有的孩子确实没有时间概念。没有时间概念的孩子让家长很困扰，如何帮助孩子建立时间概念呢？

1. 借助规则帮助幼龄孩子建立时间概念

六岁的小男孩并不知道时间是什么。他向妈妈要手机，想玩游戏。

妈妈积极回应："好的，你准备玩多长时间？"

小男孩高兴地脱口而出："1 分钟。"

妈妈强调："你要说话算话噢，我打开计时器，计时开始。"

小男孩心不在焉地嗯了一声。

妈妈把手机交给小男孩，小男孩还没有把游戏软件打开，计时器的铃

声已经响了，约定的 1 分钟已经到了。

"把手机还给我吧。"妈妈听到铃声，把手伸向小男孩。

"怎么这么快？我还没开始玩呢。"

"是的，1 分钟已经到了，我知道你是一个说话算话的好孩子。那就下次再约吧。"妈妈笑着对儿子说。

"下次我要玩 1 小时。"小男孩很不情愿地把手机还给了妈妈。

小孩子的时间概念可以通过规则建立起来。

怎么做呢？

不管孩子做什么事情，都可以在开始之前商量时间，然后借助计时器，或者闹铃计时。比如我女儿小时候，和小朋友玩多长时间，睡前听多长时间的故事，每天看多长时间的动画片等，都会提前商量。一旦商量，定上闹铃，孩子安静，大人安心。

大宝三岁半，我们经常为她做某件事要用多少时间进行讨价还价。

比如洗澡，我们最爱问的一句话就是：你准备洗多少时间？

小丫头说我要洗 100 分钟。

洗 100 分钟，当然不现实。我们会说：洗 100 分钟啊，太长了，洗 5 分钟吧。

小丫头说不行不行，洗 10 分钟吧？

我们说洗 6 分钟吧。

小丫头说洗 8 分钟吧？

如果我们接受 8 分钟，就会说好吧，洗 8 分钟，我去拿手机定时。

每次调定时器都让小丫头看一下：你看这是 8，下面有个分，就是 8 分钟，现在计时开始啦。

只要商量好时间，调好计时器，决不反悔。在规定的时间内，孩子坐在水盆里专心玩水。

听到计时器的铃声，孩子主动从澡盆里站起来，很少耍赖。

闹铃一响，该做什么做什么，养成习惯后，家长不需要费口舌。慢慢地孩子对时间的长短就有概念了。

吃饭的时间、玩耍的时间、用手机的时间、玩游戏的时间，都可以在孩子开始之前，先商量好，然后定时。

有一些家长习惯用嘴巴定时，比如早上大声喊孩子起床："快点，7:00啦，15分钟内洗完脸、刷完牙、上完厕所，7:15吃早饭，8:00出发，来不及了。"这期间不停地催孩子快点快点，很多孩子没有时间观念，不知道15分钟是多长时间，于是慢慢悠悠地洗脸、慢慢悠悠地刷牙、慢慢悠悠地上厕所、慢慢悠悠地吃早饭，看到孩子慢，就喊快点快点，时间长了，我们会说孩子磨蹭、拖延。

有一位妈妈说她家老大，没有一点时间观念，交流过程才知道，她就是这样吼孩子的，越吼孩子越慢，孩子会察言观色，会根据妈妈爸爸的吼声高低决定做某件事的时间。这位妈妈说她特别后悔，孩子小时候从来没有想过帮助孩子建立时间观念，现在二宝小，一定要好好听杨老师的课，帮助孩子把时间概念建立起来。

遇事吼叫的家长，大多目标不清，不知道自己到底想要什么，也不知道应该把孩子培养成什么样子。

更重要的是没有时间观念，不知道应该在什么时间做哪些事情，无法有序合理地安排自己的时间和陪伴孩子的时间，也无法引导孩子进行时间规划。

事情繁多，脑子混乱，不由自主就会生气、发脾气，甚至吼叫，怎么办呢？

当然有办法。

建议把吼叫的时间用来思考与规划。先把自己的事情安排妥当，把自己的时间管理好。

吼叫远不如借助工具进行定时，从几点开始，到几点结束，体验几次孩子就有感觉了，简单有效。这样的过程孩子很容易理解规则，并建立规则意识。

我特别重视规则意识的植入，孩子一旦养成遵守规则的习惯，家长与孩子就极易沟通顺畅，结果证明凡事好商量能极大地降低沟通成本，低成本沟通的好处之一就是节省时间。

更主要的是，懂规则的孩子能保持情绪平和稳定，这是自信、专注高效做事的心理基础。

2. 借助计时器帮助大龄孩子体会时间

小学高年级学生、初中生、高中生没有时间概念也不要着急。

协助孩子列时间计划表，然后每做一件事之前，先估算时间，调好定时器。

有一个五年级男生做作业的时候习惯于用"番茄钟时间"，番茄时钟是一种时间管理方法，旨在提高工作和学习效率。将时间分割成 25 分钟的时间段，每个时间段称为一个"番茄"，完成一个番茄后休息，然后继续下一个番茄。有一天，他问我做数学作业需要 1 小时该怎么用番茄钟时间呢？

我告诉这个孩子，1 小时正好包含两个番茄钟时间。第一个番茄钟时间到了，休息 5 分钟。第二个番茄钟时间到了，再休息 5 分钟。正好是 1 小时，孩子非常开心地说谢谢老师，我明白了。

有一个初一女生学习时间管理课程后，她说每做一件事，都用闹钟计时。吃饭、运动、洗澡、写各项作业，都会先定好闹钟再开始做，经过一段时间的体验、调整，实际完成任务的时间与计划表中的估算时间之间的差异越来越小。

借助计时器很容易帮助大龄孩子体验时间的长短。
实践证明，计时器计时远远优于父母的吼叫式计时。

三、客观看待孩子的学习效率与成绩

很多孩子包括成人，习惯于把一天要做的事情都装在脑子里，不习惯用笔写下来或者用电脑打印出来。

杨玉芬老师：有一位初一男生，妈妈说他学习效率不高，成绩上不去，挺焦虑的，到底是怎么回事呢？

我告诉妈妈我愿意和孩子聊聊，不知道孩子是否愿意和我聊。你千万别逼孩子，但可以这样商量："你说自己有一个好朋友，是老师，听我说过你，对你挺感兴趣的，想不想和杨老师聊聊？"不出所料，这个男孩果然愿意和我沟通。

我先鼓励他，与他拉近距离。

我是这样开头的：我和你妈妈很熟悉，她经常夸你，说你学习自觉，挺省心的。所以我一直对你很感兴趣，谢谢你愿意和我聊天。想听听你的故事，你说什么，我都爱听。

因为被夸奖，这个男孩反而不好意思了，愿意说心里话。

他说我学习不认真。

我说你怎么能这样说自己呢，你是为爸爸妈妈学的，不是为你自己学的吗？

他说是为自己学的。

我说既然你是为自己学的，我相信你一定很认真的。你这样贬低自己不合适哦。

他接着说自己学习效率不高。

我好奇地问他为什么说效率不高。

慢慢交流下来，我让他知道他是认真的，也是有目标的，也想提高效率。效率不高的原因，在于他的计划全装在脑子里，没有写下来，每做完一件事，就要停下来想下一件事，想着想着，脑子就乱了，心情也烦了，因为烦躁，精力无法集中，所以效率就显得不高，时间就这样被浪费了。

他觉得我特别理解他。

于是，我就问他愿意学着做时间计划吗。

他说愿意。

然后，我就教他做时间计划表。

大约一个月以后，他反馈说没有时间计划表之前，时间总是不够用，然而现在按计划表做事，脑子不乱，心情不烦，做作业的速度快了，做作业的时间减少了。每天都有用不完的时间，我让妈妈支持他用节省的时间到楼下去跑步，锻炼身体。

这绝不是一个学生的体验。

所有学会制订时间计划表的孩子，都有类似的感受，按日程表做事，每天都能节省一些时间，让自己多玩一会儿，包括玩游戏。

四、帮助孩子进行自律训练

杨玉芬老师：有一位家长说她儿子现在自律能达到70%，怎么才能再往上提提孩子的自律性？

很多家长特别喜欢下结论，也就是通常说的贴标签，我看到这个问题后，没有直接回答家长的问题，我先让家长具体描述一下，到底是怎么回事。

家长发来一张非常详细的思维导图，然后她说：这是我儿子自己写的学期计划，但总会有那么一项或者两项需要我提醒和督促。他不喜欢做的这一两项，我跟他讲重要性了，但他每天还是会偷懒。

我认真地看思维导图，梳理思路。大约5分钟后，我告诉家长思维导图的内容非常清晰，但时间不清晰。

于是给出以下几点建议：

第一，做日程表，任务与时间结合起来，孩子更容易执行。

第二，每天晚上评估分析计划执行情况，然后有针对性地进行调整，再做出第二天的时间表。

第三，多看到并鼓励孩子做到的地方，调整不足的部分考验家长的耐心与心态，这是很多家长容易犯的错误，特别容易发现孩子做不到、做不好、做错的地方。

第四，孩子需要提醒和督促，不要轻易否定。对孩子不想做又该做的事，多理解孩子的感受。

这位妈妈接受我的四点建议，过了一周，她回复我：杨老师，那天您和我说完，按照您的建议，第二天孩子就重新细化了事情，这两天孩子放学回到家就马上投入学习，按照时间顺序去做，现在我解放出来了，有更多的时间陪妹妹。儿子重新规划后，也越来越自律，知道自己应该做什么，尽管有时小偷懒，总体上还是很棒的。有时晚上还帮我做家务，我现在很开心，儿子有自己独自思考的能力，不懂就问。

原来，孩子不"自律"的背后是没有对时间进行管理。时间管理好了，自律性自然而然地提高了。

五、帮助孩子养成良好的作息习惯

孩子不能按时起床，怎么办？

起床晚就是没按计划表上列的时间点起床。起床晚有可能因为睡得晚，没睡足，没睡好。一定要进行客观分析、评估，不建议笼统地说孩子起床晚。可以设定几个具体的评估指标，比如睡眠质量、睡眠时间、睡前的精神状态、睡醒后的精神状态等。睡醒后的精神状态特别重要，有的孩子觉少，看起来睡的时间不长，每天都是自然醒来的，醒来以后，眼睛发光。通过具体分析，对每项指标进行打分，然后调整。早上起不来，通常与晚上睡得晚有关，为什么睡得晚？是因为作业太多，还是其他原因？无论什么原因，都应该协助孩子养成早睡觉的习惯。

对孩子说出我们看到的真实情况，表达我们的真实感受，比如看到孩子起床晚，可以说：宝贝，你起得晚，妈妈挺着急的，从起床到离开家去上学，只有十几分钟，要洗漱，要上厕所，你还想替妈妈做早餐，还要吃饭。吃饭时间短，妈妈担心你吃不饱就要去学校，饿着肚子听课，会不舒服，会影响你的心情和听课效果。吃不饱也没有力气运动。

用关爱的眼神看着孩子，用平和的心态表达我们的心声。

然后再商量具体的起床时间：从早上不得不出门往前推，比如留 1 小时，穿衣、洗漱、早读、吃饭等。

商量完起床时间，不要忘记告诉孩子：我知道你自己是能按时起床的，要举出几次孩子能按时起床的例子，比如某一天，为了参加某项活动，孩子比规定的时间起得都要早。

要真诚地告诉孩子，以前妈妈总催你，是妈妈不对，总以为你还是一个小孩子，现在你已经长大了，或者你自己定闹铃，或者妈妈只喊你一次，只喊一次，一定会把你叫醒，而且妈妈保证不发脾气。你自己选择你喜欢的起床方式。

有一个男孩子，在妈妈和他商量起床这件事的时候，他的要求是：自己设闹铃，要求妈妈在规定的起床时间喊他一次，然后隔5分钟再喊第二次。妈妈有早上锻炼的习惯，她说我打电话行不行？儿子说行，妈妈打第二次电话的时候，这个男孩子已经起床了。

当我们认真起来，相信孩子能做到的时候，一定要坚定，没有必要犹豫。尊重孩子选定的方式，即使孩子到点不起，家长也千万不要着急，要耐得住寂寞，要有让孩子迟到的勇气。孩子一看，父母当真了，孩子就从心里重视了，孩子一旦重视了，过一段时间就能做到。

该不该喊孩子起床，这是很多家长遇到的问题。

【案例1】妈妈跟踪观察16天，终于相信孩子是可以自己起床的。她说大儿子学习习惯挺好的，成绩也不错，就是早上起床难，从6:20叫到6:50才慢悠悠地起来，制订了时间表也不执行，总觉得孩子没有动力，没有梦想。

我告诉这位妈妈不要把起床与梦想扯在一起，而是建议她勇敢一些，相信孩子有能力为自己负责任，不要再喊儿子起床了，一定要有让孩子迟到几次的勇气！这位妈妈的执行力很强，当天晚上就跟儿子沟通，让他自己定闹铃，早上只喊一遍，说到做到。下面是妈妈连续几天记录的情况：

第一天，6:20把孩子叫醒，然而孩子7:32才起床，她带着弟弟妹妹出门那一刻，儿子冲出来跟上队伍，到学校差3分钟，以飞一般的速度冲进学校，估计到班上刚好卡点。早上的四项活动都略过了，没吃、没喝、没洗、没刷牙。在开车去学校的路上，她和两个小孩子读诗，不知道大儿子内心活动是什么。只见他表情很凝重，是不是觉得意外，或者等待说教，然而妈妈什么都没有说。班主任说他除了慌乱，状态依旧不错，见面就请教昨天未做出来的数学难题。

第二天，6:30 叫醒，她像往常一样读书，做饭，不催不管，10 分钟左右，大儿子从房间里出来，洗漱，听录音，作画，井然有序，7:35 离开家门，虽然比往常出门晚几分钟，一路听着晨诵诗歌，快乐上学。

第三天，6:30 叫醒，播放英语音频，她仍像照常读书、做饭，还做了他爱吃的鱼排，但不见孩子动静，直至 7:15 吃早餐，儿子才慌忙出来洗漱，7:30 离开家门，一路听着晨诵诗歌，快乐上学。其实，她特别期待儿子迟到。

第四天，虽是周末，依旧 6:30 喊醒孩子，她一切照旧，7:00 还在朗读时，孩子已经起来去做自己的事情了。

第七天，依旧在老时间把他叫醒，挺顺利，她的情绪也越来越好。目前就是晨诵与运动不能得到保证，她反思自己和先生的榜样做得不够，继续修正自己！

连续坚持 16 天，儿子始终没有迟到过，她释然了，不责备，不埋怨，儿子状态挺好的。

其实，孩子的很多坏习惯是被家长催促出来的。

如早晨催起床：叫第一遍不起，叫第二遍哼哼唧唧，叫第三遍才不情愿地起来，眯着眼磨磨蹭蹭穿衣服。

还有晚上催睡觉：22:30 了，23:00 了，一遍又一遍，要么不理，要么嘴上答应，身体不动，要么嫌家长唠叨，甚至跟你急。当然，还有催作业的，催穿衣吃饭的，催出门上学的，各种催促。

家长长时间的唠叨与催促，养成孩子的依赖症。孩子做事的标准不是"什么时间该做什么事"，而是"父母有没有催？""父母会不会骂？""父母会不会打？"

曾有一位被退学的少年大学生说他爸爸每打他一次，成绩就能提高一些。他习惯了爸爸的打，爸爸也认为棍棒教育有成效，谁知上了大学后，老师不打他不骂他，反而没有动力了。这听起来像是笑话，但这个孩子后来退学了。

如果孩子依赖性太强，那一定是父母的教育方法出了问题。

【案例2】早晨，妈妈眼看时间来不及了，急得跳脚，六岁的女儿却不紧不慢地洗脸、吃饭，一副漫不经心、与我无关的样子。于是妈妈开始跟女儿沟通："从今天开始，我们早上7:10出门，你需要自己安排时间，妈妈只会提醒你，不会催你，如果你做不到，后果自己承担哦。"

一开始，女儿似懂非懂，也没太当回事。依然赖床，依然慢慢地刷牙洗脸吃早餐。妈妈在一旁看着，硬是忍着没有出声。等到女儿收拾好东西出门时，离上课时间只剩下10分钟了。结果女儿上课迟到了，挨了老师的批评，女儿满脸委屈，怪妈妈送晚了。

接下来的几天，闹钟响后，女儿依旧翻身睡过去了，依旧迟到。妈妈依旧淡定。

又过了几天，闹铃响起，不需要提醒，女儿竟然乖乖地起床了。

让孩子在犯错中成长，再用正确的方法引导，就能让孩子学会对自己负责。

还有一些孩子，经商量后发现，居然是他们不喜欢原来闹铃的声音，现在叫醒小装置挺多的，有的家长用孩子喜欢的歌作为叫醒音乐，有的把英文小短文设置为叫醒音乐。

还有晚上睡觉的时间，与孩子的年龄和觉多觉少有关。比如低年级的小学生差不多每天要睡9小时，中午没有午睡，早上6:30起床，最好不要晚于 21:30 睡觉。

六、帮助孩子养成良好的饮食习惯

孩子不能按时吃饭，吃饭时间长，怎么办？

年龄小的孩子吃得慢，能理解，如果上学后的大孩子吃饭慢，有可能与性格有关。但无论多慢，半小时应该吃饱了吧。家里允许孩子最长吃多长时间？如果要求半小时吃完，明确告诉大孩子，吃不完，我会收拾，饭凉了不好吃。定铃，到点就收拾。很多家长只是想用语言吓唬吓唬孩子。一旦孩子了解家长说话不算话，即使定规则，孩子也不会执行的。

孩子不按时吃饭也是有原因的。

是不是正在做自己感兴趣的事？有的孩子正好在饭前，突然有兴致要求画画或者看书。我们应支持孩子先画画或者看一会儿书，再吃饭。和孩子商量，画多长时间，看多长时间？定好定时器，铃响了，让孩子过来吃饭。这个时候如果孩子还要继续画的话，立即夸奖孩子是一个守时的好孩子。

是不是不太饿？比如上顿饭吃得太多，或者两顿饭之间间隔短，偶尔也有消化不良等情况，先分析分析，摸摸孩子的肚子。饿了，吃得才香。为了让孩子在饭前饿肚子，我们的做法就是多运动多消耗，上一餐不能吃太饱，两餐之间多饮水，或吃少量的水果，不吃零食。有一个饿着肚子的孩子，还担心我们的厨艺没人欣赏吗？

是不是提前吃零食了？孩子放学回来、锻炼完回来饿了，饭菜还没有做好，就会吃零食，饿的滋味不好受。如果家里有爱吃零食的父母，是很难控制住不让孩子吃零食的。我也有偶尔没有把饭做好的时候，我倾向于给孩子水果吃。

有一次家长会，一位爸爸跟我诉苦，他一开始聊学习方面的事情，但没过多长时间就愁眉苦脸地说孩子的饮食习惯不好，在学校不好好吃饭，在家更是"好几年没吃过家里做的饭了"。

我大为震惊，问：那她吃什么？

爸爸说：她总是点外卖。

我更为震惊：那怎么行，这可是会把身体吃坏的呀！

爸爸说：我知道，我知道，这件事我们家也头疼了很久了。但是孩子跟我们沟通不畅啊！

我说：这件事父母要认真地对待。我反问爸爸：你们是不是很少做饭？平时是不是很少与孩子沟通？对孩子的关心是不是不够？对孩子的陪伴是不是不够？……

爸爸一个劲地努力回想，但突然又推卸责任地说：都是妈妈宠坏的，孩子花钱太大手大脚了。

我说：您作为爸爸也有责任。而且，现在不是推卸责任的时候，重要的是父母共同努力，让孩子在温馨的氛围里能吃上爸爸妈妈做的饭菜。

爸爸一个劲地点头，若有所思。

孩子健康而后快乐，快乐而后知上进，知上进而后有成绩。只求成绩，而忽视健康，就本末倒置了。

我在孩子吃饭方面是很用心的：孩子几乎没有忌口，也不挑食，荤素搭配，口味清淡，不吃零食，按时吃饭，养成了非常好的饮食习惯。

结语

　　本书专注于介绍时间管理的内涵、作用和实操训练方法。尽管学校教育有其独特的功能和作用，但我们认为家庭教育最为关键，且易被忽视，因此本书主要站在家长的角度，希望给家长们传经送宝。我们认为，时间管理的核心即"会玩"且"会学"，会学与会玩是相通的，一个会玩的孩子，一个见多识广拥有各种能力的孩子，一个大脑皮层频繁接受各种有益的刺激能够经常分泌多巴胺和内啡肽的孩子，一个动若脱兔又能静若处子的孩子，这样的孩子要想学习成绩不佳都困难。

　　一些人——包括教育工作者——会视"玩"为"学"的一种干扰甚至分散。为了探究"玩"和"学"之间的关系，我曾分析过清澜山学校高中部400多名学生社团活动（即高中生的"玩"）参与度和学习成绩（即"学"）之间的相关性，数据结果显示，越积极参加社团的学生学习成绩居然越好。虽然这项统计结果局限于一所大力推进学生社团活动的国际化学校，但是分析结果还是值得我们思考，即"玩"和"学"其实可以相辅相成、互相促进，在课堂之外从事高质量的各种活动对课堂学习实际上是大有裨益的。换言之，"会玩"能够提升课堂"学习"的理解能力、反应能力、专注能力和记忆能力，对提高学习效果大有帮助。

　　当然，有些孩子虽然不太会"玩"，对活动兴趣不大，但考试成绩却很好，算是会"学"的孩子，他们的选择诚然无可厚非。然而，从我们的经验和更多孩子的成长经历来看，我们并不赞同这样培养孩子。比如，在清澜山学校，有的学生在校的学习成绩一直不错，当我听说他们周末还在课外上学术辅导班的时候，会很认真地建议他们不要把所有时间都花在学习上，课外应该从事更丰富多元的活动。同样的建议，我每年会在迎新会上送给所有加入清澜山的新同学们。越来越多的学生和父母会听取我的建议，选择不陷入唯分数论的焦虑，鼓捣和折腾更多更有趣的事情。在我们看来，"会学"反映了一项相对狭窄的能力，而"会玩"则涉及更加复杂的能力和更加宽广的领域。如果从培养孩子"身心健康、自食其力"的底线标准来考虑，那么让孩子接受更多更复杂的训练，从而具有更强的生存能力、解决问题的能力和与人相处的能力才更有价值和意义。

会玩和会学的能力都不是一蹴而就的，尤其是当我们的孩子还小的时候，培养他们认识时间继而利用时间的过程是漫长且极需要耐心的。一次我在外出差，路上想到女儿练琴的事，随即给家人们发了一条短信："请各位亲继续鼓励大小姐每天练琴哈。"我一般给她选项"练 5 分钟还是 10 分钟"，刚学了一点点东西，5 分钟就够了，但她一般会选练 10 分钟，练起来还经常超时。过了一会儿，母亲回复说："前天，我说我们想听大小姐弹钢琴，她说妈妈不在，她不练！"女儿总是很想我，总想跟我在一起，大部分的孩子也都这样，因此我不在家的时候，她练琴的计划只得暂时搁浅。对我来说，培养女儿年幼时对音乐的热爱、保护她对弹琴的兴趣，比盲目地坚持每天练琴的计划关键得多，比她学琴学得多少、多快重要得多。

比起老师来，养娃更费父母，孩子真的最需要父母的陪伴。我接触过很多事业有成的家长，习惯于走南闯北无暇顾家，跟孩子渐行渐远，多年后孩子青春期或成人以后出现心理问题、健康问题或学习问题，却没有后悔药吃。很多父母既要忙于事业又要兼顾家庭，特别不容易，我身处其中，十分理解，很多时候着实分身乏术。然而，每个孩子的成长都只有一次，家长在人生的不同阶段也应有不同的优先重要级排序，这也是家长自己时间管理和时间规划的应有之义。

如果您之前对"时间管理"曾存在刻板印象，那么读了这本书，我们相信您一定能意识到，时间规划并不是为了限制任何孩子，而是为了最大限度地创造自由的时间和空间，帮助孩子们玩得更精彩、学得更出色。父母只有认识到时间管理和时间规划的真实本质，才能有提高效率、追求卓越的内在动力，只有这样，孩子们才能水到渠成地会玩、会学。

图书在版编目（CIP）数据

孩子的时间父母的智慧 / 黎蒙，杨玉芬，王政著 .
北京：作家出版社，2024. 11. -- ISBN 978-7-5212-3076-5

Ⅰ. G78

中国国家版本馆 CIP 数据核字第 2024AL8070 号

孩子的时间父母的智慧

作　　者：黎　蒙　杨玉芬　王　政
责任编辑：郑建华　夏宁竹
装帧设计：关　迪
出版发行：作家出版社有限公司
社　　址：北京农展馆南里 10 号　　　　邮　　编：100125
电话传真：86-10-65067186（发行中心）
　　　　　86-10-65004079（总编室）
E-mail:zuojia @ zuojia.net.cn
http://www.zuojiachubanshe.com
印　　刷：河北宝昌佳彩印刷有限公司
成品尺寸：165×240
字　　数：238 千
印　　张：17.75
版　　次：2024 年 11 月第 1 版
印　　次：2024 年 11 月第 1 次印刷
ISBN 978-7-5212-3076-5
定　　价：50.00 元

作家版图书，版权所有，侵权必究。
作家版图书，印装错误可随时退换。